中国农村教育发展报告

Rural Education in China

2010—2020

杨润勇 等◎著

科学出版社
北京

内 容 简 介

农村教育是我国教育体系的主体。大力发展农村教育，对实现教育现代化、全面建成小康社会至关重要。

本书旨在反映我国2010—2020年农村教育发生的重大变革和取得的卓著成效。本书用数据说话，从比较分析的视角，运用农村教育发展指数具体分析全国农村教育的总体发展水平，并对城镇化进程中全国各地的农村教育发展水平进行横向比较；同时用"事实切入"的研究方法，对农村学前教育这一教育热点问题进行深入考察与解析。本书还从比较研究的视角，关注国外农村学前教育的政策与立法经验，以期为我国学前教育发展提供借鉴和启示。

本书旨在解决农村教育改革发展中的重点、难点和热点问题，可供农村教育研究者、教育管理部门决策者和农村地区教育从业者参阅。

图书在版编目（CIP）数据

中国农村教育发展报告. 2010—2020 / 杨润勇等著. —北京：科学出版社，2021.5

ISBN 978-7-03-068609-1

Ⅰ. ①中⋯ Ⅱ. ①杨⋯ Ⅲ. ①乡村教育-研究报告-中国-2010-2020 Ⅳ. ①G725

中国版本图书馆 CIP 数据核字（2021）第 067595 号

责任编辑：朱丽娜 / 责任校对：王晓茜
责任印制：李 彤 / 封面设计：有道文化

科学出版社 出版
北京东黄城根北街16号
邮政编码：100717
http://www.sciencep.com

北京建宏印刷有限公司 印刷
科学出版社发行 各地新华书店经销

*

2021年5月第 一 版　开本：720×1000 1/16
2021年5月第一次印刷　印张：16 3/4
字数：280 000

定价：99.00元
（如有印装质量问题，我社负责调换）

目 录

导言 ··· 1

    一、基本成绩 ··· 5

        （一）农村教育总体发展水平逐年稳步提升 ························ 5

        （二）农村义务教育办学条件呈现新面貌 ···························· 6

        （三）各地农村教育发展水平的均衡性进一步增强 ················ 8

        （四）农村学前教育的普及扩容和质量提升成效明显 ············· 9

    二、主要问题 ·· 10

    三、发展建议 ·· 13

第一章 中国农村教育的总体发展水平 ······································ 17

    一、农村教育总体发展状况分析 ·· 18

        （一）农村教育发展水平稳步提升 ···································· 18

        （二）农村教育各学段发展速度总体呈现先快后缓的态势 ······ 20

        （三）农村教育各学段教育投入及办学条件改善明显 ··········· 22

    二、农村教育体系内部各学段教育发展状况分析 ···················· 24

        （一）农村教育各学段普及状况分析 ································ 24

        （二）农村教育各学段师资状况分析 ································ 28

        （三）农村教育各学段投入状况分析 ································ 35

        （四）农村教育各学段办学条件分析 ································ 39

三、教育现代化背景下农村教育发展的问题及对策 ………………… 43
　　（一）农村教育发展面临的主要问题 ………………………………… 44
　　（二）加快推进农村教育现代化的建议 ……………………………… 50

第二章　城镇化进程中中国农村教育的区域比较 ……………… 55

一、我国城镇化整体进入中级阶段 …………………………………… 56
二、各地农村教育发展整体水平均衡向好，城镇化阶段性特征明显 …… 59
　　（一）农村教育发展水平呈现省际逐渐均衡的向好态势 …………… 59
　　（二）各地农村教育发展总指数呈现城镇化发展的阶段性特征 …… 61
三、农村教育在实现高位普及中面临城镇化严峻挑战 ……………… 62
　　（一）近半省份农村教育普及状况处于中高水平 …………………… 63
　　（二）农村教育普及状况与城镇化发展水平不匹配 ………………… 64
　　（三）大部分省份农村教育升学率指数稳步提高 …………………… 66
　　（四）各地农村教育年级巩固率水平保持高位 ……………………… 70
四、农村教育师资整体水平提高且省际差距逐渐缩小 ……………… 72
　　（一）各地农村教育师资状况得到有效改善 ………………………… 73
　　（二）农村教育师资状况指数省际差距逐渐缩小 …………………… 74
　　（三）各地农村教师学历合格率呈现高位发展态势 ………………… 76
　　（四）各地农村教师高级职称比例增速显著 ………………………… 79
五、各地农村教育投入水平普涨但区域差距仍然悬殊 ……………… 82
　　（一）各地农村教育投入状况指数普遍上涨 ………………………… 82
　　（二）农村教育投入水平省际差距十分悬殊 ………………………… 84
　　（三）各地农村生均公共财政预算教育经费支出水平逐年提高 …… 86
　　（四）各地农村生均固定资产总值指数增幅较大 …………………… 88
六、各地农村学校办学条件差距较大 ………………………………… 91
　　（一）大部分地区农村教育办学条件指数处于中高水平 …………… 91
　　（二）农村教育办学条件存在较大区域差距且呈现城镇化
　　　　　阶段特征 ……………………………………………………… 93
　　（三）各地农村生均校舍建筑面积有所增加 ………………………… 94
　　（四）各地农村建网学校比例增幅较大 ……………………………… 96

  七、城镇化背景下农村教育发展面临的问题及其对策 ················ 98
    （一）城镇化视角下农村教育发展存在的问题 ················ 99
    （二）新形势下农村教育发展的若干思考 ···················· 100

第三章 中国农村学前教育发展现状调查研究 ···················· 105

  一、引言 ·· 105
    （一）党和政府高度重视农村学前教育 ···················· 105
    （二）农村学前教育发展举措初见成效 ···················· 106
    （三）农村学前教育发展仍然困难重重 ···················· 107
  二、农村学前教育研究的理论前沿与发展趋势 ···················· 108
    （一）研究概述 ·· 108
    （二）农村学前教育研究的主要内容 ························ 110
    （三）农村学前教育研究的特点与不足 ···················· 114
    （四）农村学前教育研究的发展趋势 ························ 115
  三、中国农村学前教育政策进展与分析 ································ 117
    （一）数据来源与方法 ·· 117
    （二）农村学前教育政策进展 ·································· 118
    （三）政策体系特征 ··· 122
    （四）基本成效 ·· 130
    （五）问题与对策 ··· 133
  四、中国农村学前教育发展现状调查 ·································· 135
    （一）调查过程 ·· 135
    （二）调研结果与讨论 ·· 136
  五、农村学前教育发展的典型案例——基于一所乡镇中心幼儿园
    的调研 ·· 179
    （一）中心园的基本情况及其历史渊源 ···················· 179
    （二）中心园的主要经验及其理论价值 ···················· 180
    （三）中心园的主要问题及其原因分析 ···················· 183
    （四）若干启示 ·· 188

六、农村学前教育发展的对策与立法建议 ……………………………… 191
　（一）完善法治体系，为农村学前教育提供有力的法治保障 …… 191
　（二）加大投入力度，为农村学前教育提供丰富的资源供给 …… 192
　（三）优化布局结构，因地制宜促进农村多种幼教形式的发展 … 194
　（四）加强队伍建设，促进农村学前教育质量稳步提升 ………… 196
　（五）转变思想观念，深化农村对学前教育的价值认识 ………… 198

第四章　国外农村学前教育发展比较研究 …………………………… 201

一、推动学前教育公平发展：美国"提前开端计划"的经验与启示 … 202
　（一）提前开端计划的实施背景 ……………………………………… 202
　（二）提前开端计划 …………………………………………………… 209
　（三）对我国发展农村学前教育的启示与借鉴 ……………………… 219

二、满足多元需求：加拿大农村学前教育发展的经验与启示 ……… 222
　（一）加拿大农村学前教育的背景 …………………………………… 223
　（二）满足多元需求的加拿大农村学前教育 ………………………… 226
　（三）加拿大农村学前教育发展的经验与启示 ……………………… 232

三、致力于高水平发展：日本农村学前教育质量保障体系的
　　经验与启示 …………………………………………………………… 234
　（一）日本农村学前教育的背景 ……………………………………… 234
　（二）日本农村学前教育高质量保障体系 …………………………… 236
　（三）日本农村学前教育发展的经验与启示 ………………………… 248

四、保障起点公平：印度"儿童综合发展服务项目"的经验与启示 … 250
　（一）儿童综合发展服务项目的宗旨 ………………………………… 250
　（二）儿童综合发展服务项目的实施背景 …………………………… 251
　（三）经验与启示 ……………………………………………………… 258

后记 ………………………………………………………………………… 261

导 言

习近平总书记指出,"乡村振兴和持续发展的关键在教育","乡村的孩子不能输在起跑线上"。①农村教育是我国教育的主要组成部分,在建设教育强国、建成小康社会、推动乡村振兴、实现社会主义现代化进程中具有先导性、全局性作用。发展农村教育,需在现代化、城镇化和国际化等多重视角下予以整体考量。

"全面建设社会主义现代化国家,实现中华民族伟大复兴,最艰巨最繁重的任务依然在农村,最广泛最深厚的基础依然在农村。"②党的十九届五中全会开启了全面建设社会主义现代化强国的新征程,提出了教育在推动社会主义现代化过程中的发展目标和重要任务是建成教育强国、建设高质量教育体系。"十四五"期间,高质量教育体系建设应聚焦我国教育领域的薄弱环节,坚持教育公益的基本原则,优先发展农村教育,促进教育公平,保障和改善教育民生。推进教育现代化要着力实现教育观念、教育内容、教育设施、教师素质及管理制度等多要素的现代化。在这一过程中,农村教育发展的不充分、不平衡成为现阶段及未来一段时期内教育改革中的突出问题,亟须得到更多关注与有效应对。

"把乡村建设摆在社会主义现代化建设的重要位置"③,全面实施乡村振兴战略,强化以城带乡,推动形成城乡互补、协调发展、共同繁荣的新型城乡关

---

① "这件事我要以钉钉子精神反反复复地去抓"——记习近平总书记在重庆专题调研脱贫攻坚. (2019-04-18)[2020-12-30]. http://www.xinhuanet.com/politics/leaders/2019-04/19/c_1124386249.htm.
② 中共中央 国务院关于全面推进乡村振兴加快农业农村现代化的意见. (2021-01-04)[2021-03-03]. http://www.gov.cn/zhengce/2021-02/21/content_5588098.htm.
③ 中共中央关于制定国民经济和社会发展第十四个五年规划和二〇三五年远景目标的建议. (2020-11-03)[2020-12-30]. http://www.gov.cn/zhengce/2020-11/03/content_5556991.htm.

系。新型城镇化强调以人为本、推进以人为核心的城镇化①，旨在真正消除因城乡地域、户籍等差异所造成的各种待遇差距②，促进包括教育在内的基本公共服务城乡一体化。城镇化的发展趋势深刻影响着教育资源配置等诸多领域，也为农村教育的发展带来了新的机遇和挑战。《中共中央 国务院关于实施乡村振兴战略的意见》中提出，到2035年城乡基本公共服务均等化基本实现、城乡融合发展机制更加完善的目标任务，并从农村学前教育、义务教育、普通高中教育、职业教育、特殊教育等方面对农村教育进行了整体优先部署，其中提出要"高度重视发展农村义务教育，推动建立以城带乡、整体推进、城乡一体、均衡发展的义务教育发展机制"③，这也成为新时期农村教育工作的重要发展思路。

我国农村教育需借鉴国际教育的发展经验。现代化要求包括农村教育在内的教育改革应面向国际化，特别是应在世界教育发展的基本格局和趋势中保持清醒头脑，正确认识代表性国家在农村教育发展中的经验和问题，从而使我国农村教育改革创新少走弯路、多出成效。相关研究表明，我国农村教育发展水平在九个发展中人口大国中位居首位④，但与部分经济合作与发展组织成员相比仍有较大差距。其中，在教育机会、教育质量方面表现较好，但在教育投入方面则排名相对靠后。通过掌握具有典型性特征的别国的农村教育发展情况，明晰各国教育政策和法律法规，同时结合案例深入剖析做法与经验，可为我国发现和解决农村教育中存在的问题并做好未来发展规划提供借鉴。

党中央对农村教育高度重视，特别是《国家中长期教育改革和发展规划纲要（2010—2020年）》（简称《纲要》）颁布以来，农村教育作为教育改革的重要领域和关键环节，成为我国近10年来教育实践领域的焦点与难点。《纲要》对我国农村教育作出了全面部署，涉及发展农村学前教育、建立城乡一体化义务教育发展机制、教师队伍建设等重要任务，以及教育信息化建设、地方教育投入保障机制改革等项目工程，把促进公平作为国家的基本教育政策，使提高教育质量成为教育改革发展的核心任务。2020年是具有里程碑意义的一年，也

---

① 中央城镇化工作会议在北京举行. （2013-12-14）[2020-12-30]. http://politics.people.com.cn/n/2013/1214/c1024-23841512.html.
② 林挺进，宣超. 中国新型城镇化发展报告. 北京：北京大学出版社，2015：3.
③ 中共中央 国务院关于实施乡村振兴战略的意见. （2018-02-04）[2020-12-30]. http://www.gov.cn/zhengce/2018-02/04/content_5263807.htm.
④ 杨润勇. 中国农村教育发展报告2013. 北京：教育科学出版社，2016：126.

是《纲要》《国家教育事业发展"十三五"规划》《教育脱贫攻坚"十三五"规划》收官的重要节点。其间，我国农村教育经受住了历史与实践的考验，取得了丰硕的发展成就。"十四五"是推进新型城镇化发展、实现乡村振兴的关键五年。①现阶段，需要研判新时期、新形势下农村教育发展的新情况、新问题，促进城乡教育一体化，率先实现教育现代化，探索适合我国农村教育的高质量、可持续发展之路。

本书系统研究了近10年来我国农村教育的发展新问题、新情况。农村教育是"在农村的教育"，这一观点已经得到理论和实践界的广泛认同。结合我国现阶段教育改革的重难点，本书认为，农村教育②主要指在镇区和乡村的包括学前、小学、初中在内的基础教育。合并2018年③"镇区"和"乡村"统计数据可以看出，七成多的学校、六成多的学生和专任教师在农村地区。本书以这一教育体系的主体作为研究对象，从全国、区域、国际等多种视角，对农村教育进行了不同角度的分析。

本书的价值在于：其一，全面总结了农村教育自《纲要》颁布以来取得的显著成效；其二，分析梳理了现代化及城镇化背景下农村教育发展变革过程中存在的问题与挑战；其三，重点针对农村教育的热点问题——学前教育的普惠发展和质量提升进行了实地调研；其四，专题研究了国际农村和偏远地区学前教育发展经验。基于上述研究，从促进教育公平和提高教育质量的视角，分析了我国农村学前教育的发展思路和未来趋势。

本书具有鲜明的研究特征：一是"用数据说话"，通过对权威、可靠、公开数据的搜集、提炼、整合，力图发现并分析问题；二是突出"比较分析"的方法，充分运用国际比较、历史比较、区域比较等方法，对我国农村教育进行整体和局部的剖析；三是尝试"从事实切入"的研究方式，从实际情况出发开展

---

① 付春香. 协同推进乡村振兴与新型城镇化. 光明日报，2020年11月10日第11版.
② 《中国教育统计年鉴》自2011年起使用了国家统计局颁布的《统计用城乡划分代码》。新的城乡划分标准将原来的城市、县镇、农村的三个分类调整为三大类七小类，即城区（含主城区、城乡结合部）、镇区（含镇中心区、镇乡结合区、特殊区域）、乡村（含乡中心区、村庄）。本书中，"农村"的数据由"镇区"和"乡村"两部分数据合并而来。
③ 因统计数据分类变更和更新速度滞后等，全国及各省份农村教育发展指数采用2011年（统计分类变更）至2018年（截至成稿时最新）数据进行比较分析。此外，除特殊说明外，本书正文、图表中没有给出来源的数据，包括涉及农村教育发展指数的基本数据均引自相关年度的《中国教育统计年鉴》《中国教育经费统计年鉴》或根据其汇总、计算得出。调研数据取值范围为2010—2020年。

专题调查研究和案例研究；四是突出发展指数，沿用课题组前期研发的农村教育发展指数，尝试以指数为基础、以指数为主线、以指数为重点，深入挖掘数据揭示的现象与问题。

借助农村教育发展指数，可以为了解和掌握农村教育发展现状提供量化分析的工具，有助于较为客观地监测评价农村教育发展状况，通过指数比较发现真实问题。农村教育发展指数在研发过程中借鉴了国内外关于教育发展指数的相关研究成果。在参考联合国教科文组织教育发展指数、世界银行教育统计指标等国外教育综合发展研究，以及国内教育专家王善迈等的教育发展指数、袁桂林的农村教育发展指标等多项研究的基础上，课题组综合考虑可得统计数据，深入分析我国农村教育事业发展目标和相关政策文件，经多次专家论证，对《中国农村发展报告2013》使用的农村教育发展指标体系的指标设计、阈值范围等方面进行了微调，最终确定了本书中农村教育发展指数的基本构成（表0-1）。

表 0-1 农村教育发展指数构成

一级指标	二级指标	指标涉及学段
普及状况	X1 农村教育升学率	学前、小学、初中
	X2 农村教育年级巩固率	小学、初中
师资状况	X3 农村教师学历合格率	学前、小学、初中
	X4 农村教师高级职称比例	学前、小学、初中
投入状况	X5 农村生均公共财政预算教育经费支出	学前、小学、初中
	X6 农村生均固定资产	小学、初中
办学条件	X7 农村生均校舍建筑面积	学前、小学、初中
	X8 农村建网学校比例	小学、初中

农村教育发展指数的研发过程中遵循客观性、全面性、简洁性以及可操作性的原则，并明确了其运算方法和过程。指数的计算过程一般包括指标标准化处理、指标阈值的确定、确定指标权重以及进行指数合成等步骤。农村教育发展指数的合成采用加权算术平均模型进行，总指数计算公式为：$F=\sum_{i=1}^{21}w_i z_i$。其中，z_i为各指标实际值的无量纲化值，w_i为各指标实际值的权数。

导　言

一、基本成绩

《纲要》颁布以来，特别是"十三五"期间，在国家及地方政府各项政策和项目的强力推动下，农村教育在普及发展与质量提升方面取得了明显成效，主要表现在以下方面。

（一）农村教育总体发展水平逐年稳步提升

农村教育质量提升幅度明显，发展指数呈逐年稳步增长态势。调查显示，农村教育发展总指数从2011年的0.428提高到2018年的0.622，增幅达45.33%。其中，农村教育师资状况、投入状况和办学条件3个一级指标指数均实现了逐年递增，2011—2018年增幅分别为32.38%、145.81%、101.45%。这充分说明过去10年特别是"十三五"期间，教育投入、教师队伍建设和教育信息化建设作为推动农村教育发展的三大支撑，全面保障农村教育质量实现稳步提高。

1. 农村教育投入力度不断加大

农村教育投入状况指数增长幅度位居4个一级指标首位。农村教育投入不仅实现了逐年增长，还在生均财政教育经费投入、教师队伍建设等领域全面落实政策要求，持续提高投入水平，充分发挥了教育经费的保障作用。

一是财政性经费支出水平做到两个"只增不减"。全国各地农村初中、小学、幼儿园一般公共预算教育事业费和基本建设支出只增不减，2018年分别达到370亿元、640亿元和80亿元，较上一年度分别增加了4.45%、2.72%和8.54%；全国各地农村初中、小学、幼儿园生均一般公共预算教育事业费和基本建设支出只增不减，2018年分别为14 066.69元、10 209.41元和5 269.75元，较上一年度分别增加了3.42%、3.34%和8.96%。

二是专项资金推动乡村教师队伍建设。2015年起，"中小学幼儿园教师国家级培训计划"（简称"国培计划"）集中面向中西部农村地区开展培训。截至2019年，中央财政共投入86亿元，培训乡村教师、校长785万余人次。[①]2013年启动的乡村教师生活补助政策，截至2018年底，已经覆盖99.86%的中西部

---

① 关于政协十三届全国委员会第三次会议第3349号（教育类338号）提案答复的函（教师提案〔2020〕317号）.（2020-12-08）[2020-12-30]. http://www.moe.gov.cn/jyb_xxgk/xxgk_jyta/jyta_jiaoshisi/202101/t20210128_511577.html.

集中连片特困地区县的 8.21 万所乡村学校,受益教师人数达 127.21 万。补助标准也由 2015 年的人均月补助额 262 元增加到 2018 年的 324 元,乡村教师工资收入得到持续增加。①

2. 农村教师队伍素质明显提升

在免费师范生、乡村教师支持计划等政策推动下,农村教师素质得到明显提升。

一是农村专任教师学历合格率②稳步增长。从指数水平来看,2011—2018 年农村教师学历合格率指数持续提高,增幅为 29.42%。其中,学前教育阶段教师学历合格率提升最快,2018 年(76.73%)较 2011 年(55.52%)提高了 21.21 个百分点。

二是农村教师高级职称③比例指数增幅明显。从指数水平来看,2011—2018 年农村教师高级职称比例指数增幅为 75.56%。其中,农村初中教师高级职称比例增加最为显著,2018 年(17.92%)较 2011 年(11.21%)提高了 6.71 个百分点。

三是农村义务教育阶段代课教师比例逐年下降。小学、中学阶段代课教师占岗位教师比例分别从 2011 年的 3.50%、1.65%降低到 2018 年的 2.92%和 0.96%,农村义务教育教师队伍进一步稳定,专任教师素质得到有效保障。

四是农村教育各学段生(幼)师比稳中有降。农村幼儿园、小学和初中阶段生(幼)师比分别从 2011 年的 29.96、17.27 和 14.34 降低到 2018 年的 18.90、16.18 和 12.64。义务教育阶段生师比已经达到国家规定比例,学前教育阶段幼师比例也得到极大的降低,更加接近规定的 7∶1—9∶1 的区间值。这为农村教师能够更好地关注学生、因材施教、提高教育质量创设了有利条件。

(二)农村义务教育办学条件呈现新面貌

针对农村义务教育学校办学条件无法满足现实需要的问题,国家和地方政

---

① 教育部办公厅关于 2018 年乡村教师生活补助实施情况的通报.(2019-03-26)[2020-12-30]. http://www.moe.gov.cn/srcsite/A10/s7030/201904/t20190404_376664.html.
② 专任教师学历合格率是指专任教师中达到国家要求学历的教师比例,学前、小学专任教师学历合格率为专科以上学历教师数占专任教师总数的比例,初中专任教师学历合格率为本科以上学历教师数占专任教师总数的比例。
③ 指拥有小中学高级职称的农村学前、小学、初中教师。

府集中力量，分阶段、有重点地开展了多项专项工程与计划，促使农村学校面貌焕然一新。

1. 基本办学条件得到有效改善

根据《纲要》部署启动的义务教育学校标准化建设工程，聚焦中西部及农村地区，通过薄弱学校基本办学条件改善计划及农村初中改造工程分项推进，极大地缩小了城乡、区域间教育差距。出台《国务院办公厅关于全面加强乡村小规模学校和乡镇寄宿制学校建设的指导意见》，加快推进两类学校的标准化建设。截至2019年底，全国30.9万所义务教育学校（含教学点）办学条件达到基本要求，占义务教育学校总数的99.8%。[1]

农村义务教育学校办学条件的改善，为推进城乡义务教育一体化发展、实现教育现代化提供了坚实的基础。

2. 教育信息化水平快速提升

教育信息化是农村教育现代化建设的重要保障。就农村教育发展指数的8个二级指标而言，增幅最大的是农村建网学校比例指数，2011—2018年增幅达157.41%。截至2018年，农村小学、初中建立校园网学校的比例分别为64.45%、74.41%，比2011年的12.56%、41.36%分别提高了51.89和33.05个百分点。

《教育信息化十年发展规划（2011—2020年）》提出，到2020年基本实现所有地区和各级各类学校宽带网络的全面覆盖，具备条件的教学点实现宽带网络接入；各级各类学校基本具备网络条件下的多媒体教学环境，基本建成人人可享有优质教育资源的信息化学习环境。"十三五"期间，"三通两平台"各项目标任务圆满完成。"农村教学点数字教育资源全覆盖"项目稳步推进，整合开发英语、音乐、美术等学科数字资源6 948学时，与基础教育阶段所有学科教材配套的资源达5 000万条。[2]

农村教育信息化水平的提高，改善了农村学校的办学条件，为农村教育质量进一步提升奠定了扎实的基础。

---

[1] 教育部2020收官系列新闻发布会第四场.（2020-12-10）[2020-12-30]. http://www.moe.gov.cn/fbh/live/2020/52763/.
[2] 教育部2020收官系列新闻发布会第一场.（2020-12-10）[2020-12-30]. http://www.moe.gov.cn/fbh/live/2020/52692/.

(三)各地农村教育发展水平的均衡性进一步增强

《纲要》提出把促进公平作为国家基本教育政策,把提高质量作为教育改革发展的核心任务,体现在义务教育阶段即要促进城乡之间、区域之间、学校之间的均衡发展。为缩小我国东中西部农村教育发展水平的巨大差异,学前教育三年行动计划、义务教育学校标准化建设、《国务院办公厅关于加快中西部教育发展的指导意见》等专项工程与政策文件,有力推动了各地农村教育的发展,促使区域间农村教育水平日趋均衡。

1. 各地农村教育发展水平呈现逐渐均衡的向好态势

首先,农村教育发展总指数年度最大省际差距有所减少。2018年农村教育发展总指数水平最高的北京与最低的河南相差0.286,比2011年两地的差距缩小了0.057,省际农村教育发展水平逐渐均衡。其次,西部地区农村教育总指数增幅高于东部地区。2011—2018年,农村教育发展总指数增幅超过0.250的有内蒙古、宁夏、青海、贵州,均位于西部地区;不足或接近0.100的为天津、北京、上海等地,均位于东部地区。

可以看出,西部地区农村教育发展势头迅猛,指数增幅较大;东部地区农村教育整体水平稳步推进,指数增长势头缓慢。总的来说,增幅差异表明我国农村教育的区域发展逐渐趋向均衡。

2. 农村师资水平的区域差距逐渐缩小

义务教育均衡发展是现阶段我国教育工作的重心,关键在于均衡师资质量。发展乡村教育,必须把乡村教师队伍建设摆在优先发展的战略地位。因此,各地均非常关注抓好农村教师的培养、准入及专业发展等多个环节。

调查发现,教师整体水平处于高位发展状态。以农村初中教师学历合格率为例,2011年,农村初中本科以上学历的教师占比全国平均为62.83%,2018年提升至82.81%。其中,全国30个省份(未含西藏和港澳台地区)中,有6个该比例超过90%,有16个超过80%不足90%。也就是说,七成多省份的农村初中教师本科以上学历的占比达到80%以上。此外,农村教师整体水平的区域差距逐渐缩小,均衡性持续增强。从农村教育师资状况指数来看,2011年指数最高的上海与指数最低的广东相差0.185;2015年,该指数的最大省际差值为0.170;2018年,该指数最高的内蒙古与最低的湖北,差距进一步缩小至0.142。可见,农村教育师资的整体水平在稳步提升,省际差距也在进一步缩小,农村教育师资状况的均衡性得到持续改善。

(四)农村学前教育的普及扩容和质量提升成效明显

10余年来,我国农村学前教育实现了跨越式发展。

1. 国家经费投入大幅增加,农村幼儿园数量增长迅速

全国学前教育财政投入从2010年的244亿元增长到2019年的2 009亿元,增长了8.2倍;2020年,中央财政安排支持学前教育发展资金188.4亿元,比上年增加19.9亿元,增长11.8%。[①]新增的财政投入主要投向中西部农村特别是贫困地区,2019年全国幼儿园数量比2010年增加了130 754所,其中,农村地区幼儿园数量增加77 023所,占比58.91%。[②]农村小学招生中接受过学前教育的比例持续上升,2011—2018年这一比例从91.26%提高到98.82%,特别是在2012年、2014年分别出现了较大幅度的跨越与突破。这也显示了我国自2011年开始实施的学前教育三年行动计划等专项举措卓有成效,有力地推动了农村学前教育资源覆盖面的持续扩大。

2. 农村学前教育质量提升成效明显

课题组在2020年开展的调查研究显示,70.34%的农村家长对孩子"所在幼儿园的整体教育质量"感到"比较满意"或"非常满意";有18.03%的家长认为孩子所在幼儿园的性价比"非常高",认为"比较高"的占33.28%。农村幼儿园园长和教师对本人从事的职业表现出较高的满意度。选择"非常满意"的园长和教师分别占18.99%和26.10%,选择"比较满意"的园长和教师则分别占50.02%和45.11%。

上述数据不仅充分反映了农村家长对幼儿园教育质量的高度认可,也体现出农村的教师队伍保持了相对积极、稳定的工作状态,这为提高幼儿园保教质量奠定了良好的基础。

---

① 关于政协十三届全国委员会第三次会议第4574号(教育类433号)提案答复的函.(2020-10-22)[2020-12-30]. http://www.moe.gov.cn/jyb_xxgk/xxgk_jyta/jyta_jijiaosi/202011/t20201119_500730.html.
② 根据教育部公布的相关年度的教育统计数据计算而得。

二、主要问题

尽管我国农村教育在整体处于向上的良好态势,但也应看到,尤其是在中西部贫困地区,农村教育基础比较薄弱,仍然面临诸多困难,其中最主要的困难是经费不足、师资匮乏、教育观念落后等。[①]

1. 农村教育投入水平区域差距有所扩大

农村教育投入水平的区域差距悬殊。2018年,在各地政府普遍增加农村教育投入水平的基础上,投入状况指数仍呈现省际差距悬殊的状态,并且这一差距还有继续扩大的趋势。例如,2018年北京的农村教育投入状况指数继续保持全国首位,与全国最低的河南相差0.716。相较于2011年该指数的最大省际差距0.573,这一数值到2018年增加了0.143。

农村教育经费投入特别是生均公共财政预算教育经费作为确保农村教育发展的主要拉力,直接影响该地区农村教育的整体发展水平。从农村生均公共财政预算教育经费支出水平指数来看,2011年北京与河南的指数差距为0.614,2018年该指数差扩大至0.831。两地的指数增幅也表现出较大差距:北京2011—2018年指数增加了0.309,居全国第二位;河南的指数增幅仅为0.092,位居全国末端。就具体数值来看,例如,北京农村小学生均公共财政预算教育经费支出水平在2011年为27 262.67元,高出河南24 091.16元;到了2018年,这一差距扩大至38 070.81元。

生均公共财政预算教育经费支出中的个人部分主要用于教师工资福利及各种对教师个人和家庭的补助支出,公用部分主要用于保证学校教学活动正常运转、维持正常教育秩序所需的公共使用经费支出。这两项对于开展农村教育教学活动、稳定农村教师队伍十分重要。经费投入的巨大差距,会影响农村教育质量的整体提升。

2. 城镇化率趋同地区存在农村教育发展的共性问题

城镇化发展对农村教育实践产生了直接和间接的影响,推动了农村教育水平的提升,但在这一过程中产生了新的问题,对农村教育现代化提出了严峻挑

---

① 顾明远. 没有农村教育的现代化 就没有教育的现代化. 中小学管理,2020(05):1.

战。面对城镇化带来的"双刃剑"影响，各地区应认真对待、做到具体问题具体分析。

一是部分地区农村教育短板依然明显。特别是对城镇化率刚刚实现从乡村型到初级阶段转型的地区而言，农村教育存在明显弱势与短板。位于中部的河南、湖南、山西等地，城镇化率刚刚超过50%并不足60%，地方财力支持有限，同时囿于"中部塌陷"、国家利好政策缺失及不足，使得这些地区农村教育发展存在相对滞后的情况。例如，2018年湖南农村建网学校比例指数的全国排名相对靠后，在30个省份中位居第24位；河南农村教育投入状况指数位居全国末位，且与指数最高的北京差距悬殊；山西农村教师高级职称比例指数仅为0.033，与指数最高的辽宁相差0.189。上述中部省份农村教育部分领域的滞后不利于其整体教育水平的提升，一定程度上导致了这些省份农村教育呈现出明显的短板和弱势。对这些省份而言，从弱势领域入手能够有效弥补差距，推动区域内农村教育发展水平的整体提升。

二是城镇化率处于高级发展阶段地区农村教育有待实现优质均衡发展。对于城镇化水平处于高级阶段的上海、北京、天津三地，尽管农村教育发展指数整体上处于稳定提升且高位发展的状态，但也存在突出问题，需要更多关注和改进。其中，最主要的就是义务教育仍存在较大的城乡差距、区域差距和校际差距。例如，上海、北京、天津的农村教育普及状况指数在地区排名中表现得差强人意，这固然与城镇化加速带来的农村受教育人口迅速减少、人口流动率提高等密切相关，但也与城乡教育均衡发展不充分、农村学校教育质量远远落后于城区学校等因素有关。较低质量的农村教育已经无法满足农村家长和学生日益提高的、接受更高质量教育的美好期盼。现阶段，推进义务教育优质均衡发展、促进城乡教育一体化是我国教育改革与发展的重点和关键。对于较高城镇化率的地区而言，农村教育受到城市教育反哺的有利条件更加完善，因此这些地区在缩小城乡之间、学校之间教育质量差距方面，还应大有作为。

3. 农村高素质专业化教师队伍仍相对缺乏

尽管我国农村教师队伍的素质得到了逐渐改善，特别是农村教师学历合格率指数和教师高级职称比例指数总体呈增长态势，但也应当看到，农村教师队伍建设的任务依然很重，无论是在数量规模还是整体素质等方面，特别是与城区相比，仍存在不同程度的问题与不足。

一是农村教师队伍仍存在结构性短缺，小学阶段教师年龄结构老化明显。无论从教育部发布的专项督导报告还是研究者的地方调研报告，均显示部分地区乡村教师特别是优秀教师资源紧缺，教师队伍存在结构性失调、年龄老化等问题。从 2019 年教育统计数据中可以发现，30—44 岁年龄段的农村小学教师占农村小学教师总数的比例低于城区小学教师该比例 3.47 个百分点；55 岁及以上年龄段农村小学教师占比则高于城区 4.49 个百分点。[①]

二是农村教师队伍学历水平远低于城市地区。分析 2018 年专任教师的学历水平数据可以发现，城乡教师存在明显差距。例如，城区初中、小学、幼儿园教师为研究生学历毕业的比例分别为 6.30%、2.23%和 0.48%，分别高出同学段农村教师研究生学历毕业占比 5.06、2.10 和 0.39 个百分点。与之相反的是，农村幼儿园教师高中及以下毕业的比例（23.27%）远高于城区 10.97 个百分点。可以看出，农村教师的学历水平与城区差距较大，高素质教师队伍有待进一步补充。

三是农村教师队伍的稳定性仍显不足。由于薪酬较低、生活环境较差等原因，农村教师队伍建设面临着流动性较高的突出问题。通过分析相关年份的《中国教育统计年鉴》的相关数据可以发现，农村小学和初中阶段的教师调出比例呈上升趋势，这在一定程度上反映出农村教师队伍的流动性有所增加。例如，2018 年乡小学教师调出比例为 11.74%，比 2011 年提高了 3.55 个百分点。

4. 农村幼儿园在扩容提质过程中面临新挑战

学前教育作为我国近年来农村教育的关键领域和工作重点，取得了跨越式发展与显著成就，但现实中仍然面临着数量不足和质量不高的双重挑战，与城区相比，农村学前教育无论是从教育规模还是教学质量上都存在较大差距。

一是部分农村幼儿园生源不足严重制约其生存与发展。课题组调研结果显示，农村幼儿园特别是民办非普惠幼儿园的招生计划完成 40%以下的比例占到 12.85%，多数农村民办幼儿园招生计划仅能完成 60%—80%。由于农村幼儿园日常运营经费主要来自保教费收入，生源不足导致部分幼儿园难以为继或仅能低水平运转。

---

① 小学专任教师专业技术职务、年龄结构情况.（2020-06-11）[2020-12-30]. http://www.moe.gov.cn/s78/A03/moe_560/jytjsj_2019/qg/202006/t20200611_464823.html.

二是农村幼儿园教师队伍面临数量不足和质量不高两大挑战。学前教育三年行动计划促使农村学前教育机构及师资迅速扩充，但农村幼儿园教师在数量和质量上仍然难以满足现实需求。调查显示，40.74%的农村受访者表示本园教师数量"非常缺"或"比较缺"，比城区受访教师高出4.66个百分点。此外，高达9.85%的农村幼儿园园长认为本园"大部分教师离职频繁"，仅有33.50%的农村幼儿园园长表示有"80%以上的教师保持稳定"，且低于城区幼儿园8.97个百分点。就教师整体素质而言，仅有75.29%的受访农村幼儿园教师取得教师资格证书，低于城市10.31个百分点。可以看出，农村幼儿园教师数量缺口更大，流失率更高、整体素质偏低。

三是农村幼儿园办学条件仍有待进一步改善。通过实施学前教育专项计划，农村加大了改建、扩建和新建公办幼儿园和普惠性民办幼儿园的力度。部分农村幼儿园特别是村园的办学条件仅能满足开展低水平保育教育活动要求。调查显示，16.99%的农村幼儿园园长和8.56%的农村幼儿园教师反映本园硬件设施及玩教具、游戏材料、图书等"非常缺乏"或"比较缺乏"，其中47.26%的教师认为急需增加"科学类玩教具及材料"，45.23%教师选择急需增加"户外大中型玩具"。访谈中也发现，部分村办幼儿园缺乏最基本的如厕设施，为幼儿园开展保育活动留下安全隐患。可见，农村幼儿园现有的硬件设施、玩教具及其他教学材料等，还无法满足现实的发展需求，仍有较大的改进空间。

三、发展建议

农村教育在实现教育现代化、推进新型城镇化和新农村建设中发挥着举足轻重的作用。党的十九届五中全会描绘的我国2035年发展愿景，以现代化为目标，以城镇化和乡村振兴为基点，为农村教育改革与实践指明了发展方向、提出了时代新要求。建设教育强国、实现教育现代化是我国教育包括农村教育发展的目标与方向。党的十九届五中全会做出了"我国已转向高质量发展阶段"的重大判断。乡村教育作为中国教育的神经末梢和教育体系的主阵地，其发展和变革是推进教育现代化和建设高质量教育体系过程中的重点和难点，也是事关全局的关键性环节。农村教育的深化改革与发展，应以坚持教育公益性原则、促进教育公平为导向，逐渐缩小区域差距、城乡差距、校际差距，加大改革力度，针对发展短板与弱势推出政策"组合拳"，促进农村教育向高水平高质量普及发展。

1. 推进教育公平，进一步缩小区域差距、城乡差距、校际差距

要坚持以公平为导向、以质量提升为目的的基本准则，从促进基本公共服务均等化着手，不断缩小农村教育的区域发展差距、城乡教育差距和校际差距。

一是坚持补足短板，缩小区域差距。针对农村教育存在地区差距过大、部分领域均衡性偏弱的问题，在国家层面要加大政策和经费扶持力度，一方面保持对西部贫困地区农村教育优先关注，另一方面也需兼顾部分农村教育发展水平整体偏弱的河南、河北等中部省份，采取精准施策、有效监督等措施缩小其与发达地区农村教育水平的差距。在地方层面，各级政府需将农村教育置于国计民生的重要地位，加大中央财政转移支付力度，立足乡村建设办好乡村学校，多渠道增加普惠性学前教育资源供给，持续推动区域内义务教育高质量均衡发展，提高乡村教师岗位吸引力等，从而使我国农村教育整体迈向现代化。

二是坚持融合发展，缩小城乡差距。城乡教育一体化发展是教育现代化的重要标志。现阶段，要着力于城乡教育的融合发展，为最终实现城乡教育一体化奠定基础。为此，要优先推进城乡教育融合发展中的均等化。均等化是促进城乡教育要素的自由流动的基本前提，特别是对于教师这一主要教育要素而言，只有均等化的发展环境、办学条件配备到位，才能使获得均等化的教育质量成为可能。因此，地方政府应首先从办学条件达标、优化教师管理制度等方面入手，营造确保农村教育优先发展的良好环境。此外，实现基本教育公共服务均等化还需要充分考虑财力支撑，各级政府应做好发展规划，突出城乡一体化发展思路、充分考虑农村教育发展需求，循序渐进，逐步缩小城乡教育发展差距。

三是坚持质量提升，缩小校际差距。提升农村薄弱校教育质量是缩小校际差距，促进农村教育发展水平持续提高的重要抓手。根据相关政策，紧紧围绕乡镇寄宿制学校和小规模学校建设，积极改善办学条件，推动形成一批农村特色学校和"小而美"的乡村小规模学校，确保农村儿童能够就近接受更高质量的教育。此外，通过提升农村学校教育信息化应用效能、城市优质学校对农村薄弱校的带动和集团化发展等多种渠道，共享优质教育资源，提高农村学校的软实力。

2. 坚持精准施策，推出政策"组合拳"

农村教育改革在现阶段已进入"攻坚区"和"深水区"，尤其需要聚焦发展短板与薄弱环节，加大教育投入、加强教师队伍建设、创新管理体制机制，促进农村学校实现内涵式发展。

一是加大投入，加快农村教育各学段教育机构的标准化建设。首先，完善教育现代化投入体制机制，健全保证财政教育投入持续稳定增长的长效机制，合理安排农村学前教育及义务教育的教育经费。其次，合理确定并落实乡镇寄宿制学校和小规模学校的校舍建设、装备配备、信息化、安全防范等基本办学标准，有条件的地区积极推进农村幼儿园标准化建设工作。最后，建设智能化农村校园，全面提高乡村教师运用信息技术能力，促进优质教育资源共享。

二是多措并举，加强农村教师队伍建设。首先，提高乡村教师待遇，落实乡镇工作补贴、集中连片特困地区生活补助和艰苦边远地区津贴、交通补助及住房保障等政策，增强农村教师岗位的吸引力。其次，加强农村教师培训和交流轮岗，增加紧缺学科农村教师的培训机会，通过定期交流、对口支援、学区一体化管理等形式，扎实推进县（区）域内义务教育学校校长教师交流轮岗。最后，完善农村教师管理补充机制，统筹并盘活城乡教师编制总量，优先合理补充并配齐农村幼儿园教师以及中小学紧缺学科教师。

三是创新农村教育管理的体制机制。各级政府需从完善教育治理体系、提高治理能力着手，打破阻碍教育要素城乡流通的体制机制障碍，提高资源配置的合理性和实效性，为农村教育质量整体提升创设有利的政策环境和制度保障。

3. 坚持普惠优质，推动农村学前教育扩容提质

农村学前教育发展要坚持公益、普惠、优质、安全的基本原则，采取分级负责、分步推进的策略，从增加资源供给、促进多样化发展、加强家园合作、完善资助制度以及推动法治建设等视角入手，推动农村学前教育有效满足现实需要。

一是加强农村地区学前教育资源多样化供给。教育资源供给向乡村地区倾斜，提供幼儿教育课程资源、玩教具资源和图书资源的打包式免费供应，充分发挥现有高质量幼儿园的示范指导作用。

二是因地制宜促进农村多种幼教形式的发展。在适龄幼儿人数多的大规模无园村或距离较近的若干个村屯构成的村落建设公办园；在已有数量较多幼儿园的大村中扶持正规民办园或村小附属园发展；对村民办园坚持扶持与监管并重原则，提高办园质量；建立小学附属园与乡镇中心幼儿园的联系；在适龄幼儿较少的小规模村，鼓励发展非正规的幼儿教育。通过多措并举，保证农村学前教育少投入、高效率的发展。

三是多渠道促进家园合作。各级政府需要通过宣传来优化农村家长的学前教育和家园合作观念。内容上重视学前教育知识、3—6岁各年龄段儿童学习与发展目标以及幼儿学习品质培养的重要性等育人功能方面的宣传；方式上要积极调动多方面的力量，发挥农村幼儿园的辐射作用，借助电视、广播、横幅等公共传媒，鼓励农村幼儿园积极参与政府组织的系列活动，开展多种家园合作活动等。

四是完善经济贫困家庭幼儿入园资助制度。通过发放教育券等多种方式，使经济贫困家庭适龄学前儿童能够受到完全或部分的资助，重点保证留守儿童入园，为农村低收入家庭或处境不利儿童平等接受学前教育提供政策保障。

五是坚持法治思维，充分发挥学前教育立法的保驾护航作用。需要从农村公办幼儿园建设、农村普惠幼儿园作用发挥、经费投入、教师培训等方面持续健全配套政策，完善学前教育立法，加强执法组织建设和制度建设，以法治思维推动农村学前教育事业不断发展。

第一章

中国农村教育的总体发展水平

实施乡村振兴战略，是党的十九大作出的重大决策部署。《中共中央 国务院关于实施乡村振兴战略的意见》提出优先发展农村教育事业，并从农村学前教育、义务教育、高中阶段教育、职业教育、特殊教育等方面进行了全面部署，为新时期农村教育发展指明了方向。①2018 年，中共中央、国务院印发《乡村振兴战略规划（2018—2022 年）》，提出实施乡村教育质量提升计划，对优先发展农村教育事业作出进一步战略规划。

近年来，党中央、国务院就深入推进新型城镇化建设作出了系列重大决策部署，我国城镇化水平快速提高。统计显示，截至 2011 年末，全国（不含港澳台）总人口数量为 13.47 亿，其中城镇人口数量 6.91 亿，占总人口比重（常住人口城镇化率）为 51.3%，首次超过农村。②截至 2019 年末，全国总人口 14.00 亿，其中城镇常住人口 8.48 亿，占总人口比重（常住人口城镇化率）为 60.6%。③2011—2019 年，我国的常住人口城镇化率提高了 9.3 个百分点。

在城镇化快速发展的进程中，农村教育在我国的教育体系中依然占有很大比重。2018 年，将统计数据中"镇区"和"乡村"两部分数据合并后，包括学前、小学、初中三个学段在内，全国农村共有学校 35.61 万所，在校生数为 1.25 亿人，专任教师数为 795.78 万。从三个学段的体量来看，七成多的学校、六成

---

① 中共中央 国务院关于实施乡村振兴战略的意见（2018-02-04）[2020-04-20]. http://www.gov.cn/zhengce/2018-02/04/content_5263807.htm.
② 中华人民共和国 2011 年国民经济和社会发展统计公报.（2012-02-22）[2020-04-25] http://www.stats.gov.cn/tjsj/tjgb/ndtjgb/qgndtjgb/201202/t20120222_30026.html.
③ 中华人民共和国 2019 年国民经济和社会发展统计公报.（2020-02-28）[2020-11-25] http://www.stats.gov.cn/tjsj/zxfb/202002/t20200228_1728913.html.

多的学生和专任教师在农村。

本章采用课题组构建的农村教育发展指数指标体系，基于数据可得性，重点考察2011—2018年农村教育总体发展水平和各学段发展水平。

一、农村教育总体发展状况分析

农村教育发展指数包括普及状况、师资状况、投入状况和办学条件4个一级指标。一级指标之下又分为农村教育升学率、农村教育年级巩固率、农村教师学历合格率、农村教师高级职称比例、农村生均公共财政预算教育经费支出、农村生均固定资产、农村生均校舍建筑面积和农村建网学校比例8个二级指标（表0-1）。

（一）农村教育总体发展水平稳步提升

1. 农村教育总体发展水平持续增长

数据显示，农村教育发展总指数由2011年的0.428增长到2018年的0.622，8年增幅为45.33%（图1-1）。其中，2014年的年度增幅最大，比上一年度增加了10.34%。四个一级指标中，除普及状况外，其余指标均呈现连年持续增长的趋势。

2. 农村教育投入大幅增加，办学条件持续改善

8年之中，农村教育4个一级指标总体均呈现增长趋势。其中，教育投入状况指数增幅最大，由2011年的0.179增长到2018年的0.440，增幅为145.81%；普及状况指数增幅相对最小，由2011年的0.838增长到2018年的0.892，增幅为6.45%（图1-1）。

3. 农村建网学校比例指数提升最快

从农村教育8个二级指标来看，各指数总体呈现增长态势。与2011年相比，8年间增幅最大的是农村建网学校比例指数，增幅为157.41%；增幅排第二位的是农村生均固定资产指数，增幅为150.00%；增幅排第三位的是农村生均公共财政预算经费支出指数，增幅为138.10%（图1-2）。

第一章 中国农村教育的总体发展水平

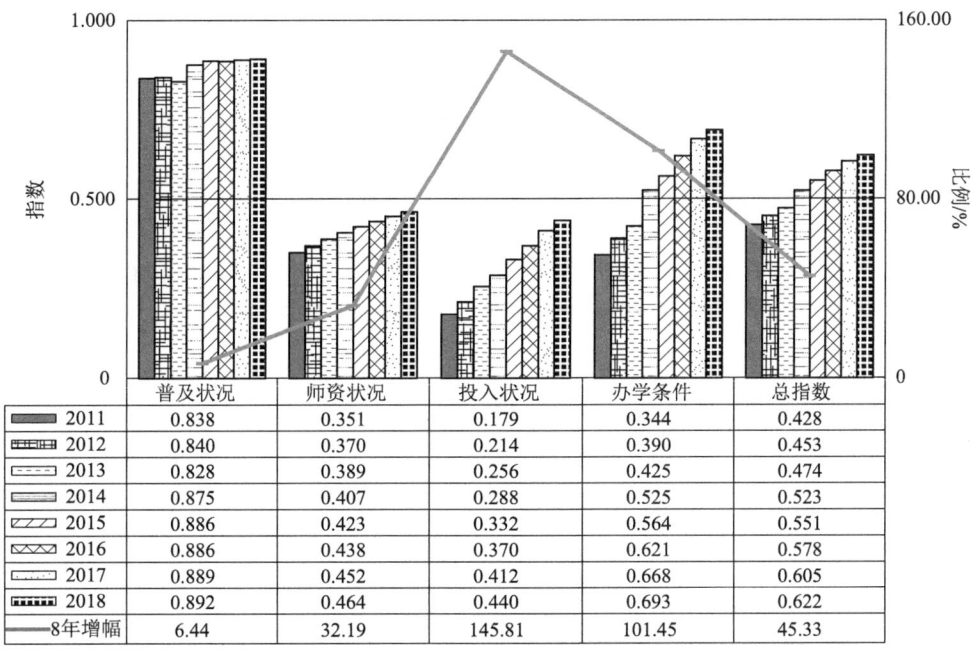

图 1-1 2011—2018 年农村教育发展总指数与一级指标指数

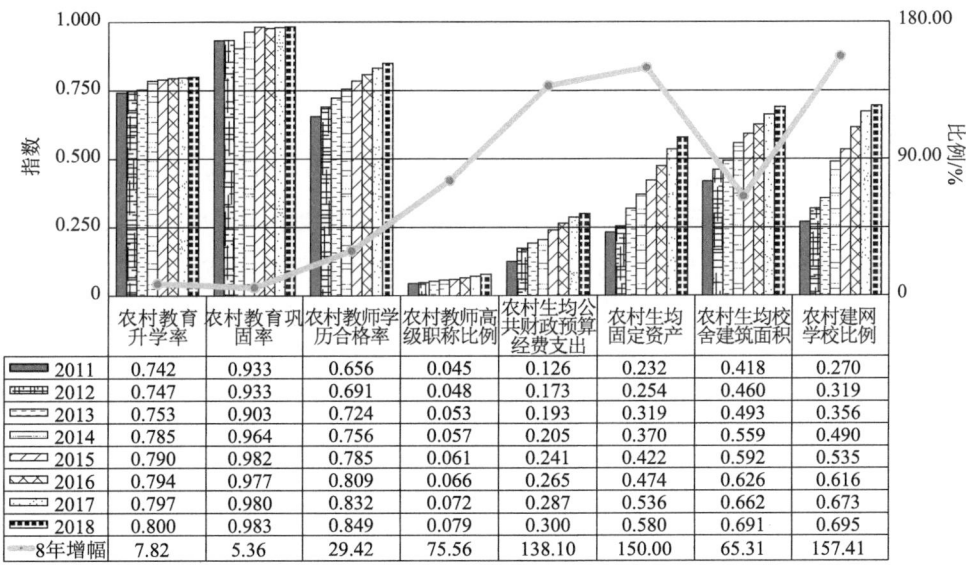

图 1-2 2011—2018 年农村教育发展二级指标指数[①]

---

① 因 2011 年后的统计指标中关于城乡划分的标准有变化，2011 年的相关指数分析中，巩固率用 2012 年的巩固率代替。

从农村教育发展指数构成的一级指标和二级指标来看,与硬件建设相关的指数增幅相对较大,如教育投入状况指数(包括农村生均公共财政预算教育经费支出指数与农村生均固定资产指数)和办学条件指数(包括农村生均校舍建筑面积指数与农村建网学校比例指数)。与软件建设或者内涵发展相关的部分指数增幅相对较小,如师资状况指数(包括农村教师学历合格率指数和农村教师高级职称比例指数)和普及状况指数(包括农村教育升学率指数和农村教育年级巩固率指数)。在内涵发展类指标即师资状况指数之下,其二级指标农村教师高级职称比例指数 8 年间增幅比较突出。

党的十八大报告提出要大力促进教育公平、合理配置教育资源,且重点向农村、边远、贫困、民族地区倾斜。十八大以来,党和国家更加重视农村教育,发布系列政策,如《中共中央 国务院关于落实发展新理念加快农业现代化 实现全面小康目标的若干意见》,教育部、国家发展改革委、财政部联合印发的《关于全面改善贫困地区义务教育薄弱学校基本办学条件的意见》,教育部印发的《教育部关于进一步做好全面改善贫困地区义务教育薄弱学校基本办学条件有关工作的通知》,国务院印发的《国务院关于进一步完善城乡义务教育经费保障机制的通知》,国务院办公厅印发的《乡村教师支持计划(2015—2020 年)》,国务院印发的《国务院关于统筹推进县域内城乡义务教育一体化改革发展的若干意见》,教育部等六部门发布的《教育脱贫攻坚"十三五"规划》,国务院办公厅印发的《国务院办公厅关于加快中西部教育发展的指导意见》,中共中央、国务院印发的《中共中央 国务院关于全面深化新时代教师队伍建设改革的意见》,中共中央、国务院印发的《中共中央 国务院关于深化教育教学改革全面提高义务教育质量的意见》,等等。这些政策均为农村教育全方位的发展提供了有力的保障。

(二)农村教育各学段发展速度总体呈现先快后缓的态势

8 年间,农村学前教育总体发展减速,小学发展速度平稳,初中 2014 年增速尤为明显,但近两年总体增速放缓。通过普及状况、师资状况、投入状况和办学条件 4 个一级指标,我们对农村学前、小学和初中阶段发展水平的总指数进行了分别测算。从农村教育各学段发展总指数的增幅来看,数据显示,2012 年、2013 年增幅最大的均是学前,增幅分别为 8.56%、5.10%;2014 年,增幅排在前两位的是初中和小学,增幅分别是 12.64%和 9.25%;2015—2018 年,三个学段的教育发展总指数增幅逐渐回落,学前增幅逐渐放缓,小学发展速度相对平稳，初中增速明显放缓（图 1-3）。初中教育发展总指数 2014 年增速突出与当年的普及状况发展较快有较大关系。从农村教育各学段发展总指数 8 年间的增幅来看，初中增幅最大（46.13%），学前增幅排第二位（43.32%），小学增幅排第三位（41.79%）（图 1-4）。

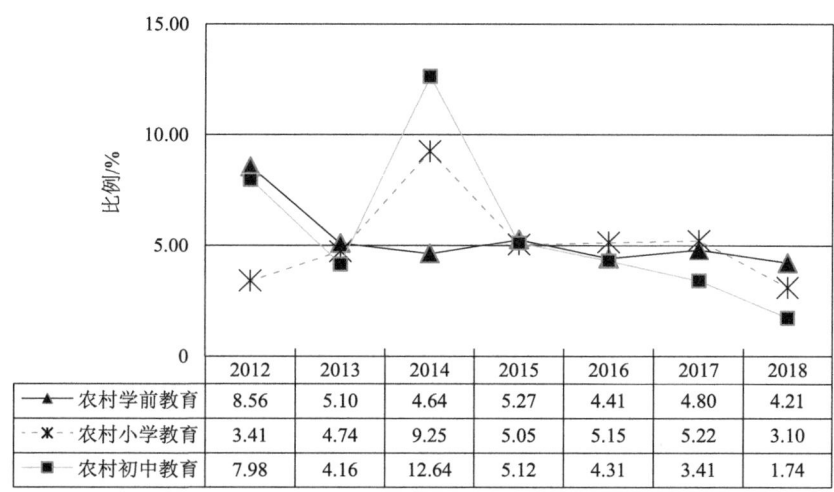

图 1-3　2012—2018 年农村教育各学段发展总指数年度增幅

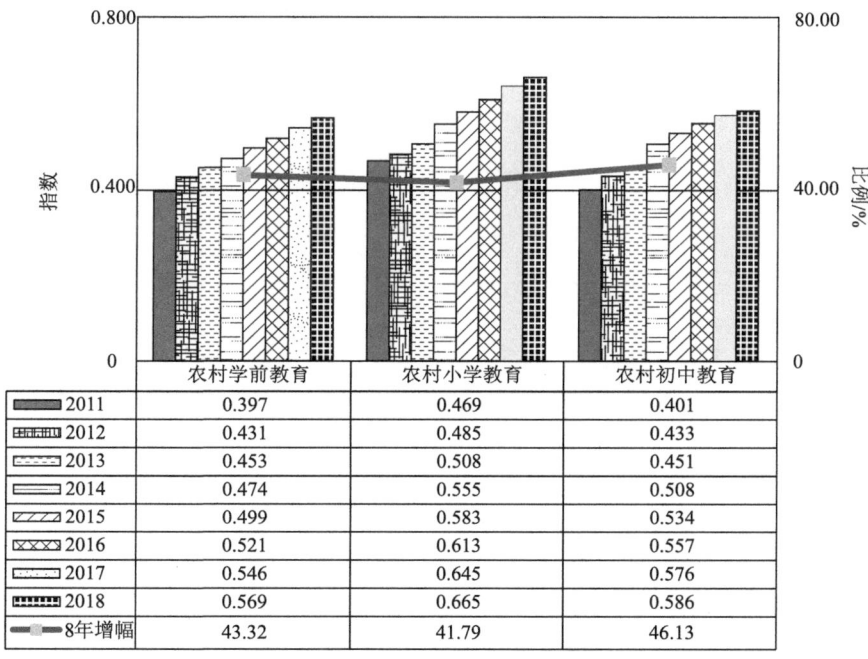

图 1-4　2011—2018 年农村教育各学段发展总指数比较

(三)农村教育各学段教育投入及办学条件改善明显

基于普及状况、师资状况、投入状况和办学条件 4 个一级指标,分别考察农村教育各学段的教育状况,发现:各学段投入状况和办学条件指数总体增幅较大;师资状况进一步改善;学前与初中普及状况指数增幅高于小学。

1. 农村学前教育投入持续加大,办学条件、师资状况与普及状况进一步改善

就农村学前教育阶段各项指标的发展指数而言,与 2011 年相比,2018 年投入状况①增幅遥遥领先于其他指标,办学条件增幅排第二位,师资状况与普及状况增幅分别排第三、第四位(图 1-5)。

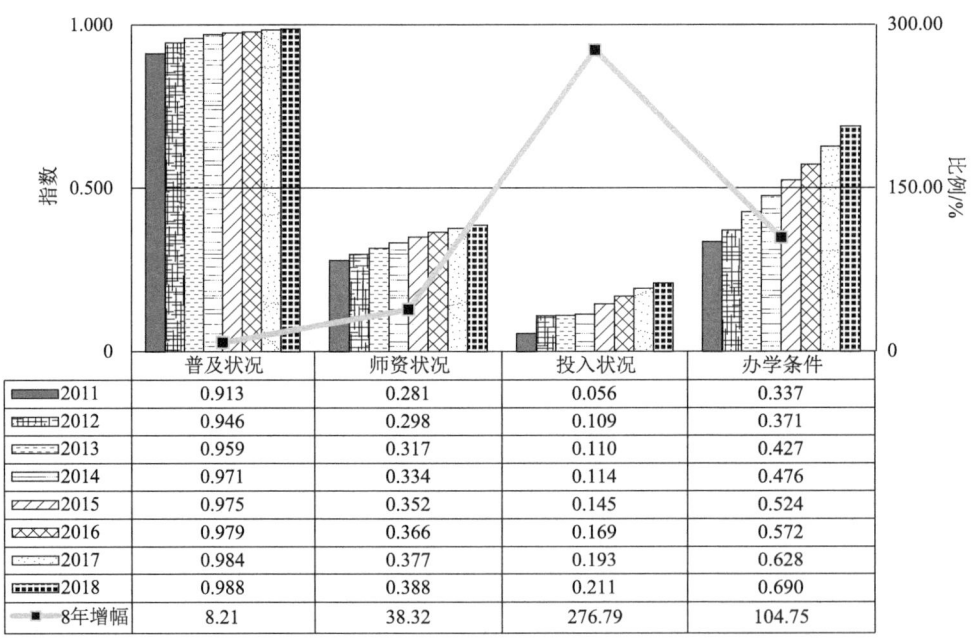

图 1-5 2011—2018 年农村学前教育阶段各项指标发展指数

---

① 学前教育的投入状况指标与小学和初中阶段不同,只包括农村生均公共财政预算教育经费支出一项。学前办学条件指标与小学和初中不同,只包括农村生均校舍建筑面积一项。

第一章 中国农村教育的总体发展水平

2. 农村小学教育的投入持续增长，办学条件、师资状况和普及状况进一步改善

就农村小学教育阶段各项指标的发展指数而言，与 2011 年相比，2018 年投入状况增幅排第一位，办学条件增幅紧随其后，师资状况及普及状况增幅分别排第三、第四位。值得注意的是 2012 及 2013 年普及状况指数均出现下降，而 2014 年以后普及状况指数出现迅速增长（图 1-6）。

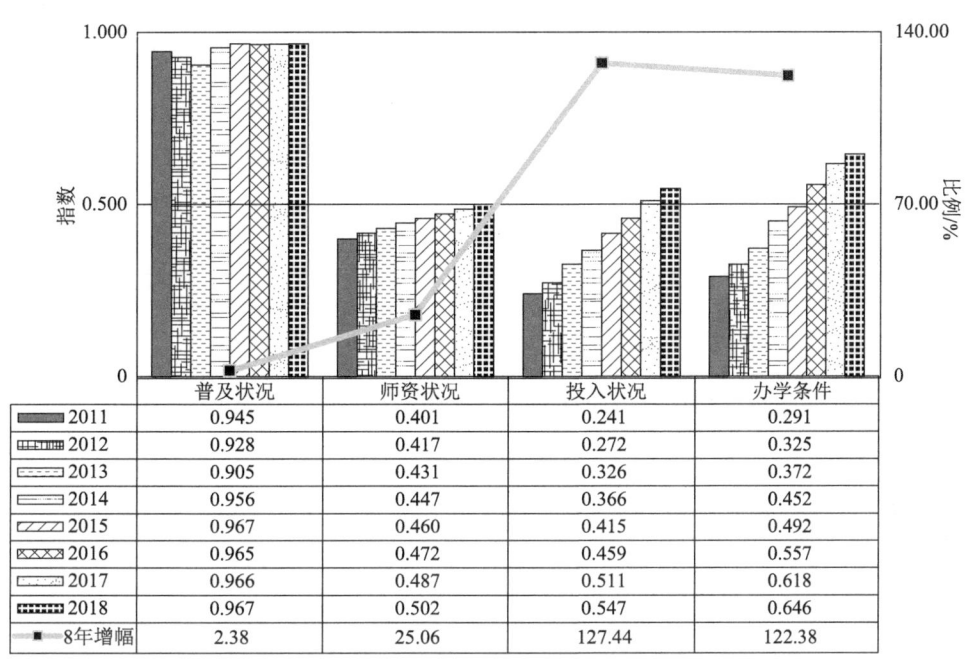

图 1-6　2011—2018 年农村小学教育阶段各项指标发展指数

3. 农村初中教育的投入增长迅速，办学条件、师资状况和普及状况明显改善

就农村初中教育阶段各项指标的发展指数而言，与 2011 年相比，2018 年的投入状况增幅排第一位，办学条件增幅排第二位，师资状况与普及状况的增幅分别排第三、第四位。普及状况指数在 2013 年略有下降，2014 年迅速提升，2018 年达到 0.722（图 1-7）。总体来看，农村初中教育普及状况明显改善。

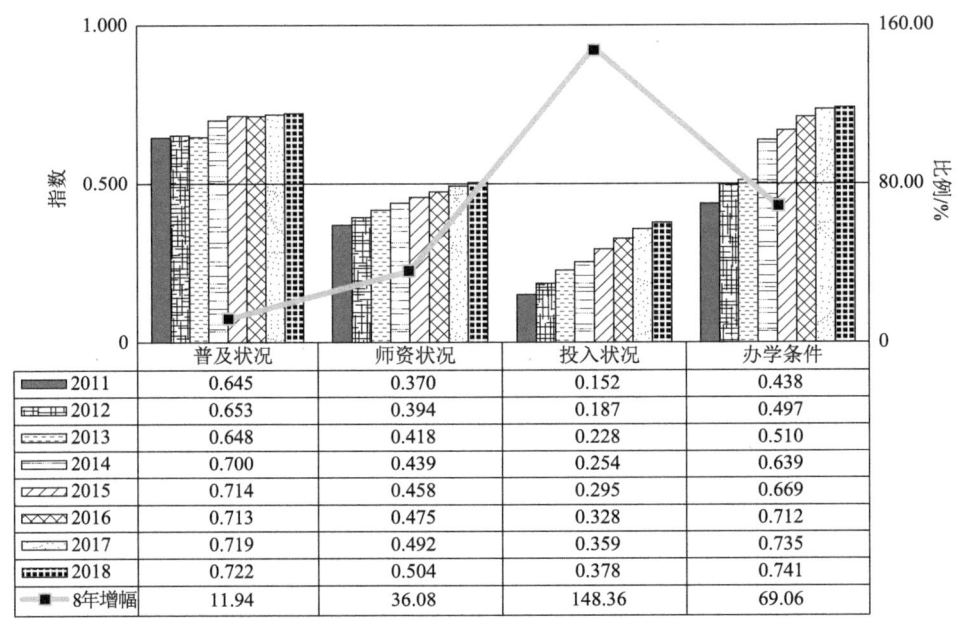

图1-7　2011—2018年农村初中教育阶段各项指标发展指数

二、农村教育体系内部各学段教育发展状况分析

（一）农村教育各学段普及状况分析

农村教育各学段的普及状况及其两个二级指标（农村教育升学率与农村教育年级巩固率）的发展状况如下。

1. 农村教育各学段普及状况整体改善，学前和初中提高相对较快

从农村教育各学段普及状况发展指数的增长情况来看，农村学前教育持续增长（2018年比2011年增加8.21%），小学提升幅度较小，初中尽管提升幅度最大，但与小学一样，均在2016年出现了小幅回落（图1-8）。

2. 农村教育各学段升学率整体提高，学前和初中增速相对较高

从农村教育各学段升学率指数①看，农村学前、小学和初中阶段升学率整

---

① 小学升学率=当年初中招生数/当年小学毕业生数×100%；中学升学率=当年普高招生数/当年初中毕业生数×100%；学前升学率=小学招生数中受过学前教育的比例。

体提高。与 2011 年相比，2018 年农村初中教育升学率指数增幅最大（24.33%），其次是学前（8.21%）（图 1-9）。

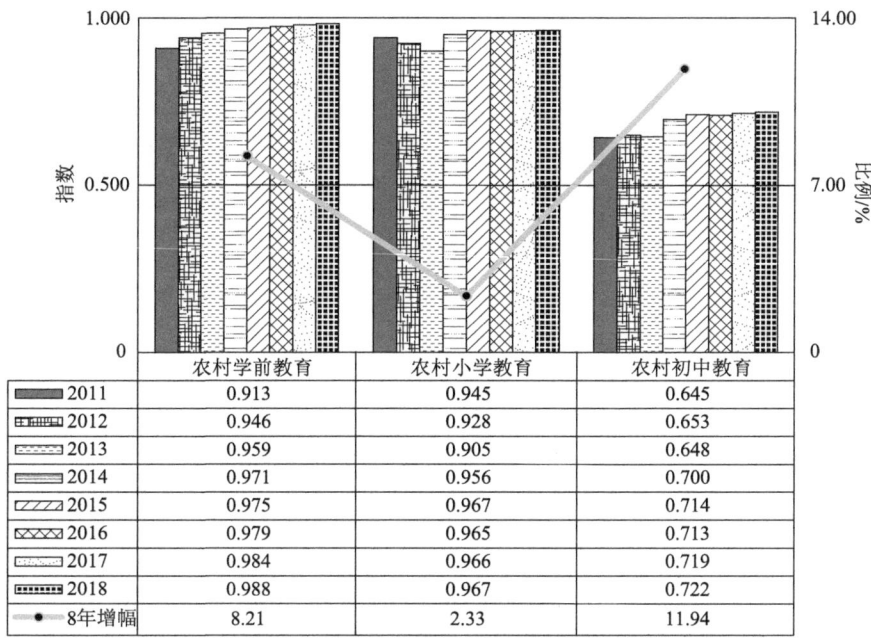

图 1-8　2011—2018 年农村教育各学段普及状况发展指数

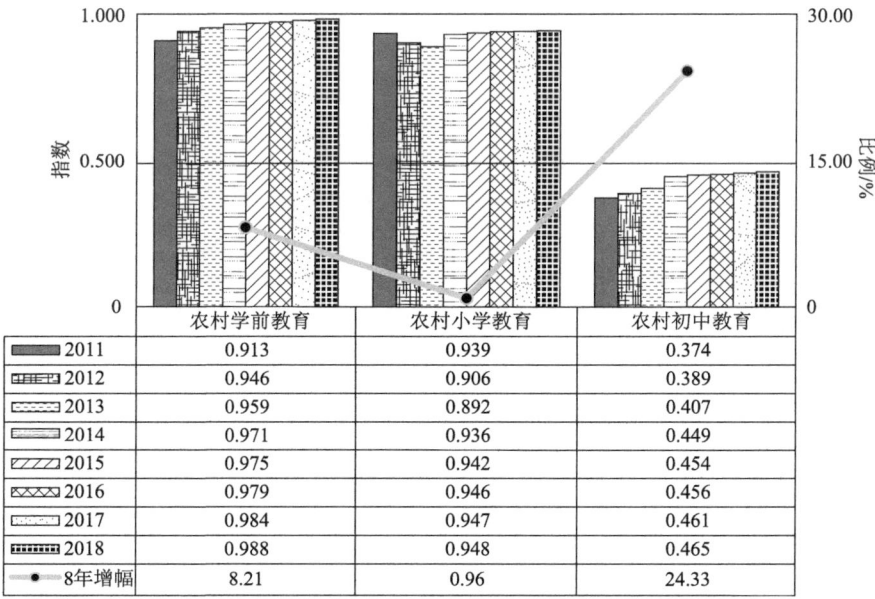

图 1-9　2011—2018 年农村教育各学段升学率指数

农村小学招生数中受过学前教育的人数比例逐年增长。从升学率原始数据来看,农村学前教育升学率即小学招生数中受过学前教育的比例,由2011年的91.26%增至2018年的98.82%,增加了7.56个百分点。在农村教育发展指数构成中,农村学前教育升学率实际是农村小学招生数中受过学前教育的人数比例。2011年以来,农村小学新入学学生中受过学前教育的人数比例逐步增加,反映出学前教育的普及水平切实提高。近年来,《国务院关于当前发展学前教育的若干意见》(简称"国十条")、《中共中央 国务院关于学前教育深化改革规范发展的若干意见》,以及连续实施了三期的学前教育三年行动计划等政策的实施,使学前教育的政策保障力度进一步加强,学前教育事业整体快速发展。

农村小学教育的升学率不稳定。8年间,农村小学教育阶段升学率先下降后提升,由2011年的93.90%下降至2013年的89.22%,到2018年增长至94.80%,增加了0.90个百分点(图1-10)。农村初中升学率直线上升,四成多的农村初中毕业生升入了普通高中。在农村教育发展指数构成中,农村初中升学率是指当年普通初中毕业生升入普通高中的状况,升入中等职业学校的人数未统计在内。数据显示,2011年以来,农村初中教育升学率不断增长,由2011年的37.40%增长至2018年46.53%,增加了9.13个百分点(图1-10)。

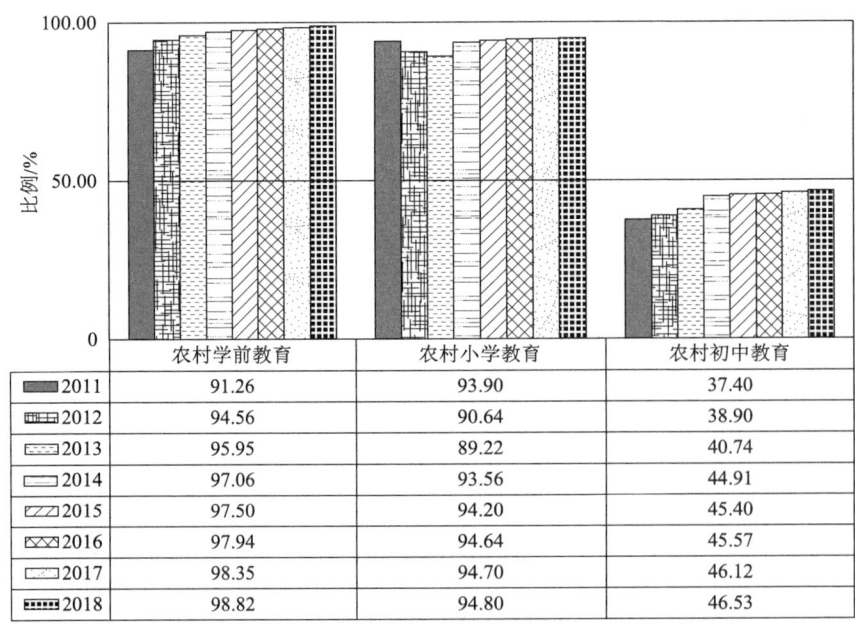

图1-10 2011—2018年农村教育各学段升学率

第一章　中国农村教育的总体发展水平

3. 农村小学和初中年级巩固率总体提升

从农村教育年级巩固率指数[①]看，与 2012 年相比，2018 年农村小学的增幅为 3.79%，初中的增幅为 6.88%。2012—2018 年，农村小学和初中年级巩固率指数不稳定，大体呈现出先降后升的状况（图 1-11）。

从年级巩固率原始数据来看，2012—2018 年，农村小学和初中教育年级巩固率总体呈上升趋势，其中农村小学教育年级巩固率从 2012 年的 95.03% 上升至 2018 年的 98.57%；初中教育年级巩固率从 2012 年的 91.60% 上升至 2018 年的 97.94%（图 1-12）。部分年度如 2013 年、2016 年有所下降，但总体呈现稳步增长的趋势。

农村部分学段升学率和年级巩固率下降的原因之一可能与人口流动有关系。例如，农村小学教育年级巩固率通过小学四年级升入五年级的比例来反映，初中教育年级巩固率通过初二年级升入初三年级的比例来反映。而实际上，各

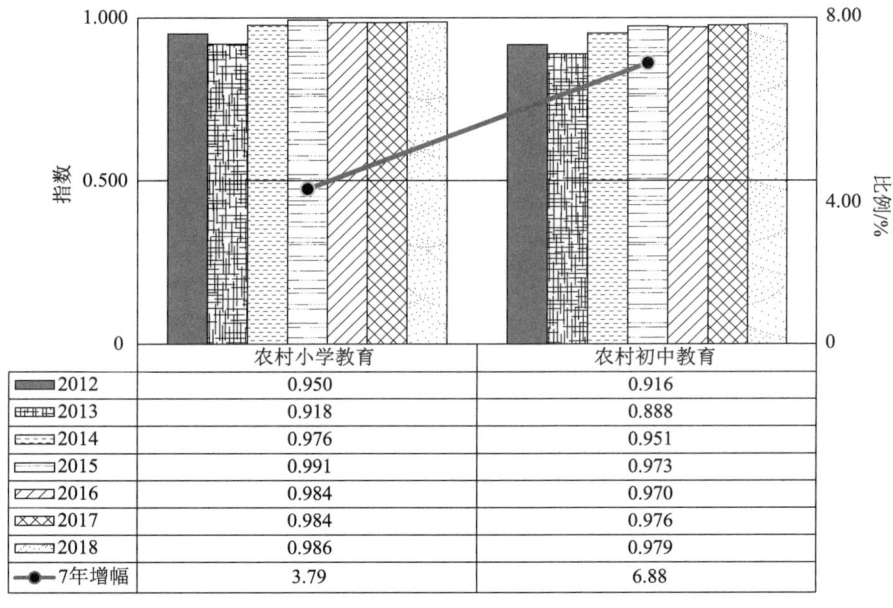

图 1-11　2012—2018 年农村小学和初中年级巩固率指数

[①] 学前教育阶段无年级巩固率指标。基于统计口径的一致性，2011 年的农村小学和初中教育阶段年级巩固率用 2012 年的数据代替，在此仅分析 2012—2018 年的年级巩固率变化。小学年级巩固率=当年五年级在校生数/上一年度四年级在校生人数×100%，初中年级巩固率=当年初三年级在校生数/上一年度初二年级在校生人数×100%。

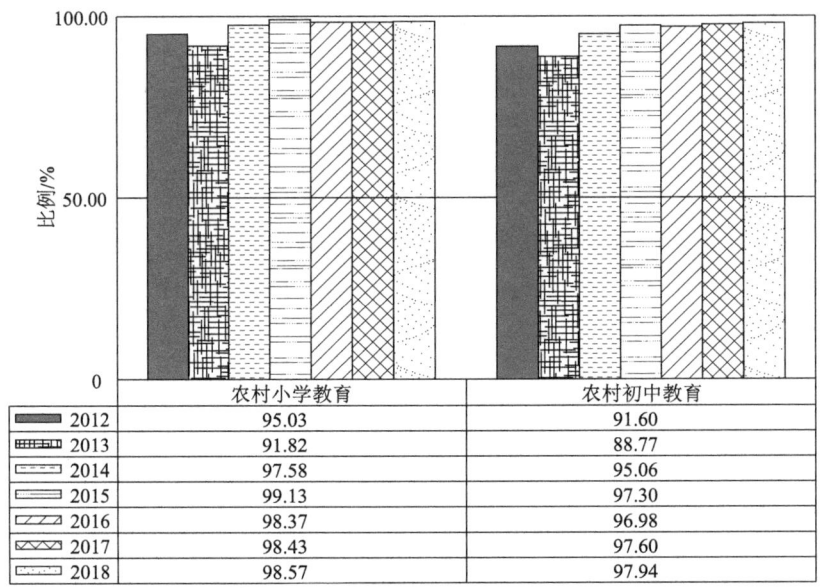

图 1-12　2012—2018 年农村教育各学段年级巩固率

年级中,都会有一部分学生升入了城市地区的小学和初中,但具体数据在指标计算中无法体现,因而会影响农村教育年级巩固率。其他方面的具体原因尚待进一步研究。

(二)农村教育各学段师资状况分析

农村教育各学段的师资状况及其两个二级指标(农村教师学历合格率和农村高级职称教师比例)的发展状况如下。

1. 农村教育各学段师资水平持续提高,小学提升速度相对较慢

从 2011—2018 年农村教育各学段师资状况指数的增长情况来看,农村学前[①]、小学、初中师资状况指数均呈增长状态,说明农村师资水平持续提高。其中,学前的增幅最大,为 38.08%;初中排第二,为 36.22%;小学排第三,为 25.19%(图 1-13)。换言之,农村小学教育的师资状况提升速度低于学前和初中教育。

---

① 由于《中国教育统计年鉴》中的地方数据没有对幼儿园园长、专任教师的学历和职称等分开统计,为与地方指标一致,学前专任教师数为幼儿园园长、专任教师合计数。

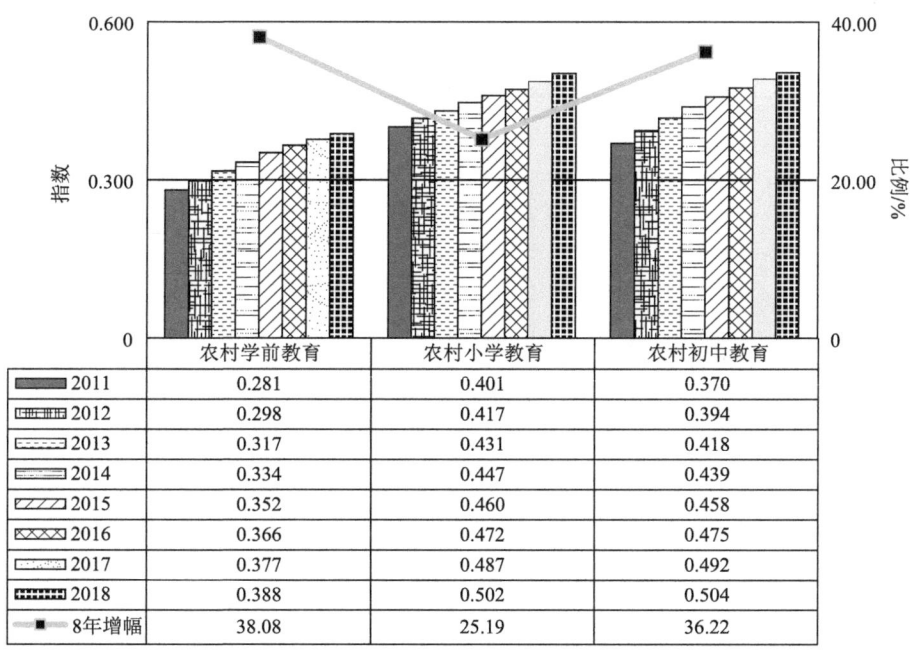

图1-13　2011—2018年农村教育各学段师资状况指数

2. 农村教育各学段教师学历合格率稳步增长，学前提升最快

从2011—2018年农村教育各学段教师学历合格率指数看，各学段均有增长。其中，学前提升速度最快，增幅为38.20%；初中增幅为31.85%，排第二位；小学增幅为21.25%，排第三位（图1-14）。

2018年发布的《中共中央 国务院关于全面深化新时代教师队伍建设改革的意见》提出，"逐步将幼儿园教师学历提升至专科，小学教师学历提升至师范专业专科和非师范专业本科，初中教师学历提升至本科，有条件的地方将普通高中教师学历提升至研究生"[①]。

从教师学历原始数据看，2018年，农村学前教育专科以上毕业教师占比为76.73%，占七成多，与2011年相比增加了约21个百分点（表1-1）；小学教育专科以上毕业教师占比为95.33%，占九成多，与2011年相比，约增加了17个百分点（表1-2）；初中教育本科以上毕业教师占比为82.81%，约八成，与2011年相比约增加了20个百分点（表1-3）。

---

① 中共中央 国务院关于全面深化新时代教师队伍建设改革的意见.（2018-01-31）[2020-08-20]. http://www.moe.gov.cn/jyb_xwfb/moe_1946/fj_2018/201801/t20180131_326148.html.

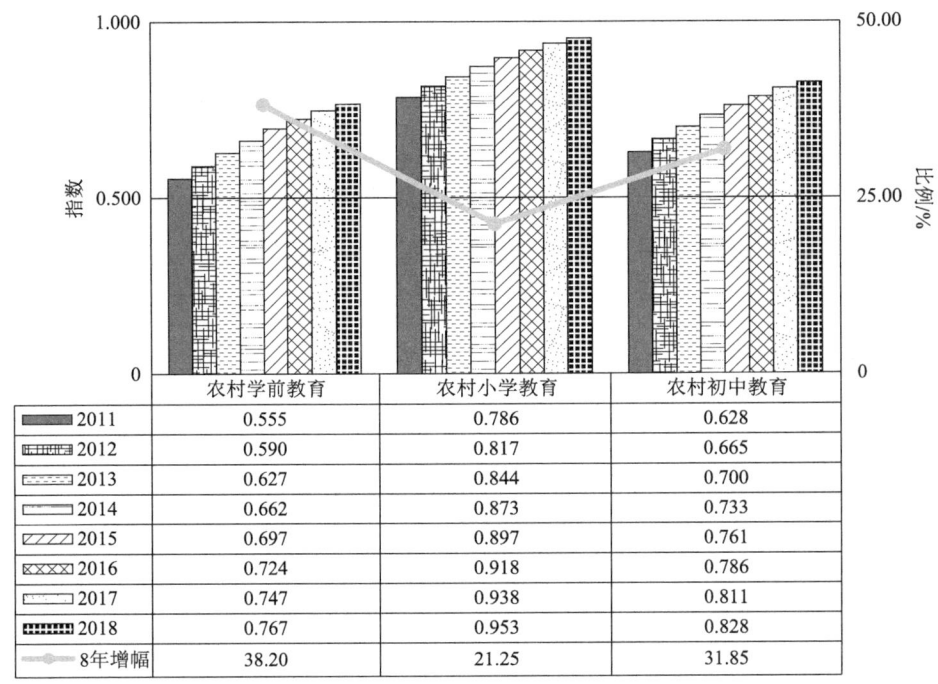

图 1-14　2011—2018 年农村教育各学段教师学历合格率指数

表 1-1　2011—2018 年农村学前阶段教师学历分布

年份	合计		研究生毕业		本科毕业		专科毕业		高中阶段及以下毕业	
	人数/万	比例/%	人数/万	比例/%	人数/万	比例/%	人数/万	比例/%	人数/万	比例/%
2011	76.00	100	0.05	0.06	7.58	9.97	34.57	45.49	33.80	44.48
2012	85.87	100	0.05	0.06	9.63	11.21	40.98	47.72	35.21	41.01
2013	99.63	100	0.07	0.07	12.55	12.59	49.83	50.01	37.19	37.32
2014	110.28	100	0.10	0.09	15.66	14.20	57.29	51.95	37.23	33.76
2015	124.95	100	0.12	0.09	19.49	15.59	67.51	54.03	37.84	30.28
2016	134.54	100	0.13	0.10	22.88	17.01	74.35	55.26	37.19	27.64
2017	145.05	100	0.15	0.10	26.73	18.43	81.49	56.18	36.68	25.29
2018	152.55	100	0.14	0.09	30.41	19.94	86.50	56.70	35.50	23.27

注：因原始数据计算过程中四舍五入，可能造成分项之和不等于100%，下同

第一章 中国农村教育的总体发展水平

表1-2 2011—2018年农村小学阶段教师毕业学历分布

年份	合计		研究生毕业		本科毕业		专科毕业		高中阶段及以下毕业	
	人数/万	比例/%	人数/万	比例/%	人数/万	比例/%	人数/万	比例/%	人数/万	比例/%
2011	423.90	100	0.30	0.07	91.54	21.59	241.28	56.92	90.78	21.42
2012	417.00	100	0.38	0.09	105.48	25.29	234.93	56.34	76.21	18.28
2013	411.80	100	0.53	0.13	122.31	29.70	224.90	54.61	64.07	15.56
2014	407.47	100	0.70	0.17	138.36	33.96	216.62	53.16	51.79	12.71
2015	406.56	100	0.94	0.23	155.70	38.30	208.18	51.21	41.74	10.27
2016	405.42	100	1.13	0.28	172.87	42.64	198.19	48.89	33.22	8.19
2017	407.92	100	1.38	0.34	193.26	47.38	188.08	46.11	25.20	6.18
2018	408.98	100	1.68	0.41	210.01	51.35	178.21	43.57	19.08	4.66

表1-3 2011—2018年农村初中阶段教师毕业学历分布

年份	合计		研究生毕业		本科毕业		专科毕业		高中阶段及以下毕业	
	人数/万	比例/%	人数/万	比例/%	人数/万	比例/%	人数/万	比例/%	人数/万	比例/%
2011	253.22	100	0.90	0.36	158.19	62.47	90.76	35.84	3.37	1.33
2012	248.28	100	0.99	0.40	164.07	66.08	80.53	32.43	2.70	1.09
2013	243.47	100	1.22	0.50	169.23	69.51	70.81	29.08	2.21	0.91
2014	239.17	100	1.39	0.58	174.01	72.76	62.32	26.06	1.45	0.61
2015	236.38	100	1.82	0.77	177.99	75.30	55.53	23.49	1.04	0.44
2016	232.66	100	2.08	0.89	180.75	77.69	49.10	21.10	0.73	0.32
2017	232.74	100	2.51	1.08	186.15	79.98	43.55	18.71	0.52	0.22
2018	234.25	100	2.90	1.24	191.07	81.57	39.86	17.02	0.42	0.18

教师学历要求逐步提升是未来教师队伍建设的趋势。农村教育各学段中，本科及以上学历教师数占比整体增长，其中小学增幅最大。2018年，农村学前、小学、初中教育阶段本科及以上毕业教师数占比分别为 20.03%、51.76%和 82.81%，与 2011 年相比，分别增加了约 10 个、30 个和 20 个百分点（表 1-1 至表 1-3，图 1-15）。

农村教育各学段教师学历整体提升一方面是各地教师继续教育的结果，另一方面也与近年来一些地方新任教师入职标准提高有关系。例如，《2016 年北京市公开招聘乡村教师公告》中规定的报考条件之一是：北京地区全日制普通高等学校（不含独立学院）的 2016 年应届本科及以上学历毕业生；京外"211

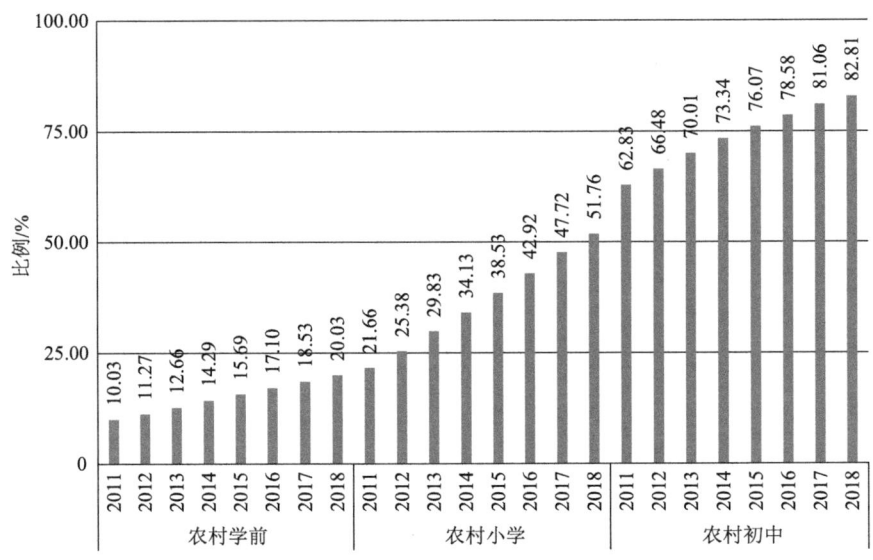

图 1-15　2011—2018 年农村教育各学段教师本科及以上毕业学历占比

工程"师范院校以及全国 24 所省属师范院校的师范专业 2016 年应届本科及以上学历毕业生。① 《2020 年北京市特岗计划乡村教师招聘 350 人公告》显示，这次招聘范围是门头沟、昌平、大兴、房山等区的乡村中小学校，招聘条件之一是：列入国家统一招生计划，培养方式为非定向的 2020 年应届毕业生，包括北京地区普通高等学校的本科及以上学历毕业生；京外省级师范类普通高等学校的本科学历师范专业毕业生及硕士研究生以上学历毕业生。② 进一步检索《2020 年北京市特岗计划乡村教师招聘职位汇总表》发现，招聘学校涉及中小学和幼儿园，无论是中学、小学、幼儿园，也无论是否师范专业，都要求本科及以上学历。

3. 农村教育各学段教师高级职称比例总体增长，小学增长相对较快

从 2011—2018 年农村教育各学段教师高级职称比例③指数看，农村教育各学段高级职称教师比例总体呈增长态势，其中农村小学教育的增幅最大，为 212.50%（图 1-16）。

---

① 北京市教委. 2016 年北京市公开招聘乡村教师公告.（2016-05-13）[2020-05-25]. http://www.chinagwy.org/html/gdzk/bj/201605/60_153866.html.
② 2020 年北京市特岗计划乡村教师招聘 350 人公告.（2016-05-13）[2020-11-25]. http://www.gjgwy.org/202005/447432.html.
③ 学前、小学和初中教师高级职称比例均为获得中学高级职称以上专任教师的比例。

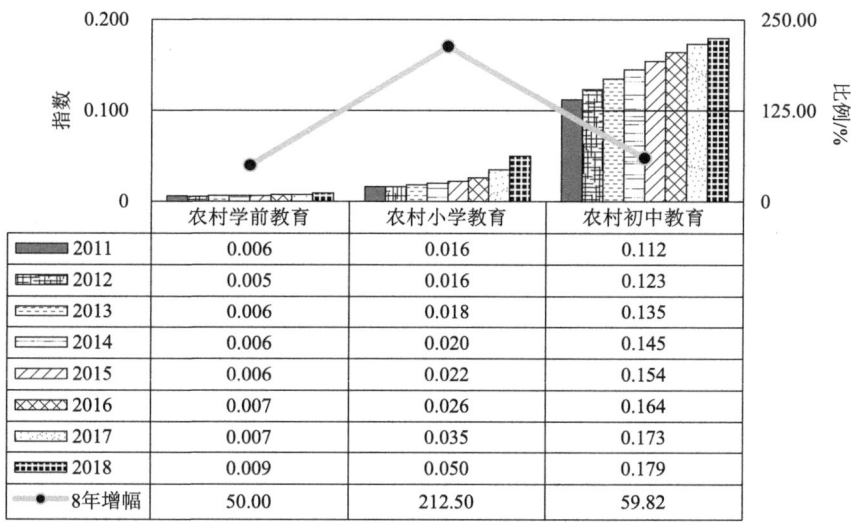

图 1-16　2011—2018 年农村教育各学段教师高级职称比例指数

农村教育各学段教师高级职称人数及其占专任教师总数的比例均稳步增长。从原始数据看，2018 年，农村学前教育教师高级职称（中学高级）教师人数为 1.41 万，占专任教师总数（含园长）的比例为 0.92%，与 2011 年相比增加了 0.36 个百分点；农村小学教育教师高级职称（中学高级）人数为 20.58 万，占专任教师总数的比例为 5.03%，与 2011 年相比增加了 3.45 个百分点；农村初中教育教师高级职称（中学高级）人数为 41.99 万，占专任教师总数比例为 17.92%，与 2011 年相比增长了 6.71 个百分点（图 1-17 和图 1-18）。

《纲要》发布以来，国家持续出台相关政策与举措加强农村教师队伍建设。例如，实施农村义务教育阶段学校教师特设岗位计划（简称"特岗计划"）、特岗教师在职攻读教育硕士项目、"国培计划"等，进一步补充农村教师数量，提升农村教师素质。2015 年，国务院办公厅发布《乡村教师支持计划（2015—2020 年）》，目标是到 2020 年，努力造就一支素质优良、甘于奉献、扎根乡村的教师队伍，为基本实现教育现代化提供坚强有力的师资保障，其中提出职称（职务）评聘向乡村学校倾斜等举措，有力地推进了农村教师队伍的建设。2013 年，教育部教师工作司发布了《关于实施农村校长助力工程的通知》，规定从 2013 年起，每年组织 2000 名农村义务教育学校校长参加国家级培训。2014 年，《中央编办 教育部 财政部关于统一城乡中小学教职工编制标准的通知》发布，提出将县镇、农村中小学教职工编制标准统一到城市标准，即高中教职工与学生比

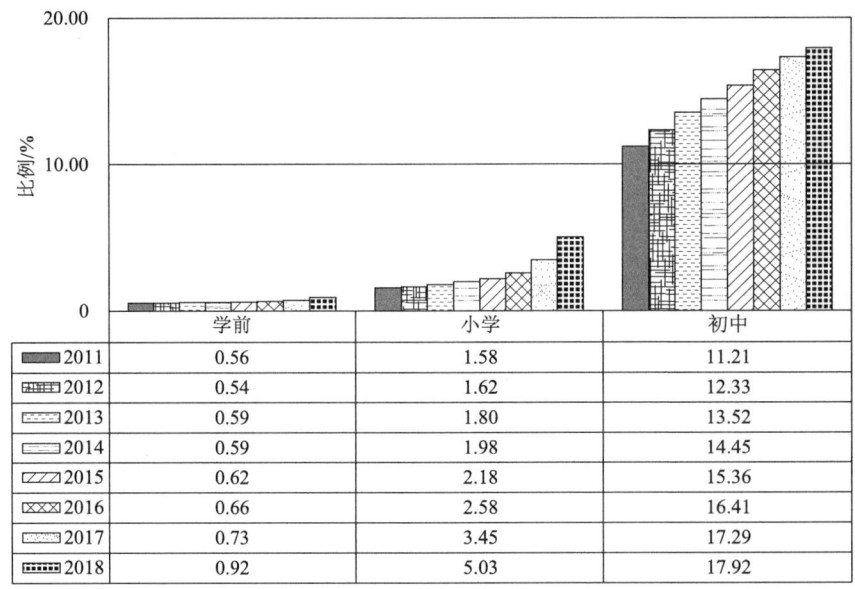

图 1-17　2011—2018 年农村教育各学段教师高级职称占比

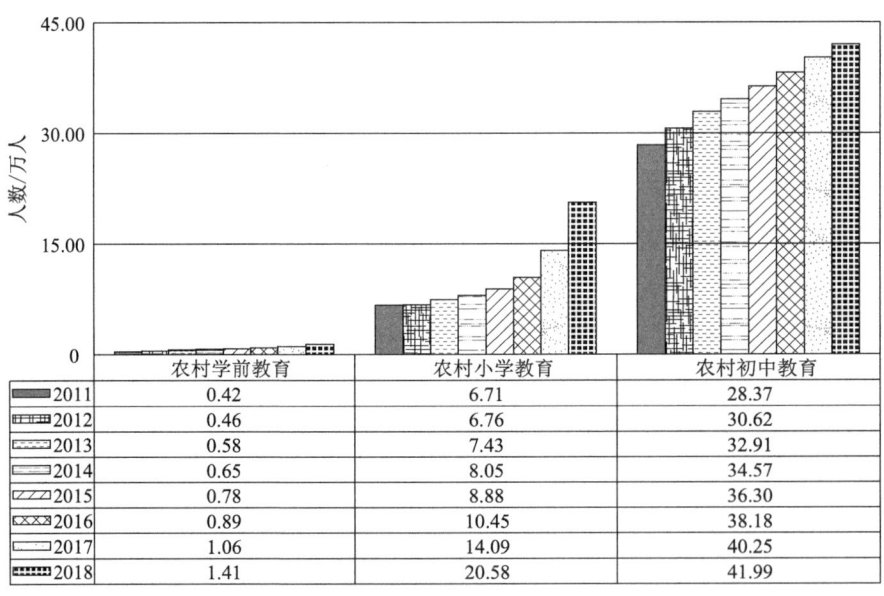

图 1-18　2011—2018 年农村教育各学段高级职称教师人数

为 1∶12.5、初中为 1∶13.5、小学为 1∶19；同年，《教育部 财政部 人力资源和社会保障部关于推进县（区）域内义务教育学校校长教师交流轮岗的意见》发布，要求全面推进义务教育教师队伍"县管校聘"管理改革，打破教师交流轮岗的管理体制障碍。这些政策的落实，有力促进了城乡中小学教育资源均衡配置。但相比小学和初中，近年来学前教育阶段教师在学历提升的同时，随着新入职教师的增多，教师职称晋升状况迫切需要关注，否则长此以往可能会影响教师职业的吸引力。例如，农村学前专任教师队伍总数由 2011 年的 76.00 万增加至 2018 年的 152.55 万，净增 76.55 万，而未定职称人数也由 2011 年的 52.16 万增加至 2018 年的 114.55 万，净增 62.39 万。2018 年，农村学前阶段未定职称人数占专任教师总数的 75.09%，这一比例远高于小学（13.96%）和初中阶段（10.53%）。这也从侧面反映出农村学前教师队伍建设状况有待加强。

（三）农村教育各学段投入状况分析

农村教育各学段的投入状况指标及其两个二级指标（生均公共财政预算教育经费支出和生均固定资产）的发展状况如下。

1. 农村学前、小学及初中教育投入持续增长

从 2011—2018 年农村教育各学段教育投入状况指数来看，农村教育各学段均呈现大幅增长趋势。其中，学前增幅最大，为 276.79%；初中增幅排第二位，为 148.68%；小学增幅排第三位，为 126.97%（图 1-19）。尤其明显的是，2012 年农村学前教育投入比上年接近翻倍，之后增长较为平缓。

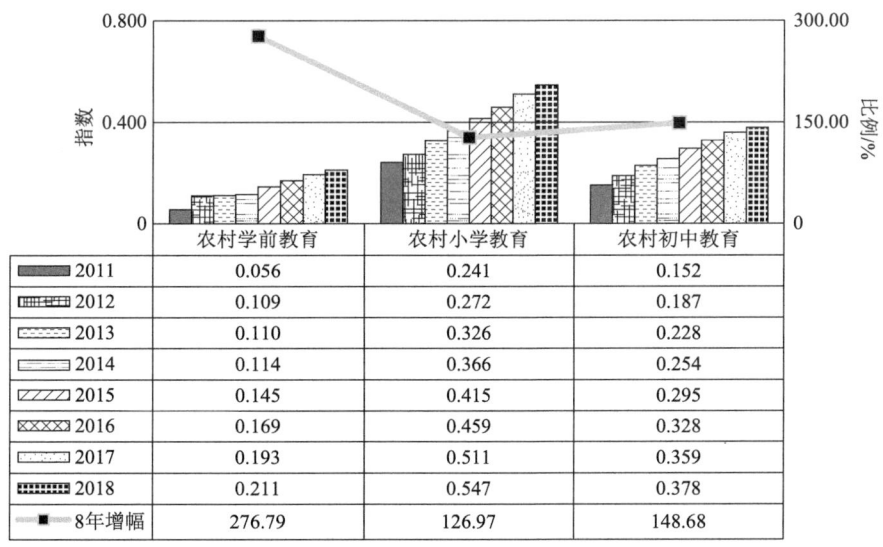

	农村学前教育	农村小学教育	农村初中教育
2011	0.056	0.241	0.152
2012	0.109	0.272	0.187
2013	0.110	0.326	0.228
2014	0.114	0.366	0.254
2015	0.145	0.415	0.295
2016	0.169	0.459	0.328
2017	0.193	0.511	0.359
2018	0.211	0.547	0.378
■ 8年增幅	276.79	126.97	148.68

图 1-19　2011—2018 年农村教育各学段教育投入状况指数

2. 农村生均公共财政预算教育经费持续增长，学前的增速尤为突出

从 2011—2018 年农村教育各学段生均公共财政预算教育经费支出指数来看，农村教育各学段均呈增长趋势。其中，学前 8 年间增长了近三倍（增幅276.79%），小学（增幅 110.31%）和初中（增幅 119.53%）增长了一倍多（图 1-20），这与教育经费总量增加和经费结构持续优化密切相关。

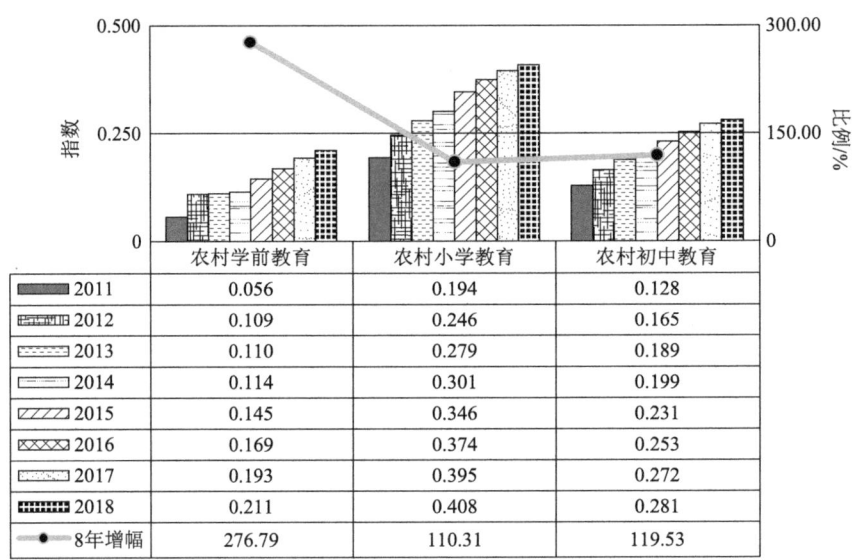

图 1-20　2011—2018 年农村教育各学段生均公共财政预算教育经费支出指数

数据显示，2019 年全国教育总投入首次突破 5 万亿元，其中，国家财政性教育经费为 40 046.55 亿元，首次超过 4 万亿元，比 2018 年的 36 995.77 亿元增长 8.25%，占 GDP 比例为 4.04%。自 2012 年实现 4%目标以来，这一比例连续 8 年保持在 4%以上。[1]在经费投入结构方面，"十三五"期间，学前教育财政性经费年均增长 15.4%，在各级教育中增长最快，占国家财政性教育经费的比例从 2015 年的不到 4%提高到 2019 年的 5%，在各级教育中提高幅度最大。[2]此外，2019 年中央财政在 2018 年支持学前教育发展专项资金投入 150 亿元的基础上，提高到 168.5 亿元，支持各地扩大普惠性资源，完善体制机制，加强

---

[1] 2019 年全国教育经费执行情况统计公告发布，国家财政性教育经费占 GDP 比例连续 8 年超 4%.（2020-11-04）[2020-11-25]. http://www.gov.cn/xinwen/2020/11/04/content_5557140.htm.
[2] "十三五"教育改革发展目标如期实现.（2020-12-02）[2020-12-08]. http://www.nies.net.cn/gzdt/jydt/202012/t20201202_336719.html.

教师队伍建设，提高保教质量。国家发展改革委、教育部联合启动实施优质普惠学前教育资源扩容建设工程，2019年安排专项资金10亿元，支持11个省区市开展试点，引导激励地方加大投入，重点加强幼儿园园舍建设，有效增加普惠性学前教育资源。①可见，近年来，国家财政性教育经费的持续增长为农村公共财政预算教育经费的持续增长提供了充分的保障。

就农村教育各学段生均公共财政预算教育经费支出本身而言，2018年农村初中最高，为14 066.69元，比2011年提高7 690.23元；小学排第二位，为10 209.41元，比2011年提高了5 361.61元；学前排第三位，为5 269.75元，比2011年提高了3 860.64元（图1-21）。尽管各学段生均公共财政预算教育经费支出增幅有所不同，但均实现了逐年增长。

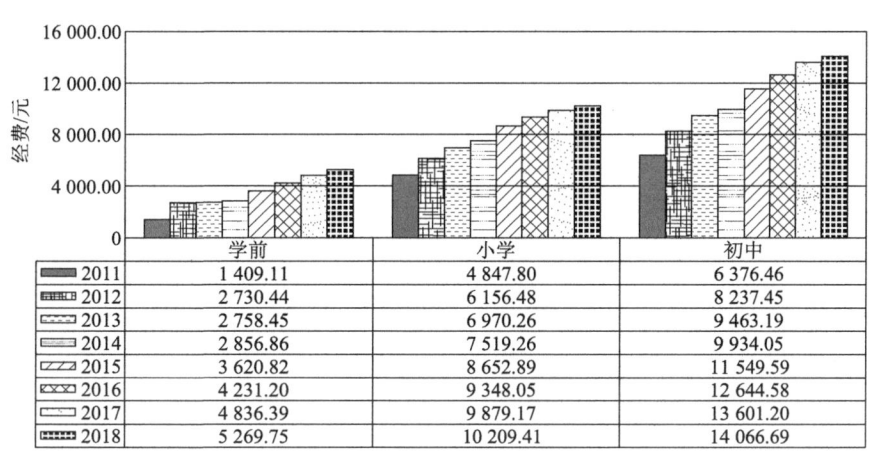

图1-21　2011—2018年农村教育各学段生均公共财政预算教育经费支出

3. 农村小学和初中生均固定资产②持续快速增长

从2011—2018年农村教育各学段生均固定资产指数来看，农村小学和初中均实现了持续快速增长。其中，初中的增幅为169.32%，小学的增幅为139.02%（图1-22）。从2011—2018年农村教育各学段生均固定资产的原始数据来看，初中由2011年的7 211.75元增长到2018年的19 428.63元，8年净增12 216.88元；小学由2011年的4 593.01元增长到2018年的10 976.48元，8年净增6 383.47

---

① 国家财政性教育经费占GDP比重连续8年4%以上——2019年教育投入首次突破5万亿元.（2020-06-13）[2020-11-25]. http://paper.ce.cn/jjrb/html/2020-06/13/content_420992.htm.
② 由于学前教育阶段缺乏生均固定资产指标，在此仅对小学和初中学段的生均固定资产状况进行分析。

元（图1-23）。农村初中的生均固定资产明显高于农村小学，其中2018年初中是小学的1.77倍。

农村教育各学段生均固定资产持续快速增长得益于国家相关政策的有力落实。国务院教育督导委员会组织开展的2014—2016年全面改善贫困地区义务教

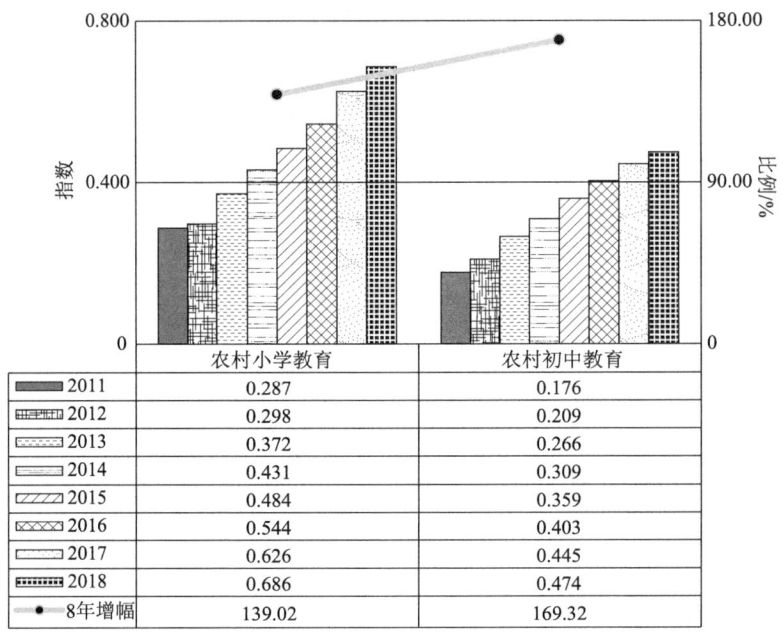

图1-22 2011—2018年农村教育各学段生均固定资产指数

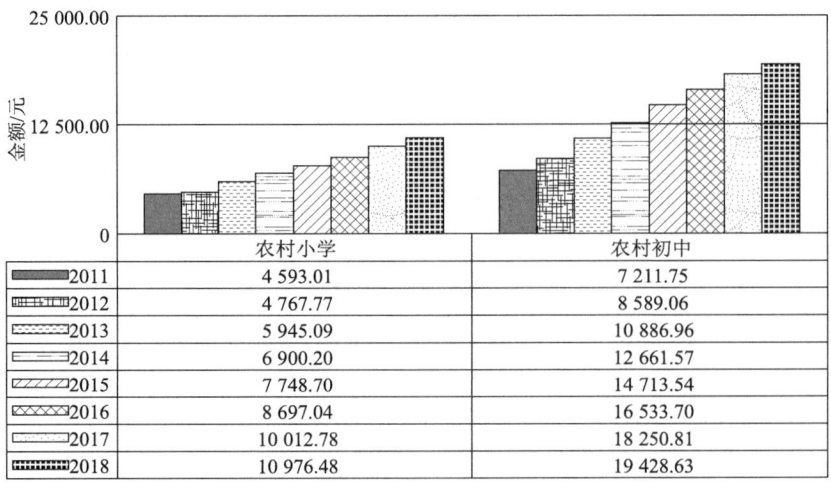

图1-23 2011—2018年农村教育各学段生均固定资产

育薄弱学校基本办学条件工作专项督导结果显示,各地从最困难的地区和条件最差的学校做起,全面改善薄弱学校基本办学条件,着力推进教育资源均衡配置。例如,学校生活设施全面改善,全国共购置学生用床、食堂、饮水、洗浴等生活设施设备1 157万台件套,大部分地区寄宿制学校基本实现一人一床位,有力改善了农村学生住宿、用餐、饮水、洗浴条件。又如,全国共投入146.6亿元,建设教学点校园校舍756万平方米,购置了价值25.5亿元的设施设备,教学点办学条件得到进一步改善。①

(四)农村教育各学段办学条件分析

农村教育各学段的办学条件状况指标及其两个二级指标(生均校舍建筑面积和建网学校比例)的发展状况如下。

1. 农村教育各学段办学条件整体大幅改善

从2011—2018年农村教育各学段办学条件指数来看,增幅由大到小分别为小学(121.99%)、学前(104.75%)和初中(69.18%),都超过了60%(图1-24)。

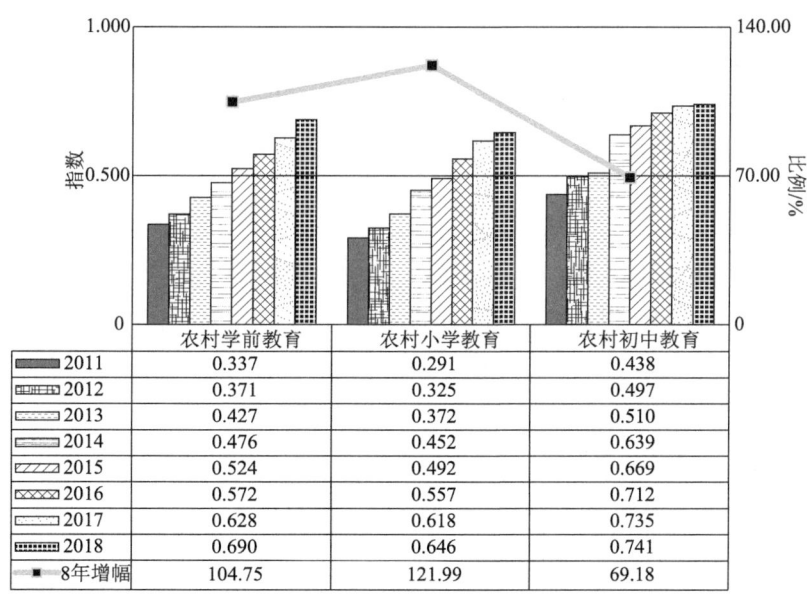

图1-24　2011—2018年农村教育各学段办学条件指数

---

① 2017年全面改善贫困地区义务教育薄弱学校基本办学条件工作专项督导报告. (2017-02-15) [2020-04-25]. http://www.moe.gov.cn/jyb_xwfb/gzdt_gzdt/s5987/201702/t20170215_296262.html.

2. 农村小学、初中生均校舍建筑面积持续增加,学前增幅最高

从 2011—2018 年农村教育各学段生均校舍建筑面积指数来看,学前的增幅达到 104.75%,排第一位,初中、小学的增幅分别排第二位与第三位(图 1-25)。

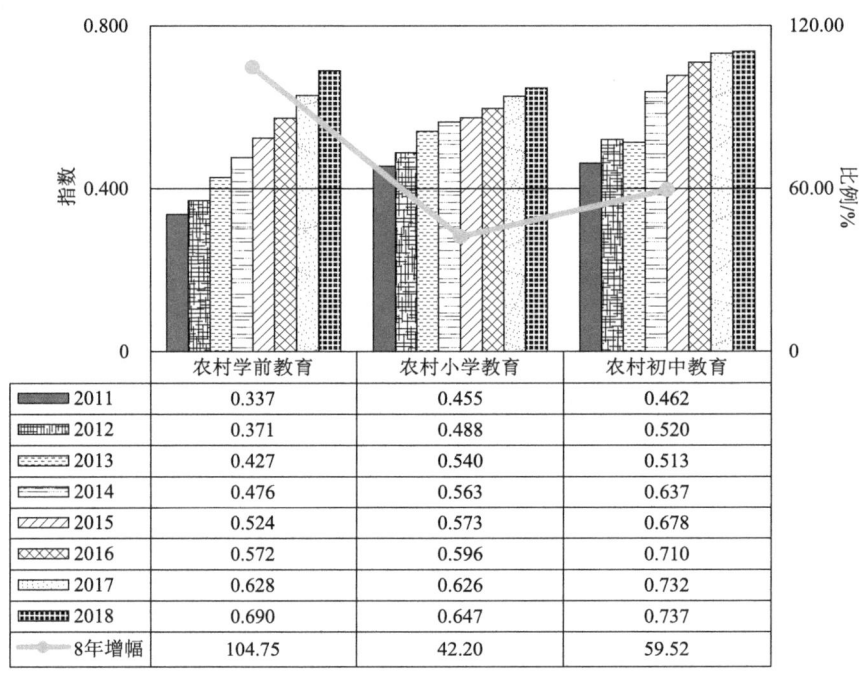

图 1-25 2011—2018 年农村教育各学段生均校舍建筑面积指数

从 2011—2018 年农村教育各学段生均校舍建筑面积的原始数据来看,农村教育各学段均有增长。其中,初中由 2011 年的 9.24 平方米增长到 2018 年的 14.73 平方米,净增 5.49 平方米(表 1-4)。农村初中生均校舍建筑面积明显大于农村小学和幼儿园的生均校舍建筑面积。

表 1-4 2011—2018 年农村教育各学段生均校舍建筑面积 (单位:平方米)

学段	2011	2012	2013	2014	2015	2016	2017	2018	净增
农村学前	3.37	3.71	4.27	4.76	5.24	5.72	6.28	6.90	3.53
农村小学	5.92	6.34	7.02	7.32	7.45	7.74	8.14	8.41	2.49
农村初中	9.24	10.40	10.26	12.73	13.56	14.20	14.63	14.73	5.49

3. 农村教育各学段建网学校比例①大幅增长，小学尤为突出

从 2011—2018 年农村教育各学段建网学校比例指数来看，小学增幅为 411.90%，初中增幅低于小学，为 79.71%（图 1-26）。

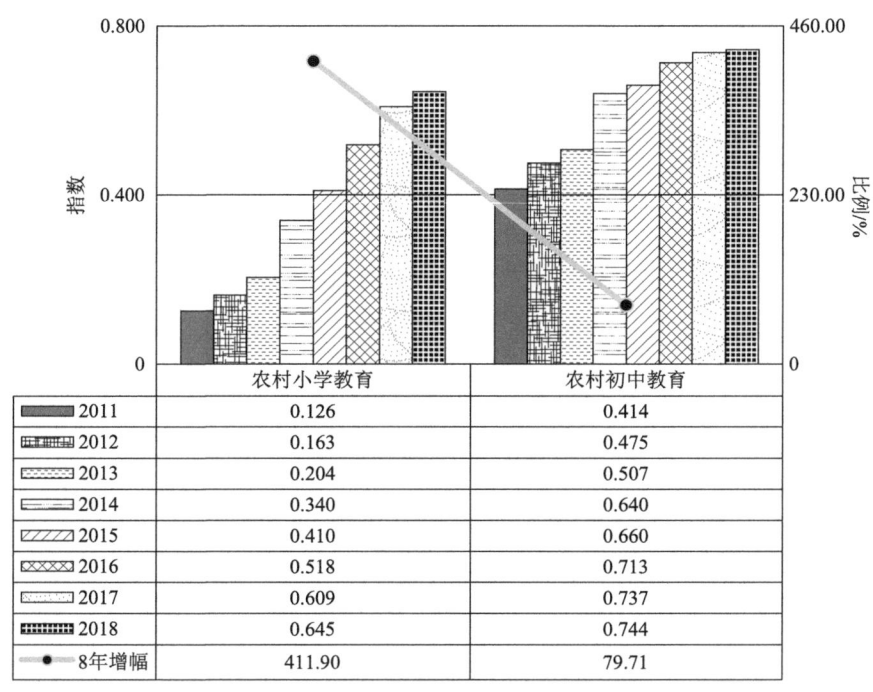

图 1-26 2011—2018 年农村教育各学段建网学校比例指数

2018 年，六成多农村小学和七成多农村初中建成校园网络。从 2011—2018 年农村小学和初中建网学校比例的原始数据来看，农村义务教育的信息化水平持续快速发展。小学由 2011 年的 12.56%增长到 2018 年的 64.45%，约增加 52 个百分点；初中由 2011 年的 41.36%增长到 2018 年的 74.41%，约增加 33 个百分点（表 1-5）。

表 1-5 2011—2018 年农村小学和初中建网学校比例 （单位：%）

学段	2011	2012	2013	2014	2015	2016	2017	2018	净增
农村小学	12.56	16.26	20.39	34.01	41.02	51.81	60.85	64.45	51.89
农村初中	41.36	47.51	50.68	63.98	66.01	71.30	73.74	74.41	33.05

---

① 由于学前教育阶段没有建网学校数据，在此仅对农村小学和农村初中建网学校状况进行分析。

农村教育经费及硬件条件的持续改善，归因于国家强力落实《纲要》规定的在财政拨款、学校建设、教师配置等方面向农村倾斜政策[①]，继续加大对农村教育的倾斜和扶持。例如，2012年7月，国务院印发《国家基本公共服务体系"十二五"规划》，在重点任务中对九年义务教育阶段提出加强农村中小学寄宿制学校建设，公共教育资源重点向农村、边远、贫困、民族地区和革命老区倾斜等措施。2012年，教育部印发了《教育信息化十年发展规划（2011—2020年）》，指出重点支持中西部地区、边远地区、贫困地区的学校信息基础设施建设，制订中小学校和中等职业学校数字校园建设基本标准。同年，《教育部关于全面启动实施"教学点数字教育资源全覆盖"项目的通知》发布，要求2012、2013两年，为农村义务教育学校布局调整中确需保留和恢复的教学点配备数字教育资源接收和播放设备，配送优质数字教育资源，更好地满足农村边远地区适龄儿童就近接受良好教育的需求。《2017年全面改善贫困地区义务教育薄弱学校基本办学条件工作专项督导报告》显示，中央财政在收入增速减缓、支出压力较大的情况下，2017年安排358亿元专项资金，比上年增加20亿元，带动地方投入700多亿元，有力保障了工作建设进展。贵州结合省域实情分层分类精准施策，在村小学、教学点重点进行必要的校园校舍修缮，保障基本教学生活需要，在乡镇重点推进寄宿制学校建设，改善学生吃、住、学、乐基本条件，在县城新区和城乡结合部重点新建、改扩建城镇义务教育学校，有效解决城镇学校大班额和进城务工人员随迁子女入学问题。[②]

此外，各地依据本地发展基础和现状，加强对本地教育信息化工作的统筹规划与顶层设计。其中，许多省级行政区制定了教育信息化专项规划或行动计划以及信息化建设标准，科学引领并规范学校信息化工作。例如，黑龙江出台了《黑龙江省"互联网+教育"行动计划（2016—2020年）》，湖南等地明确了推进"三通两平台"建设的实施方案或标准，安徽等地出台了指导中小学信息化建设的技术规范或标准要求。

2018年，教育部发布的《教育信息化2.0行动计划》指出，党的十八大以来，我国教育信息化事业实现了前所未有的快速发展，取得了全方位、历史性

---

① 国家中长期教育改革和发展规划纲要(2010—2020年).（2010-07-29）[2020-08-20]. http://www.moe.gov.cn/srcsite/A01/s7048/201007/t20100729_171904.html.
② 2017年全面改善贫困地区义务教育薄弱学校基本办学条件工作专项督导报告.（2018-05-10）[2020-11-10]. http://www.moe.gov.cn/jyb_xwfb/gzdt_gzdt/s5987/201805/t20180510_335564.html.

第一章　中国农村教育的总体发展水平

成就，实现了"三通两平台"建设与应用快速推进、教师信息技术应用能力明显提升、信息化技术水平显著提高、信息化对教育改革发展的推动作用大幅提升、国际影响力显著增强等"五大进展"，在构建教育信息化应用模式、建立全社会参与的推进机制、探索符合国情的教育信息化发展路子上实现了"三大突破"，为新时代教育信息化的进一步发展奠定了坚实的基础。[①]《2016年全国教育信息化工作专项督导报告》显示，截至 2016 年 6 月，23 个省份已基本建成教育资源公共服务平台，15 个省份全面或基本建成省级教育数据中心，信息化教学应用基本普及，融合创新案例不断涌现，信息技术安全体系初步建立，覆盖城乡的教育信息化体系初步形成。另外，教学点基本实现数字教育资源全覆盖，全国 6.4 万个教学点全面完成"教学点数字教育资源全覆盖"项目建设任务，实现设备配备到位和资源配送、教学应用基本到位。其中，2.5 万个教学点接通了互联网，其余教学点则可以卫星接收等方式接收数字教育资源；教学点已配备多媒体教学设备 6.4 万套；34.5 万名教学点教师接受全员专项培训，具备了基本信息技术应用能力，72%的教师已运用相关设备和资源开展教学。[②]全国 90%的中小学实现网络接入，85%的学校拥有多媒体教室，国家教育资源公共服务平台实现了 23 个省级平台的互联互通，教育资源公共服务体系框架基本形成，农村学生也和城市学生一样通过互联网了解外面精彩的世界，享受着互联网教育带来的红利，教育信息化对教育现代化的支撑和引领作用持续显现。[③]

三、教育现代化背景下农村教育发展的问题及对策

课题组调研结果显示，2011—2018 年，农村教育发展总指数及一、二级指标指数总体呈现增长趋势，与教育投入及办学条件相关的指数增长幅度较为明显。在 8 个二级指标中，提升或发展速度最快的前三位依次是农村建网学校比例指数、农村生均固定资产指数和农村生均公共财政预算教育经费支出指数。

[①] 教育部关于印发《教育信息化 2.0 行动计划》的通知.（2018-04-18）[2020-12-10]. http://www.moe.gov.cn/srcsite/A16/s3342/201804/t20180425_334188.html.
[②] 2016 年全国教育信息化工作专项督导报告.（2016-10-31）[2020-05-30]. http://www.moe.gov.cn/jyb_xwfb/gzdt_gzdt/s5987/201610/t20161031_287128.html.
[③] 2017 年全面改善贫困地区义务教育薄弱学校基本办学条件工作专项督导报告.（2018-05-10）[2020-11-10]. http://www.moe.gov.cn/jyb_xwfb/gzdt_gzdt/s5987/201805/t20180510_335564.html.

此外，农村教师学历合格率指数、农村教师高级职称比例指数均有增长。从学段来看，农村教育学前、小学及初中各学段的发展指数稳步增长。与此同时，也要看到，我国农村基础教育比较薄弱，尤其是中西部贫困地区的农村基础教育仍然面临诸多困难，其中最主要的困难是经费不足、师资匮乏、教育观念落后、人才培养模式错位等。①

（一）农村教育发展面临的主要问题

1. 农村高素质专业化教师队伍缺乏，教育质量有待提升

一是农村教师队伍尤其是学前教师队伍学历水平整体低于城市地区。同城市地区相比，农村地区教师学历层次和中级及以上专业技术职务的教师比例依然偏低。以2018年的数据为例，从初中、小学、学前专任教师的学历来看，城市地区研究生学历毕业的教师比例分别为6.30%、2.64%和0.48%，均高于镇区和乡村研究生学历毕业的教师比例；城市地区本科学历毕业的教师比例分别为86.09%、71.50%、28.35%，均高于镇区和乡村本科学历毕业的教师比例（图1-27）。而镇区和乡村小学教师专科毕业的比例和学前高中及以下毕业的比例均远高于城市地区，其中，镇区与乡村学前高中及以下毕业的比例分别达20.34%与29.30%，远高于城市地区的比例（12.30%）。换言之，近三成乡村学前教师学历未达到专科及以上水平。总体来看，农村学前与小学教师的学历水平与城市地区的差距非常大，初中教师的学历水平与城市地区的差距相对较小。

二是农村教师队伍稳定性不足。有研究者以河南省543名农村小学特岗教师为有效被试，调研发现特岗教师流动意愿较为强烈，服务期满后有流动意愿的教师比例为53%，更希望流动到条件好或离家近的学校的教师比例为58%。其中，薪酬低、生活环境差、家庭及婚姻问题是影响特岗教师流动的重要因素。②另有研究者结合对湖北、江西、山西、云南部分县市的调查认为，乡村学校不仅办学条件差，而且经费短缺；难以招进和留住优秀的教师，不合格教师退不出去，代课教师仍然大量存在；乡村小规模学校大多教学方式落后，教学质量难以保证。所调查的村小和教学点中，英语、音乐、体育、美术、社会、科学课程六

---

① 顾明远. 没有农村教育的现代化 就没有教育的现代化. 中小学管理，2020（05）：1.
② 陈俊珂，易静雅. 特岗教师的流动意愿、影响因素与对策研究——基于河南省农村小学的调查. 青少年学刊，2020（04）：59-64.

第一章 中国农村教育的总体发展水平

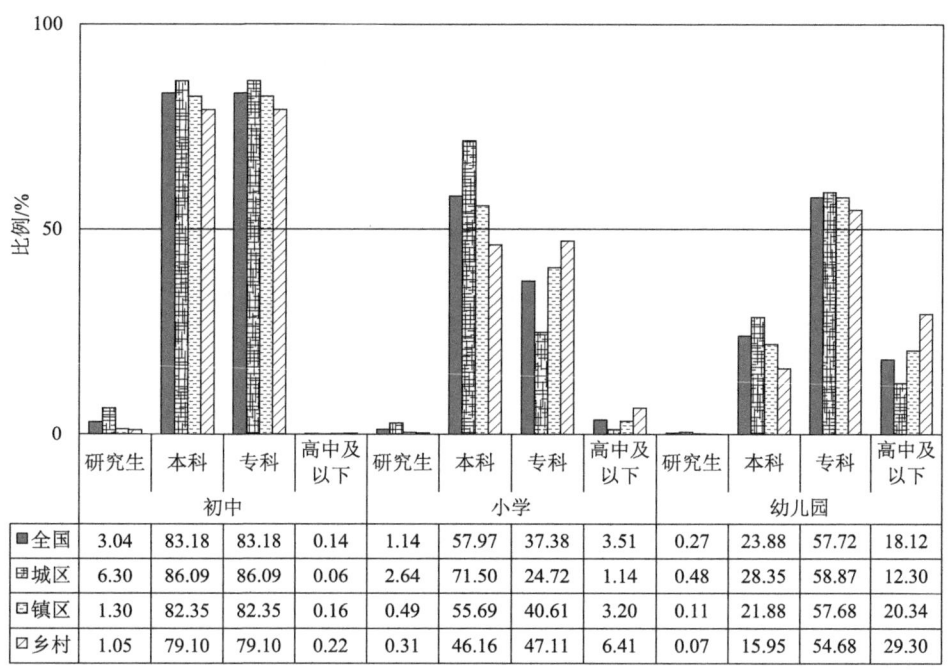

图1-27　2018年学前、普通小学与初中专任教师学历结构城乡对比

门全部开齐的仅占43.9%。①还有研究者对陕西9个县468名农村中小学教师的调研发现，农村中小学教师待遇低，大部分调研对象工资低于当地平均工资水平；师资力量有限，许多教师反映工作时间长，半数教师反映工作压力大，没有更多的外出进修机会，导致其进修培训缺乏系统性，46%的教师对自己的工作现状不满意。②分析历年《中国教育统计年鉴》相关数据，也可以发现，与城市地区相比，农村教师队伍调出比例较高。其中，2018年，农村镇区和乡村小学专任教师调出比例分别为7.27%和11.74%，均高于城市地区的调出比例（4.71%）；农村镇区和乡村初中专任教师调出比例分别为5.83%和8.20%，均高于城市地区的调出比例（3.54%）。与2011年相比，农村地区教师队伍流动性有增加的趋势。例如，2011年农村镇区小学教师调出比例为5.37%，2018年为7.27%，增加了1.90个百分点；2011年乡村小学教师调出比例为8.19%，2018年为11.74%，增加了3.55个百分点（表1-6）。

---

① 范先佐. 乡村教育发展的根本问题. 华中师范大学学报（人文社会科学版），2015，54（05）：146-154.
② 吴洁，张静，范永茂等. 陕南农村中小学教师生存现状调查研究——以汉中市为例. 教育教学论坛，2020，46：13-15.

表1-6　2011年与2018年小学和初中专任教师调出情况城乡比较

学段		2011年			2018年			2018年比2011年调出比例变化
		上学年初报表专任教师数/人	调出/人	调出比例/%	上学年初报表专任教师数/人	调出/人	调出比例/%	
小学	城区	1 339 980	54 187	4.04	1 894 578	89 329	4.71	+0.67
	镇区	1 767 030	94 922	5.37	2 151 822	156 388	7.27	+1.90
	乡村	2 509 177	205 410	8.19	1 898 510	222 922	11.74	+3.55
	平均	5 616 187	354 519	6.31	5 944 910	468 639	7.88	+1.57
初中	城区	973 979	33 947	3.49	1 244 279	44 074	3.54	+0.05
	镇区	1 672 248	84 545	5.06	1 742 667	101 679	5.83	+0.77
	乡村	876 288	64 178	7.32	561 742	46 086	8.20	+0.88
	平均	3 522 515	182 670	5.19	3 548 688	191 839	5.41	+0.22

三是农村教师队伍结构性短缺问题依然存在，农村小学教师年龄结构老化明显。例如，有研究者对浙江省6县（市）565名农村教师结构状况调查发现，农村教师队伍在年龄、学历、职称、学科、知识等方面普遍存在结构性失衡问题。[1]有研究者对陕西省某市农村学前教师资源现状的调研发现，学前教育教师数量缺口巨大且结构失调，教师质量参差不齐。[2]也有研究者调查发现，农村教师队伍存在结构不合理、素质参差不齐等问题。[3]2018年，国家教育督导检查组开展的义务教育均衡发展督导检查发现，有的省份部分区县按核定编制缺教职工，有的区县教师学科结构不合理，缺音乐、美术、体育、外语、科学、信息技术等学科专任教师，有的区县部分农村学校无法正常开课，有的区县部分学校教师培训经费占全校公用经费比例低于5%，有的区县县级及以上骨干教师城乡分布不均，有的区县未形成教师交流长效机制。[4]分析《中国教育统计年鉴2019》相关数据也可以发现，与城市地区相比，农村镇区和乡村小学阶段30—44岁年龄段教师比例偏低，其中乡村教师30—44岁年龄段

---

[1] 肖正德. 农村教师队伍结构的失衡问题与优化策略. 课程·教材·教法，2012，32（04）：104-108.
[2] 赖昀，薛肖飞，杨如安. 农村地区学前教育教师资源配置问题与优化路径——基于陕西省×市农村学前教师资源现状的调查分析. 教育研究，2015，36（03）：103-111.
[3] 赵相萌. 陕北乡村幼儿教育的发展现状调查及对策研究. 延安大学，2016.
[4] 国家教育督导检查组对贵州省义务教育均衡发展督导检查反馈意见. （2019-01-14）[2020-10-11]. http://www.moe.gov.cn/jyb_xwfb/moe_2082/zl_2019n/2019_zl3/201901/t20190114_366935.html.

教师比例低于城市地区 6.76 个百分点；55 岁及以上高龄教师比例偏高，其中乡村教师 55 岁及以上年龄段教师比例高于城市地区 6.62 个百分点（图 1-28）。相较而言，农村镇区和乡村初中教师年龄结构优于小学，与城市地区的差距也不大。

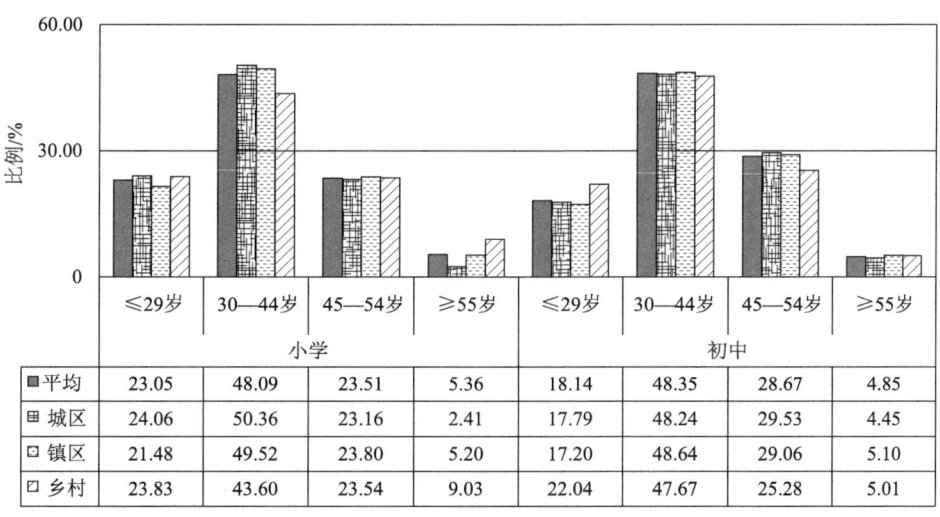

图 1-28 2019 年普通小学与初中专任教师年龄结构城乡对比

2. 农村教育经费不足，学校标准化建设仍需加强

一是教育经费不足，城乡学前经费投入差距更为明显。2011 年以来，农村教育投入不断增加。《中国教育经费统计年鉴 2019》数据显示，2018 年，农村初中教育经费总体收入为 4 482.33 亿元，其中，国家财政性教育经费为 4 245.42 亿元；农村小学教育经费总体收入为 7 577.13 亿元，其中，国家财政性教育经费为 7 330.88 亿元；农村学前教育经费总体收入为 1 599.20 亿元，其中，国家财政性教育经费为 873.95 亿元。但农村教育经费依然不足，且存在城乡差距，尤其是学前的城乡教育经费差距明显。2018 年，全国普通初中生均一般公共预算教育事业费和基本建设支出经费合计为 15 489.90 元，高于农村地区 1 423.21 元；全国普通小学生均一般公共预算教育事业费和基本建设支出经费合计为 10 717.11 元，高于农村地区 507.70 元；全国学前生均一般公共预算教育事业费和基本建设支出经费合计为 7 073.37 元，高于农村地区 1 803.62 元（图 1-29）。

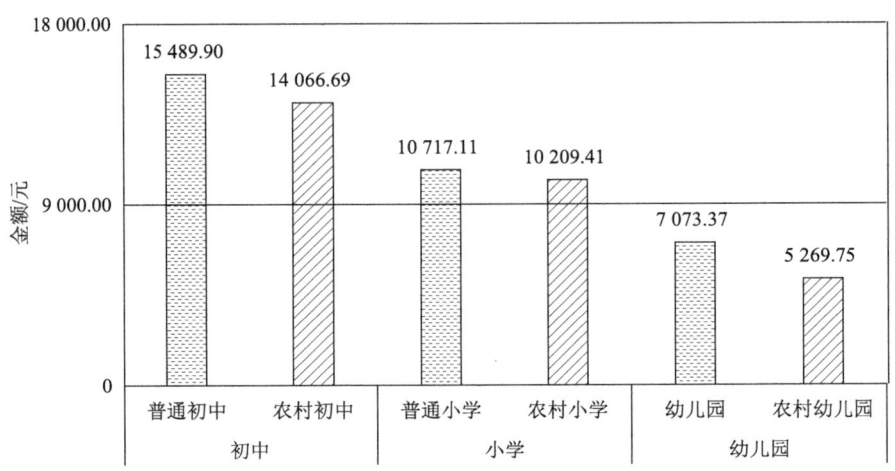

图1-29 2018年生均一般公共预算教育事业费和基本建设支出合计城乡比较

二是教育信息化水平有待提升。研究结果显示，农村学前、小学和初中生均校舍建筑面积和小学及初中的建网学校比例均有大幅增加。但是，值得注意的是，2020年新冠肺炎疫情也暴露出我国当前教育信息化发展的短板和不足，例如，以教育信息化带动教育现代化的理念还没有完全深入人心；信息技术和教育教学深度融合的体制机制还未真正建立健全；在线教育对网络环境和硬件设备要求高，但不同地区和不同学校之间"苦乐不均"；在线教育对教师综合素质要求高，但教师信息技术水平和应变能力却"心有余而力不足"。[①]在教育信息化发展的过程中，农村地区依然是短板中的短板。《2016年全国教育信息化工作专项督导报告》显示，信息化基础支撑环境发展不均衡，如农村欠发达地区、边远城区建设水平低，中心城区建设水平高；重点学校建设水平高，资源丰富，而普通学校、农村学校设备缺乏，资源匮乏，与教育教学的实际需要有较大差距。同时，绝大多数教师信息技术教学应用能力不高，仍处于浅层次应用阶段。[②]有研究者调查发现，农村教育信息化建设过程中资金投入存在不足，教师信息化教育水平低，信息教育资源建设滞后等问题仍然存在。[③]分析《中国教育统计年鉴2019》相关数据也可以发现，与城市地区相比，农村（镇区和乡村）小学与初中建立校园网学校比例均低于城市地区。其中，镇区小学、初

---

① 周洪宇. 迈向新时代教育信息化发展新阶段. 中国教育学刊，2020（10）：5.
② 2016年全国教育信息化工作专项督导报告.（2016-10-31）[2020-05-30]. http://www.moe.gov.cn/jyb_xwfb/gzdt_gzdt/s5987/201610/t20161031_287128.html.
③ 段静，刘伯文，刘佳君等. 农村教育信息化调查统计分析与研究. 会计之友，2014，27：87-89.

中建立校园网学校比例分别为71.99%、77.09%，乡村小学、初中建立校园网学校比例分别为62.61%和69.39%，均低于城市小学、初中建立校园网学校比例（图1-30）。在新发展阶段，农村学校信息化基础设施建设滞后无疑会拖慢教育现代化的进程。

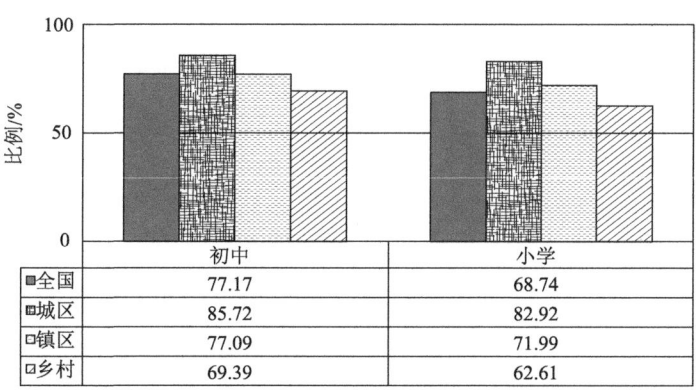

图1-30　2019年普通小学与初中建立校园网学校比例城乡对比

三是办学条件有待改善。农村学校办学条件涉及诸多方面。教育部《2017年全国义务教育均衡发展督导评估工作报告》指出，全国实现义务教育发展基本均衡的县累计达到2 379个，占全国总数的81%。但仍有一定数量的农村学校和寄宿制学校校舍、功能室、运动场、食堂、教师周转宿舍等规划不科学，建设标准低，仪器设备及信息化装备滞后。[①] 国务院教育督导委员会办公室对2013至2019年全国实现义务教育基本均衡发展的2 764个县（市、区）开展的年度监测复查显示，12个省份的38个县小学或初中综合差异系数未达到国家标准要求。2 764个县中，中西部地区55人及以上大班额问题比较突出；近八成的县存在大校额现象。生均体育运动场馆面积、生均教学仪器设备值和生均教学及辅助用房面积三项指标差异相对突出。[②]2017年，全国还有1.83万所学校未达到"底线要求"，个别省份办学条件达到"底线要求"的比例仅有58%。[③]2018

---

① 2017年全国义务教育均衡发展督导评估工作报告.（2018-02-28）[2020-05-11]. http://education.news.cn/2018-02/28/c_129819348.htm.
② 国务院教育督导委员会办公室对2764个义务教育发展基本均衡县（市、区）开展监测复查.（2020-09-07）[2020-10-11]. http://www.moe.gov.cn/jyb_xwfb/gzdt_gzdt/s5987/202009/t20200907_486020.html.
③ 2017年全面改善贫困地区义务教育薄弱学校基本办学条件工作专项督导报告.（2018-05-10）[2020-11-10]. http://www.moe.gov.cn/jyb_xwfb/gzdt_gzdt/s5987/201805/t20180510_335 564.html.

年，国家教育督导检查组开展的义务教育均衡发展督导检查发现，有的省份部分区县学校占地面积不足，部分区县学校体育运动场地面积不足，部分区县学校校舍建筑面积不足，部分区县缺学生用计算机，部分学校没有建设校园网，部分学校门卫值班室无校园监控视频，存在安全漏洞。①有的省份部分区县的部分学校功能室数量不足、生均教学仪器设备值偏低、生活设施不完善，仍有农村寄宿制学校的饮水、淋浴、水冲厕所不能满足学生需求。②

（二）加快推进农村教育现代化的建议

党的十九大作出了中国特色社会主义进入新时代的重大判断，开启了加快教育现代化、建设教育强国的新征程。有研究者认为，教育现代化包括教育的民主性和公平性、教育的终身性和全时空性、教育的生产性和社会性、教育的个性性和创造性等特征。③教育现代化的本质是教育现代性的增长，教育现代性是现代教育一些特征的集中反映。教育现代性的框架由教育的人道性、多样性、理性化、民主性、法治性、生产性、专业性、自主性所构成，是由人的现代化和社会的现代化的客观要求所决定的。④2019 年，中共中央、国务院印发了《中国教育现代化 2035》，提出到 2035 年，总体实现教育现代化，迈入教育强国行列，推动我国成为学习大国、人力资源强国和人才强国，为到本世纪中叶建成富强民主文明和谐美丽的社会主义现代化强国奠定坚实基础。2035 年主要发展目标是：建成服务全民终身学习的现代教育体系、普及有质量的学前教育、实现优质均衡的义务教育、全面普及高中阶段教育、职业教育服务能力显著提升、高等教育竞争力明显提升、残疾儿童少年享有适合的教育、形成全社会共同参与的教育治理新格局。此外，"以农村为重点提升学前教育普及水平""推进城乡义务教育均衡发展"等要求为农村教育发展进一步指明了方向。农村教育现代化是教育现代化的重要组成部分。没有农村教育的现代化，就没有教

---

① 国家教育督导检查组对贵州省义务教育均衡发展督导检查反馈意见.（2019-01-14）[2020-10-11]. http://www.moe.gov.cn/jyb_xwfb/moe_2082/zl_2019n/2019_zl3/201901/t20190114_366 935.html.
② 国家教育督导检查组对湖南省义务教育基本均衡发展督导检查反馈意见.（2020-11-19）[2020-11-30]. http://www.moe.gov.cn/s78/A11/s8393/s7657/202011/t20201119_500 792.html.
③ 顾明远. 试论教育现代化的基本特征. 教育研究，2012，33（09）：4-10，26.
④ 褚宏启. 教育现代化的本质与评价——我们需要什么样的教育现代化. 教育研究，2013，34（11）：4-10.

育的现代化。①《中国教育现代化2035》为我们描绘了实现教育现代化的蓝图。要实现教育现代化的宏伟蓝图，需要高度重视农村教育，采取切实措施加快农村教育现代化。

1. 加大投入，加快农村义务教育学校标准化建设

为改善农村义务教育薄弱学校基本办学条件，国家出台了系列政策，在经费及办学条件保障等方面，将加快改善农村义务教育薄弱学校基本办学条件、适当提高农村义务教育生均公用经费标准，作为推进城乡基本公共服务均等化的重要政策。2016年发布的《国务院关于统筹推进县域内城乡义务教育一体化改革发展的若干意见》中，对科学推进学校标准化建设进行了安排。2018年印发的《国务院办公厅关于全面加强乡村小规模学校和乡镇寄宿制学校建设的指导意见》同样有相关的部署。"十四五"时期，夯实高质量教育体系根基的重点任务之一是推动义务教育均衡发展和城乡一体化。建议聚焦困难地区，瞄准底线要求，科学推进农村义务教育学校标准化建设。

一是完善教育现代化投入支撑体制，加大农村教育经费投入，合理安排农村教育体系内部各学段教育经费。落实《中国教育现代化2035》提出的要求，健全保证财政教育投入持续稳定增长的长效机制，确保财政一般公共预算教育支出逐年只增不减，确保按在校学生人数平均的一般公共预算教育支出逐年只增不减，保证国家财政性教育经费支出占国内生产总值的比例一般不低于4%。安排农村教育经费，要充分考虑学前、小学等不同学段的具体情况。二是切实推进困难地区学校标准化建设。各地要逐县（市、区）逐校建立义务教育学校标准化建设台账，全面摸清情况。适当提高寄宿制学校、小规模学校和北方取暖地区学校公用经费补助水平。认真落实国家普通中小学校建设标准、装备配备标准和全面改善贫困地区义务教育薄弱学校基本办学条件有关要求，按照"实用、够用、安全、节俭"的原则，结合本地实际，针对小规模学校和寄宿制学校的特点，合理确定两类学校校舍建设、装备配备、信息化、安全防范等基本办学标准，并针对具体的短板加强标准的落实。三是加快农村中小学校园网建设与互联网接入，进一步提升乡村学校信息化水平，建设智能化农村校园，全面提高乡村教师运用信息技术能力，促进优质教育资源共享。教育部印发的《教

---

① 顾明远. 没有农村教育的现代化 就没有教育的现代化. 中小学管理，2020（05）：1.

育信息化 2.0 行动计划》指出，没有信息化就没有现代化，教育信息化是教育现代化的基本内涵和显著特征，是"教育现代化 2035"的重点内容和重要标志。[①] 教育信息化具有突破时空限制、快速复制传播、呈现手段丰富的独特优势，必将成为促进教育公平、提高教育质量的有效手段。未来在加强农村教育信息化硬件设施设备建设的同时，要积极推动农村教育观念更新、教育模式变革及教育体系的重构。

2. 多措并举，加强农村教师队伍建设

一是提高乡村教师待遇，增强乡村教师吸引力。在农村地区尤其是乡村地区，幼儿园、小规模学校、乡镇寄宿制学校的教师队伍建设依然是短板。2015年，国务院办公厅印发《乡村教师支持计划（2015—2020年）》，提出加强乡村教师队伍建设的八个方面的举措，其中之一即是"提高乡村教师生活待遇"。未来要进一步完善乡村教师工资待遇，落实好乡村教师乡镇工作补贴、集中连片特困地区生活补助和艰苦边远地区津贴等政策，有条件的地方对在乡村有教学任务的教师给予交通补助。落实好将符合条件的乡村学校教师纳入当地政府住房保障体系的政策，加大乡村教师周转宿舍建设力度，切实提高乡村教师待遇。

二是加强教师培训和交流轮岗。培养数量充足的高素质教师是提高教育质量的关键。而学历和职称的提升仅是教师素质提升的一部分，教师培训仍是提高教师素质的重要途径。2015年11月4日，联合国教科文组织在巴黎总部通过并发布了《教育2030行动框架》，其关于教育实施方式的第三个目标是：到2030年，大幅度提高合格教师的供应数量，包括通过国际合作在发展中国家特别是最不发达国家和小岛屿发展中国家开展教师培训。为达成这一目标，提出的指示性策略之一就是"审查、分析和提高教师培训质量（职前和在职），为所有教师提供优质的职前教育和持续的职业发展和支持"。[②] 这一框架同样强调了教师培训。未来仍需加强国家级、省级、县级和校本培训的针对性与有效性，进一步提升教师培训的质量。进一步增加农村教师培训机会，加强紧缺学科教师培训。通过定期交流、跨校竞聘、学区一体化管理、学校联盟、对口支援、

---

① 教育部关于印发《教育信息化2.0行动计划》的通知.（2018-04-18）[2020-10-09]. http://www.moe.gov.cn/srcsite/A16/s3342/201804/t20180425_334188.html.
② 徐莉，王默，程换弟. 全球教育向终身学习迈进的新里程——"教育2030行动框架"目标译解. 民办高等教育研究，2019（11）：112-119.

乡镇中心学校教师走教等形式，扎实推进县（区）域内义务教育学校校长教师交流轮岗，进一步提高农村教师的素质。

三是完善教师管理补充机制。在统筹调配城乡教师资源，盘活编制总量，完善城乡教师交流制度的同时，聚焦贫困山区、农村偏远地区、少数民族聚居区等，合理补充学前教师以及中小学各学科教师，配齐紧缺学科教师。此外，要积极推广地方经验。例如，山东实施乡村学校短缺学科教师补充计划，并改革完善乡村教师培养模式，实施省属高校免费师范生培养计划，3年招收1万人，带编带岗安排到乡村学校任教。安徽实施乡村教师定向培养计划，努力实现乡村教师本土化。云南对在边远农村任教10年以上的教师，符合条件的优先评聘中高级职称，增强了教师尤其是农村教师的职业吸引力。[①]广东韶关市试点推中小学教师"县管校聘"机制。"县管"强调建立健全编制岗位总量控制、动态调整、统筹管理的机制，"校聘"强调完善落实中小学教职员按岗聘用、竞争择优、强化考核的机制。通过这一机制，教师交流比例达7.2%，高于省里规定的比例标准。[②]

[①] 2016年秋季开学暨年度重点工作落实情况专项督导报告.（2016-11-01）[2020-06-20]. http://www.moe.gov.cn/jyb_xwfb/gzdt_gzdt/s5987/201611/t20161101_287247.html

[②] 王倩."共享教师"来了！广东试点推中小学教师"县管校聘".（2018-04-14）[2020-06-15]. http://www.moe.gov.cn/s78/A10/moe_601/201804/t20180417_333396.html.

第二章

城镇化进程中中国农村教育的区域比较

2002年党的十六大以后,我国城镇化加快深入推进。城镇化作为十八大报告中提出的"新四化"中的重要推力,通过人口聚集产生规模效应,推动工业化、信息化、农业现代化深度融合、良性互动、协调发展。《国家新型城镇化规划(2014—2020年)》明确新型城镇化的第一项基本原则"以人为本,公平共享"中包含"以人的城镇化为核心",要"稳步推进城镇基本公共服务常住人口全覆盖"。从城镇化到新型城镇化的转型,意味着我国城镇化发展策略发生转变,从通过把农村用地划归城市、扩大城区范围和人口规模等方式,逐渐转为鼓励条件成熟地区农村人口集中居住,促进城乡一体化。

城镇化深刻影响了我国教育领域的资源配置和发展格局,为农村教育的发展提出了更高要求,也带来了前所未有的机遇和挑战。一方面,由于人口数量变化导致农村学校"镇弱""村空",城乡教育差距拉大,并产生了农村留守儿童这一特殊群体;另一方面,各项资源配置优先倾斜于新农村建设,促使农村学校办学条件得到有效改善,农村教育面貌发生巨大变化。这些新情况、新问题,客观上要求农村教育的发展目标、资源布局等在政策和实践上进行调整和变革。

农村教育是推进城镇化的基础工程。[1]城镇化不仅仅是城镇人口的集聚过程,也是集聚资本和可用资源,发展第二、三产业,调整农村产业结构、就业结构和城乡关系,传播城市文明的过程。[2]衡量地区城镇化发展水平,更要关

---

[1] 于月萍,李潮海. 城镇化背景下农村教育转型与路径研究. 沈阳:辽宁人民出版社,2016:6.
[2] 李少元. 城镇化的挑战与农村教育决策的应对. 东北师范大学学报(哲学社会科学版),2003(01):109-116.

注"城镇化质量"指标。①农村劳动力的道德和文化素质程度,直接影响到"城镇化质量"的高低。通过确保农村教育的高质量、高水平供给,促进城乡教育一体化进程,能够有效提高农村人群受教育水平和综合素质,从而带动居民生活、消费等观念变化,以及社会文化和城镇品质等方面的发展和提升,逐步实现城乡融合共享及一体化的发展状态。②

以往研究表明,在一定程度上城镇化率越高,农村教育的发展水平也会相应提升。③但仅依据城镇化率来研判我国农村教育发展的客观现状和未来趋势,还是不够全面的。城镇化是一个错综复杂的社会进程,涉及人口、经济、环境、文化、教育等方方面面。通过城镇化率来衡量教育发展,还需要结合其他领域的相关指标加以整体评判,但城镇化以及新农村建设无疑是农村教育改革发展的客观背景。充分考虑城镇化变革的相关因素,有助于更全面、准确地把握和分析农村教育改革问题和发展趋势。因此,本章主要基于城镇化视角,剖析我国各省区市农村教育发展的客观现状,既关注由于人口变动、经济发展、文化品质提升等对农村学校教育的积极影响,又在坚持教育基本国策、基于农村教育自身特点的前提下分析教育的社会功能,研判城镇化发展对农村教育的不利影响。更重要的是,通过农村教育发展指数这一工具,比较和分析自《纲要》颁布以来我国30个省份(未含西藏④及港澳台地区)农村教育在城镇化快速发展进程中的客观现状,基于新问题、新挑战指明农村教育迫切需要关注和重点发展的关键领域,可为相关部门政策制定提供若干思路和借鉴。

一、我国城镇化整体进入中级阶段

城镇化率(即城镇常住人口占地区常住总人口的比例)是确定该地区城镇化水平的核心指标。根据国际发展经验,按城镇化率不同可以将国家或地区的城镇化发展水平划分为五个阶段,即乡村型阶段(城镇化率<50%)、初级阶段(50%≤城镇化率<60%)、中级阶段(60%≤城镇化率<75%)、高级阶段(75%

---

① 中国社会科学院《城镇化质量评估与提升路径研究》创新项目组. 中国城镇化质量综合评价报告. 经济研究参考, 2013(31): 3-32.
② 潘家华, 魏后凯. 城市蓝皮书: 中国城市发展报告. 北京: 社会科学文献出版社, 2012: 3.
③ 杨润勇等. 中国农村教育发展报告2013. 北京: 教育科学出版社, 2016: 68.
④ 由于相关统计年鉴中西藏部分数据缺失,因此未纳入整体统计分析中。

≤城镇化率＜90%）、完全城市型（城镇化率≥90%）。

现阶段，我国城镇化已整体进入中级阶段。2019 年，我国城镇化率达到 60.60%，比 2010 年的 49.68%提高了 10.92 个百分点，实现了从乡村型阶段到中级阶段的跨越式发展。从世界国家城市化过程研究趋势来看，城镇化率 30%—70%为加速发展期。我国学者的研究也表明，一旦越过 50%这个由加速推进到减速推进的拐点，全面提高城镇化质量、强化城市管理将成为其核心问题。①

城镇化的快速发展促使我国农村社会发生了深刻变革，影响了包括经济、文化、教育等各个领域的方方面面。随着我国城镇化率的持续提升并进入中级发展阶段，我国农村教育也逐渐从低水平普及向高质量普及方向迈进，与城镇化产生了相互促进的良性互动关系。《纲要》将推进教育公平和提升教育质量作为未来 10 年的两大发展主题，并将农村教育放在优先发展的关键位置。《中国共产党第十九届中央委员会第五次全体会议公报》提出的建设教育强国的远景目标，决定了在新的发展阶段、新的起点基础上建设高质量教育体系的发展方向。在这一过程中，农村教育发展情况和整体水平的提升将起到决定性作用，其同样对提高城镇化质量、建设社会主义新农村也将产生不可或缺的推动作用。

尽管我国城镇化发展水平整体上已经进入中级发展阶段，但由于地域辽阔、基础不同，省际差异仍然较大。2019 年，以城镇化率为依据，按照前述标准将全国 30 个省份划分为 4 种不同的城镇化发展类型区域：高级阶段（上海、北京、天津），中级阶段（广东、江苏、浙江、辽宁、重庆、福建、内蒙古、山东、湖北、黑龙江），初级阶段（海南、宁夏、山西、陕西、吉林、河北、江西、湖南、安徽、青海、四川、河南、新疆、广西），乡村型阶段（云南、甘肃、贵州）。从表 2-1 可以看到，2019 年度城镇化率超过 50%的省份高达 27 个，远远超过 2011 年的 13 个；九成省份的城镇化水平已经实现了从乡村型阶段到初级阶段的跨越，其中有四成从初级阶段迈入中级阶段。

城镇化率的省际差异依然较大。上海城镇化率最高（88.10%），甘肃最低（48.49%），相差 39.61 个百分点。由此可以初步估测，两者农村教育发展水平应存在较大的差距。此外，2011—2019 年城镇化率提高 10 个百分点以上的省份有 18 个，其中有 14 个在 2010 年处于乡村型阶段，这表明城镇化率处于较低水平的省份在此期间增速更快。

---

① 潘家华，魏后凯. 城市蓝皮书：中国城市发展报告. 北京：社会科学文献出版社，2012：3.

表 2-1 2011—2019 年各省份城镇化率的变化情况[①]

省份	2011 年/%	2019 年/%	变化
上海	89.27	88.10	−1.17
北京	86.03	86.60	0.57
天津	79.60	83.48	3.88
广东	66.18	71.40	5.22
江苏	60.58	70.61	10.03
浙江	61.61	70.00	8.39
辽宁	62.10	68.11	6.01
重庆	53.00	66.80	13.80
福建	57.11	66.50	9.39
内蒙古	55.50	63.40	7.90
山东	50.30	61.51	11.21
湖北	49.70	61.00	11.30
黑龙江	55.67	60.90	5.23
海南	49.83	59.23	9.40
宁夏	47.87	59.86	11.99
山西	48.04	59.55	11.51
陕西	45.76	59.43	13.67
吉林	53.33	58.27	4.94
河北	44.50	57.62	13.12
江西	44.06	57.40	13.34
湖南	43.30	57.22	13.92
安徽	43.01	55.81	12.80
青海	44.76	55.52	10.76
四川	40.17	53.79	13.62
河南	38.50	53.21	14.71
新疆	43.02	51.87	8.85
广西	40.00	51.09	11.09
贵州	33.80	49.02	15.22

① 本章涉及的国家及各省份城镇化率数据均根据国家统计局网站相关数据计算得出。

续表

省份	2011年/%	2019年/%	变化
云南	34.70	48.91	14.21
甘肃	36.13	48.49	12.36
全国	49.95	60.60	10.65

二、各地农村教育发展整体水平均衡向好，城镇化阶段性特征明显

农村教育发展指数可以整体反映和评估农村教育发展水平。如前所述，农村教育发展总指数由4个一级指标构成，其变动情况能够反映各地农村教育发展现状。分析不同领域的发展差距，可把握未来需要关注的着力点和改进之处。通过城镇化率与发展指数的相关分析，还能揭示农村教育发展与城镇化进程的互动关系，为各地农村教育更好地适应新形势、新要求提出改进的政策发力点。

（一）农村教育发展水平呈现省际逐渐均衡的向好态势

2011—2018年，全国农村教育发展的整体水平均有所提高。随着城镇化率和农村教育发展总指数的提高，农村教育发展水平的省际差距逐步减小（表2-2）。一是从年度最大省际差距来看，2018年农村教育发展总指数水平最高的北京与最低的河南相差0.286，比2011年两地的差距缩小了0.057，在总体上呈现出省际农村教育发展水平逐渐均衡发展的向好态势。二是西部地区农村教育发展总指数增幅高于东部地区，客观上缩小了区域发展差距。2011—2018年，农村教育发展总指数增幅超过0.25的有内蒙古、宁夏、青海、贵州，均位于西部地区；不足或接近0.1的有天津、北京、上海等地，均位于东部地区。可见，西部地区农村教育发展势头迅猛，指数增幅较大；东部地区农村教育整体水平稳步推进，指数增幅较小。增幅的差异客观上说明东西部地区的差距在缩小，也说明我国农村教育水平区域发展逐渐趋向均衡。

表2-2　2011—2018年各省份农村教育发展总指数情况

省份	2011年	2018年	增幅
北京	0.720	0.827	0.107

续表

省份	2011年	2018年	增幅
天津	0.602	0.687	0.085
河北	0.449	0.614	0.165
山西	0.434	0.603	0.169
内蒙古	0.497	0.748	0.251
辽宁	0.472	0.654	0.182
吉林	0.430	0.619	0.189
黑龙江	0.442	0.676	0.234
上海	0.666	0.797	0.131
江苏	0.563	0.709	0.146
浙江	0.576	0.749	0.173
安徽	0.385	0.615	0.230
福建	0.490	0.620	0.130
江西	0.390	0.629	0.239
山东	0.467	0.644	0.177
河南	0.377	0.541	0.164
湖北	0.423	0.630	0.207
湖南	0.417	0.569	0.152
广东	0.420	0.633	0.213
广西	0.391	0.551	0.160
海南	0.419	0.627	0.208
重庆	0.456	0.654	0.198
四川	0.409	0.598	0.189
贵州	0.373	0.624	0.251
云南	0.394	0.641	0.247
陕西	0.475	0.696	0.221
甘肃	0.425	0.654	0.229
青海	0.441	0.695	0.254
宁夏	0.450	0.713	0.263
新疆	0.423	0.614	0.191
全国	0.428	0.622	0.194

（二）各地农村教育发展总指数呈现城镇化发展的阶段性特征

各地农村教育发展总指数（图 2-1）呈现较为明显的城镇化发展阶段性特征，且与城镇化发展水平呈显著正相关（图 2-2）。城镇化水平处于高级阶段的上海、北京、天津的农村教育发展总指数整体上高于其他省份，上海、北京在 0.800 上下浮动，天津的指数接近 0.700；处于中级阶段的 10 个省份的农村教育发展总指数整体上也超过了 0.600 且发展相对均衡，最高的是浙江的 0.749，最低的是福建的 0.620；处于初级阶段 14 个省份的指数情况起伏较大，既有宁夏高达 0.713，也有河南以 0.541 位居末位；尽管处于乡村型阶段的省份城镇化水平相对较低，但在国家优先支持中西部农村教育的政策的影响下，3 个处于乡村型阶段省份的农村教育发展总指数均都超过 0.620，表现出良好的态势。可见，城镇化水平处于中高级发展阶段的地区，其农村教育发展水平整体上较为稳定；处于初级阶段特别是城镇化率接近 50% 这一转折点的湖南、河南、广西等地，由于在转型期中面临更多的问题与冲突，其农村教育发展水平更易出现一定的滞后。

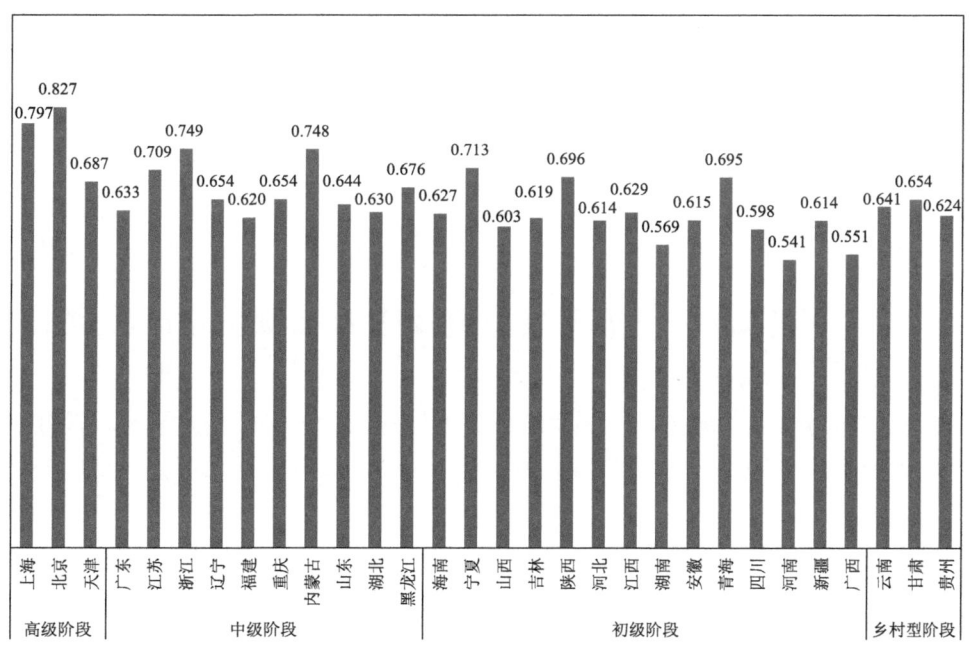

图 2-1　2018 年各省份农村教育发展总指数

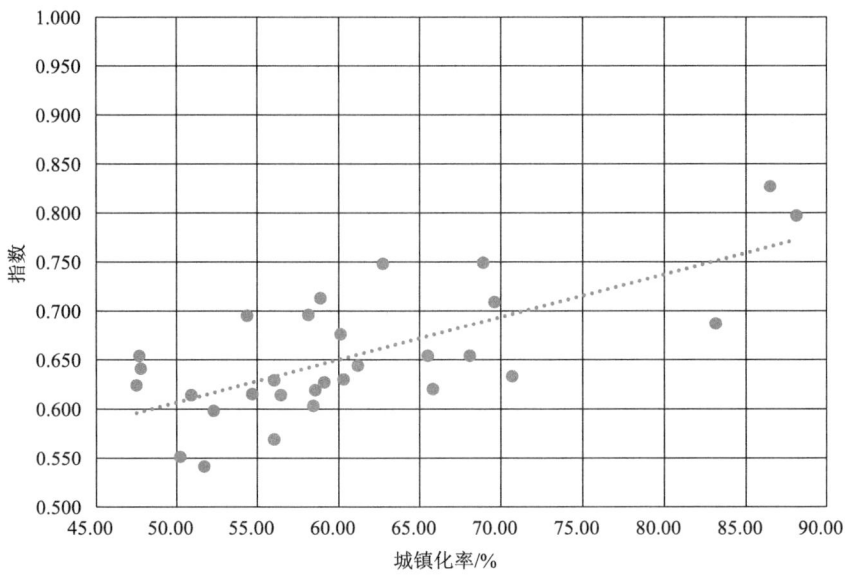

图 2-2 2018 年各省份城镇化率与农村教育发展指数的关系

通过计算可知，2018年各地农村教育发展总指数和城镇化率的相关系数为 0.704（$p<0.01$），呈显著正相关。这意味着农村教育发展水平与城镇化率的关系密切，即在地区范围内，随着城镇化水平提高，农村教育的品质与水平也会逐渐提高。在城镇化进程中，随着农村未受教育人口的迅速减少、城乡一体化背景下教育资源与投入反哺农村等利好政策的出台，各地应充分利用此良好契机，充分考虑区域实情，着力补足农村教育发展短板，不断缩小地区差距，从而着力提升农村教育整体发展水平，提高教育质量的政策诉求及实践效果。

三、农村教育在实现高位普及中面临城镇化严峻挑战

农村教育普及状况指数能够反映出各地推进教育公平的基本情况。教育公平的内涵形成于"起点公平"，最初追求的是入学机会均等。起点公平是最大最重要的教育公平。[①]近10年来，为提高农村学前教育和义务教育普及程度，使农村孩子能够"幼有所育、学有所教"，国家出台了一系列政策，持续加大资源支持力度，各地因地制宜采取配套政策，特别是在扩大农村普惠性学前教育资

---

① 曹卫星. 起点公平是最重要的教育公平. （2013-03-14）[2020-12-30]. http://lianghui.people.com.cn/2013cppcc/n/2013/0314/c357533-20783211.html.

源、提高义务教育学校巩固率水平等方面开展了大量工作,促使区域内农村各级教育的普及水平得到了稳步提升。通过计算和比较农村教育普及状况指数,特别是年级巩固率和升学率这两个指标,能够客观把握和分析各地农村教育的普及水平,在此基础上结合各地实情剖析原因并做出有效应对。

(一)近半省份农村教育普及状况处于中高水平

2011—2018年,大部分省份的农村教育普及状况指数持续攀升。2018年,我国农村教育普及状况指数的全国平均水平为0.892,比2011年的0.838高0.054,普及水平有所提升(表2-3)。有28个省份的农村教育普及状况指数实现了正增长,其中增幅最大的是湖北,从2011年的0.745增加到2018年的0.887,说明该省农村教育的年级巩固率和升学率均呈现良好发展态势。但北京、天津两地农村教育普及状况指数有小幅度下降。

表2-3　2011—2018年各省份农村教育普及状况指数情况

省份	2011年	2018年	变化
北京	0.859	0.790	−0.069
天津	0.900	0.867	−0.033
河北	0.860	0.882	0.022
山西	0.865	0.906	0.041
内蒙古	0.866	0.919	0.053
辽宁	0.859	0.886	0.027
吉林	0.842	0.884	0.042
黑龙江	0.877	0.919	0.042
上海	0.833	0.844	0.011
江苏	0.873	0.897	0.024
浙江	0.851	0.866	0.015
安徽	0.796	0.910	0.114
福建	0.881	0.903	0.022
江西	0.851	0.894	0.043
山东	0.849	0.886	0.037
河南	0.849	0.893	0.044
湖北	0.745	0.887	0.142

续表

省份	2011年	2018年	变化
湖南	0.853	0.903	0.050
广东	0.840	0.870	0.030
广西	0.852	0.899	0.047
海南	0.765	0.868	0.103
重庆	0.860	0.882	0.022
四川	0.836	0.887	0.051
贵州	0.799	0.899	0.100
云南	0.799	0.876	0.077
陕西	0.843	0.907	0.064
甘肃	0.808	0.912	0.104
青海	0.802	0.909	0.107
宁夏	0.784	0.874	0.090
新疆	0.845	0.894	0.049
全国	0.838	0.892	0.054

推进农村教育公平，提高普及程度，关键在政府。可以看出，过去几年大部分省份在大力发展农村教育过程中采取了有效措施，并取得了良好的实践效果。这是城乡教育一体化和教育均衡发展的必经之路，既有助于《纲要》政策目标的达成，也是城镇化进程中建设社会主义新农村的题中应有之义。

（二）农村教育普及状况与城镇化发展水平不匹配

半数省份农村教育普及状况指数在2018年超过了全国平均水平（图2-3）。其中，内蒙古、黑龙江以0.919的最高值并列位居全国首位，超出全国最低的北京指数值0.129。城镇化率超过80%的上海、北京、天津三地的农村教育普及状况指数均在全国平均线以下。六成处于中级阶段省份的农村教育普及状况指数也低于全国平均水平，但福建、内蒙古、黑龙江的该指数超过了0.900。六成多处于初级阶段与乡村型阶段的省份的农村教育普及状况指数发展良好，11个省份高于全国平均水平。

对各地农村教育普及状况指数与城镇化水平进行相关分析，相关系数为 -0.674（$p<0.01$），说明两者呈显著负相关（图2-4）。也就是说，城镇化水平

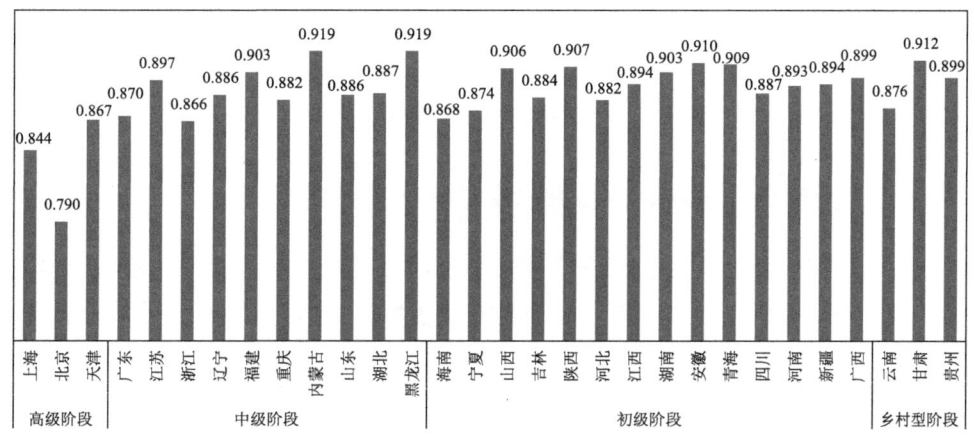

图 2-3 2018 年各省份农村教育普及状况指数情况

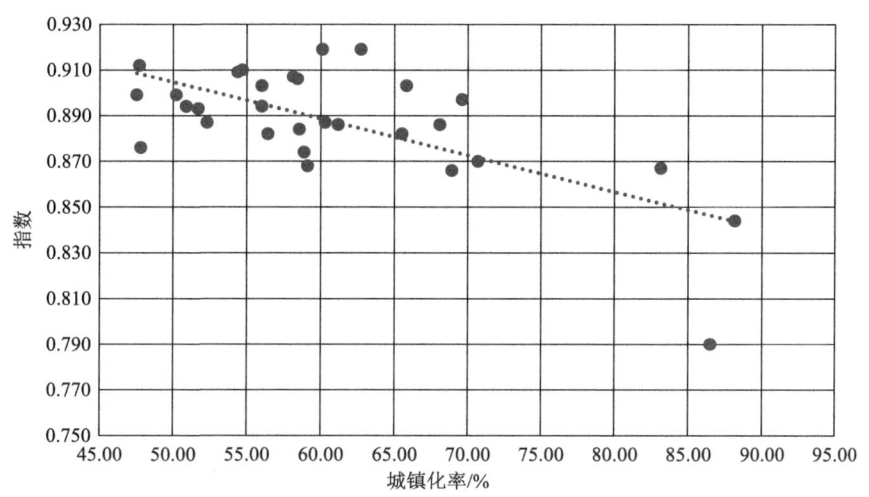

图 2-4 2018 年各省份城镇化率与农村教育普及状况指数的关系

与农村教育普及状况并不匹配,城镇化水平高的地区农村教育普及状况指数不一定高。

在这一前提下,一些地区在城镇化过程中尤其应该注意农村学校普及状况的改善,如北京、天津等地,其农村教育普及状况指数相较其城镇化率而言是相对偏低的。为真正提高农村教育的普及水平,实现入学机会均等和教育起点的公平,农村教育普及状况指数下滑的地区有必要持续关注、加大投入,为农村学生就近接受良好的教育做更加充足的准备。将农村教育普及状况指数具体到升学率和年级巩固率来看,各地在城镇化加速发展过程中,更应注重农村学校生源的巩固和就地升学，创设良好软硬件条件来留住农村学生和农村教师，在关注农村教育公平的基础上，保证农村学生实现从低年级向高年级的有序转换。

（三）大部分省份农村教育升学率指数稳步提高

通过比较各地的农村教育升学率指数，可以反映农村教育各学段入学情况的省际差异，并为缩小差距提供客观的现实依据。2018年，大部分省份的农村教育升学率指数稳步提高（表2-4），全国平均水平为0.800，比2011年的0.742超出0.058。有28个省份的农村教育升学率指数实现了正增长。北京、天津两地有所下降，与其农村教育普及状况指数下降趋势保持一致。增幅最大的是甘肃，从2011年的0.659增加到2018年的0.827，说明该省农村教育各学段生源较为稳定、区域内升学通道畅通。北京、天津两地尽管也不断加大了农村教育投入力度，但由于城镇化水平较高同时也面临着更加严峻的乡镇中小学迅速减员的困境，相关教育政策在加大对农村学生倾斜力度的同时，客观上也导致农村学校生源出现流失。例如，北京在2016年开始的中招"乡村学校支持计划"，增加了市级优质高中"统筹一招生"项目在乡村初中学校的招生数量，为农村初中学生创造了更好的发展机遇，但也客观上减少了农村高中生源。究其原因，仍是学校教育质量存在较大的城乡差距所导致。

表2-4 2011—2018年各省份农村教育升学率指数情况

省份	2011年	2018年	变化
北京	0.760	0.656	−0.104
天津	0.825	0.760	−0.065
河北	0.762	0.796	0.034
山西	0.768	0.819	0.051
内蒙古	0.806	0.845	0.039
辽宁	0.753	0.784	0.031
吉林	0.740	0.782	0.042
黑龙江	0.754	0.838	0.084
上海	0.716	0.787	0.071
江苏	0.771	0.799	0.028

续表

省份	2011年	2018年	变化
浙江	0.767	0.786	0.019
安徽	0.721	0.826	0.105
福建	0.762	0.815	0.053
江西	0.768	0.812	0.044
山东	0.762	0.787	0.025
河南	0.745	0.810	0.065
湖北	0.758	0.787	0.029
湖南	0.799	0.826	0.027
广东	0.721	0.763	0.042
广西	0.737	0.802	0.065
海南	0.638	0.764	0.126
重庆	0.783	0.795	0.012
四川	0.736	0.800	0.064
贵州	0.672	0.805	0.133
云南	0.668	0.760	0.092
陕西	0.802	0.852	0.050
甘肃	0.659	0.827	0.168
青海	0.701	0.818	0.117
宁夏	0.630	0.751	0.121
新疆	0.695	0.791	0.096
全国	0.742	0.800	0.058

近半省份的农村教育升学率指数超过全国平均水平。2018年，仍有16个省份的农村教育升学率指数低于全国平均水平，说明这些地区农村教育升学情况有待改善（图2-5）。在城镇化率超过60%的13个处于中级、高级阶段的省份中，仅有福建、内蒙古、黑龙江三地农村教育升学率指数超过全国平均水平；处于初级阶段的陕西以0.852的指数位居全国首位，比处于全国最低位的北京高出0.196。

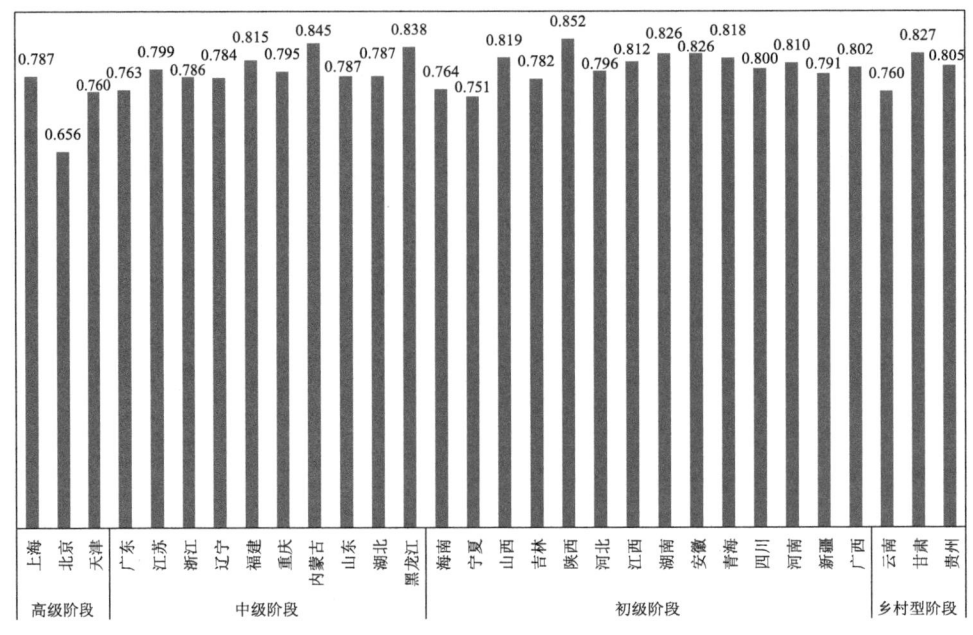

图 2-5 2018 年各省份农村教育升学率指数情况

升学率采用下一学段当年招生人数与各学段当年毕业生总人数的比例[①]，显示了农村受教育者接受高一层次教育的机会，同时还可以作为质量标准来衡量该阶段教育质量的客观结果。部分城镇化率高的地区，其农村教育升学率指数有所下降，其中的原因错综复杂。首先，乡村学龄人口锐减是主要原因。城镇化、少子化等社会发展趋势，以及农村家长携子外出打工等，都会导致部分地区农村学校生源出现客观性缩减。其次，对升学率指数降低的情况要具体问题具体分析。升学率指数包括学前教育、小学和初中三个学段。各地的农村学前教育升学率指数是普遍增加的，特别是中西部更是出现了激增的情况；小学和初中升学率指数在部分地区则有降低趋势，尤其是小学更突出，有近半省份出现了小学升学率指数下降的情况（表 2-5）。学前教育阶段升学率指数的提升，与我国及各地近年来推进的农村学前教育政策密不可分。三期学前教育三年行动计划极大提高了农村幼儿入园率和学前教育质量，让更多农村幼儿能够接受学前教育并在当地顺利过渡到小学阶段。但对于小学和初中升学阶段的升学率下降状况，究其原因更多是农村学生流动到城区或区域外就学，这已经成为限

---

① 学前教育阶段采用的是当年度小学招生数中接受过学前教育的比例。

第二章 城镇化进程中中国农村教育的区域比较

制农村学校发展的瓶颈问题,亟待研究和应对。相关部门应当采取必要措施,合理布局农村义务教育学校,有效整合资源配置,促进城乡教育均衡发展,积极推进农村"两类学校"内涵发展,避免农村学校成为竞争的失败者而低质量生存。

表2-5 2011—2018年各省份农村教育各学段升学率指数变化情况 (单位:%)

省份	农村教育各学段		
	学前	小学	初中(至普高)
北京	0.47	−15.90	−15.69
天津	1.45	−6.82	−14.29
河北	6.14	−0.64	4.84
山西	3.04	3.31	8.98
内蒙古	4.15	2.11	5.52
辽宁	2.77	−0.82	7.22
吉林	2.78	−1.95	11.69
黑龙江	1.57	2.95	20.80
上海	2.43	7.16	11.60
江苏	0.49	−0.54	8.61
浙江	1.42	−0.33	4.62
安徽	17.68	4.49	9.29
福建	8.18	1.38	6.25
江西	4.73	−0.72	9.36
山东	1.84	−2.30	7.71
河南	0.84	3.97	14.69
湖北	7.00	−8.40	10.29
湖南	2.07	1.48	4.33
广东	6.77	2.06	3.60
广西	4.72	3.53	11.32
海南	20.06	4.43	13.13
重庆	4.21	−7.20	6.53
四川	11.60	−3.28	10.93

续表

省份	农村教育各学段		
	学前	小学	初中（至普高）
贵州	25.20	4.76	9.94
云南	14.60	3.11	9.95
陕西	3.06	0.15	11.91
甘肃	33.63	4.57	12.36
青海	21.38	4.65	8.98
宁夏	25.83	8.63	1.85
新疆	15.64	−1.00	14.20
全国	7.56	0.88	9.12

（四）各地农村教育年级巩固率水平保持高位

农村教育年级巩固率指数是通过计算农村小学和农村初中的年级学生数量之比，以反映各地农村义务教育学生流动情况，并能折射出其农村各学段教育的质量水平。

2018年，全国各地农村教育年级巩固率指数保持高位发展状态，平均水平为0.983，比2011年的0.933超出0.050（表2-6）。有27个省份的农村教育年级巩固率指数实现了正增长，增幅最大的是湖北，从2011年的0.731增加到2018年的0.986，说明该省农村义务教育年级巩固率指数迅速提升，在一定程度上反映了该省农村义务教育质量的提升。北京、上海、福建的农村教育巩固率有所降低，但幅度都相对较小（最高的上海仅减少了0.049），因其城镇化率较高，人口流动大，农村教育年级巩固率也更易产生小幅波动，但其经济较为发达，教育理念相对先进，在一定程度上降低了部分农村学生由于处于贫困等不利处境而辍学的风险。

表2-6　2011—2018年各省份农村教育年级巩固率指数情况

省份	2011年	2018年	变化
北京	0.957	0.923	−0.034
天津	0.974	0.974	0.000
河北	0.957	0.968	0.011

续表

省份	2011年	2018年	变化
山西	0.962	0.992	0.030
内蒙古	0.925	0.992	0.067
辽宁	0.964	0.988	0.024
吉林	0.943	0.986	0.043
黑龙江	1.000	1.000	0.000
上海	0.949	0.900	−0.049
江苏	0.975	0.994	0.019
浙江	0.935	0.945	0.010
安徽	0.871	0.994	0.123
福建	1.000	0.990	−0.010
江西	0.934	0.976	0.042
山东	0.936	0.985	0.049
河南	0.952	0.976	0.024
湖北	0.731	0.986	0.255
湖南	0.907	0.980	0.073
广东	0.959	0.977	0.018
广西	0.966	0.996	0.030
海南	0.891	0.972	0.081
重庆	0.937	0.968	0.031
四川	0.935	0.974	0.039
贵州	0.926	0.993	0.067
云南	0.930	0.992	0.062
陕西	0.883	0.961	0.078
甘肃	0.956	0.996	0.040
青海	0.903	1.000	0.097
宁夏	0.937	0.997	0.060
新疆	0.995	0.997	0.002
全国	0.933	0.983	0.050

2018年，有17个省份的农村教育年级巩固率指数高于全国平均水平，发展状况好于农村教育升学率指数（图2-6）。城镇化水平处于高级阶段的上海、北京、天津的农村教育年级巩固率指数全部低于全国平均水平；四成多处于中级和初级阶段的省份，其农村教育巩固率水平仍有待提升；处于乡村型阶段的省份发展态势良好，其农村教育年级巩固率指数全部高于全国平均水平。

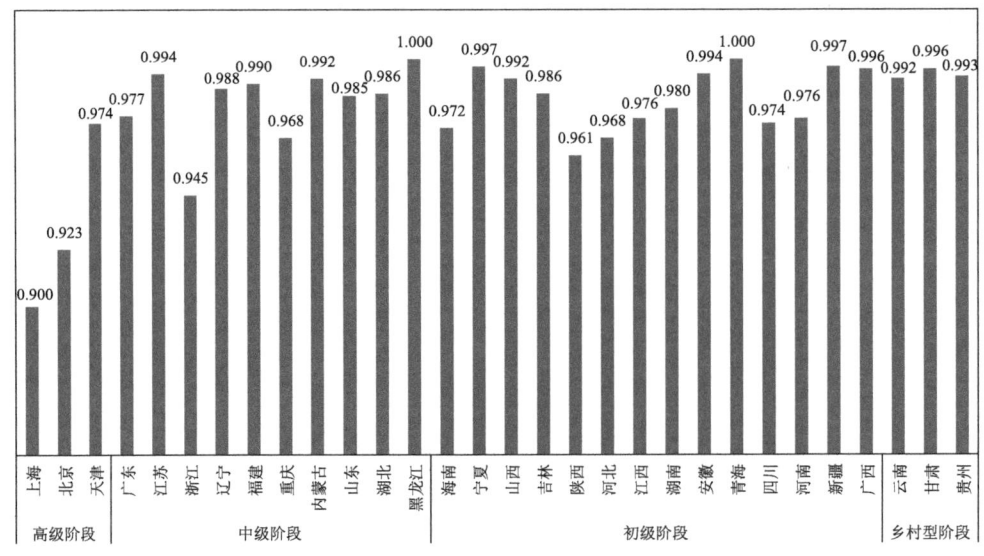

图2-6　2018年各省份农村教育年级巩固率指数情况

较低的农村教育巩固率意味着农村学校存在学生未到升学阶段即流失的现象，这应引起当地政府的高度重视。农村学校生源流失问题的应对十分复杂，且任务艰巨，需要多管齐下，最重要的就是要把没有能力流失或尚未流失的农村学生教好、留住，标本兼治，才能建好农村学校，提高农村教育质量。

四、农村教育师资整体水平提高且省际差距逐渐缩小

农村教育师资状况指数能够描述和分析各地农村教育的质量提升情况。现阶段，农村教育处于社会转型期和人口发展变动期，承受了来自社会和教育自身发展的双重压力。为满足农村家长"上好学"的期待，提高农村教育质量首当其冲。《乡村教师支持计划（2015—2020年）》指出，发展乡村教育，教师是关键，必须把乡村教师队伍建设摆在优先发展的战略地位。提高农村教师质量

应从教师的培养、准入、培训、专业发展等多环节入手。通过农村教师学历合格率、高级职称比例两个指标来衡量农村教育师资水平的高低,在客观了解并把握农村教师队伍发展状况的基础上做进一步的比较和分析,为缩小区域差距提供可靠的现实依据。

(一)各地农村教育师资状况得到有效改善

2011—2018年,各地农村教育师资状况指数明显提高。2018年我国农村教育师资状况指数的全国平均水平为0.464,比2011年的0.351超出0.113,师资状况得到有效改善(表2-7)。30个省份的农村教育普及状况指数均实现了正增长,其中增幅最大的是云南,从2011年的0.364增加到2018年的0.532,说明云南农村教师的学历合格率及高级职称比例有大幅提升。

表2-7 2011—2018年各省份农村教育师资状况指数情况

省份	2011年	2018年	变化
北京	0.457	0.536	0.079
天津	0.430	0.497	0.067
河北	0.385	0.460	0.075
山西	0.344	0.434	0.090
内蒙古	0.464	0.552	0.088
辽宁	0.394	0.522	0.128
吉林	0.397	0.500	0.103
黑龙江	0.388	0.494	0.106
上海	0.483	0.512	0.029
江苏	0.411	0.531	0.120
浙江	0.405	0.525	0.120
安徽	0.362	0.477	0.115
福建	0.347	0.455	0.108
江西	0.306	0.433	0.127
山东	0.342	0.454	0.112
河南	0.332	0.437	0.105
湖北	0.305	0.410	0.105

续表

省份	2011 年	2018 年	变化
湖南	0.328	0.434	0.106
广东	0.298	0.448	0.150
广西	0.327	0.424	0.097
海南	0.321	0.438	0.117
重庆	0.363	0.476	0.113
四川	0.335	0.465	0.130
贵州	0.337	0.453	0.116
云南	0.364	0.532	0.168
陕西	0.364	0.477	0.113
甘肃	0.351	0.466	0.115
青海	0.404	0.490	0.086
宁夏	0.404	0.509	0.105
新疆	0.377	0.464	0.087
全国	0.351	0.464	0.113

农村教育质量的提升关键靠教师。城乡教育差距过大的原因，主要也在于教师素质的差距。改革开放以来，党和各级政府始终高度重视农村中小学教师队伍建设，《纲要》提出了"以农村教师为重点、提高中小学教师队伍的整体素质"的重要任务。《乡村教师支持计划（2015—2020 年）》从全面提升乡村教师能力素质、拓展乡村教师补充渠道、提高乡村教师生活待遇、职称（职务）评聘向乡村学校倾斜等多种举措，旨在缩小城乡师资水平差距，让乡村学生都能接受公平有质量的教育。可以看出，过去几年各地采取了诸多行之有效的举措，致力于建设高素质、专业化的农村中小学教师队伍，改革成效明显，为农村教育健康持续发展提供了必要保障。

（二）农村教育师资状况指数省际差距逐渐缩小

2011—2018 年，农村教育师资状况指数的省际差距进一步缩小。2011 年，上海农村教育师资状况指数位居全国首位，比全国最低的广东高出 0.185（表2-7）。2018 年，内蒙古的农村教育师资状况指数以 0.552 的高位居于全国首位，比全国最低的湖北高出 0.142（图 2-7）。2018 年该指数的年度最大省际差比 2011 年缩小了 0.043。同时在参考往年相关数据时发现，2015 年农村教育师资状况指数最大省际差为 0.170，2016 年为 0.160[①]，到了 2018 年缩小至 0.142。这说明农村师资的整体水平在稳步提升，同时农村教育师资状况的省际均衡程度有明显改善。

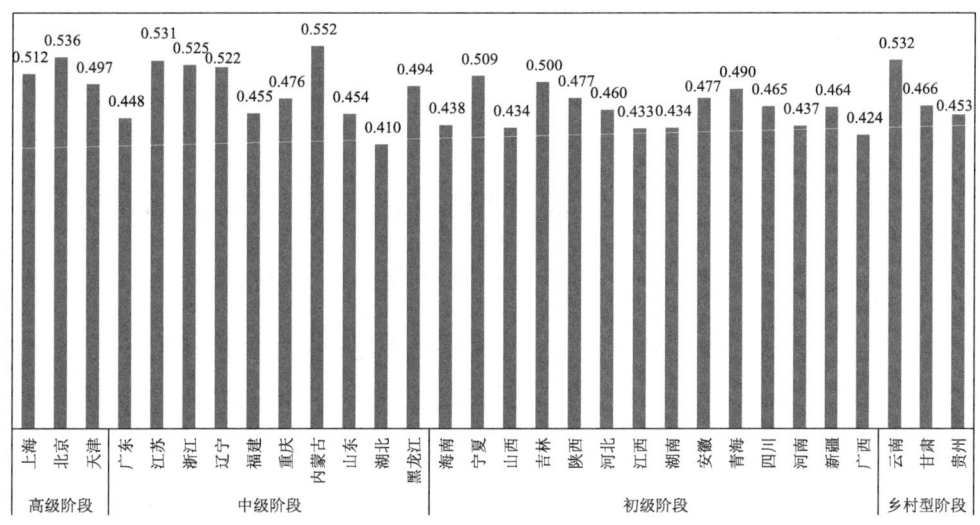

图 2-7 2018 年度各省份农村教育师资状况指数情况

2018 年，近三分之二省份的农村教育师资状况指数超过了全国平均水平。其中，城镇化水平处于高级阶段的上海、北京、天津三地，农村教育师资状况指数均超过或接近 0.500；处于中级阶段的省份中，仅有四成该指数超过 0.500，但也有六成该指数高于全国平均水平；处于初级阶段和乡村型阶段的省份中，除吉林、宁夏、云南外，其余 14 个省份的该指数均为 0.400—0.500，且近半低于全国平均水平。对农村教育师资状况指数与城镇化率进行相关分析，相关系数为 0.443（$p<0.05$），表明两者呈正相关（图 2-8），这说明城镇化水平对农村教育师资状况的影响程度比较明显，城镇化水平越高，越有助于提升农村教育师资的整体状况。

总的来看，各地农村教育师资状况指数随着城镇化率的提升得到一定程度的改善，省际差距也逐渐缩小。城镇化水平较高的省份，城市资源反哺农村的

---

① 杨润勇等. 中国农村教育发展报告 2016. 长沙：湖南科学技术出版社，2019：39。

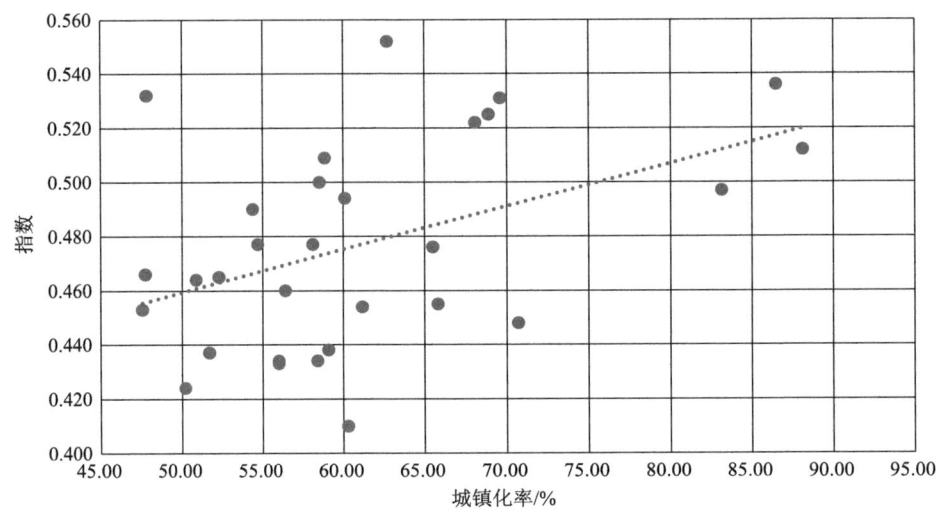

图 2-8　2018 年各省份农村教育师资状况指数与城镇化率的关系

可能性更高,城乡教育一体化程度或教师资源交流频率也会相对较高,从而使省域内农村教育师资状况得到更大力度的改善与提升。但也有部分城镇化率较高的省份,其农村教育师资状况指数值不理想。例如,处于中级阶段的湖北省,2018 年该指数仅为 0.410,位居全国末位,究其原因主要在于湖北省已有农村教育师资基础较为薄弱。2011 年,湖北省的农村教育师资状况指数为 0.305,在全国各省份中仅高于广东省。在此基础上,该省在 2018 年相关指数也增加了 0.105,指数增幅位居全国第 18 位,提升幅度较大。2015 年湖北省印发的《关于加强全省乡村教师队伍建设实施办法》强调,各级政府是实施乡村教师支持计划的责任主体,新增财政预算要把乡村教师队伍建设作为投入重点之一,这一系列举措有效促进了该省农村教师队伍整体素质的提升。

(三)各地农村教师学历合格率呈现高位发展态势

农村教师学历合格率指数能够反映农村各级学校教师基本素质和能力,有助于客观描述和分析各地农村教师队伍的整体水平。2011—2018 年,全国农村教师学历合格率指数稳步提高,2018 年全国平均水平为 0.849,比 2011 年超出 0.193,增幅明显(表 2-8)。其中,增幅最大的是广东,从 2011 年的 0.579 快速上升至 2018 年的 0.860,说明过去 8 年其农村教师整体素质得到了较大改善。指数增长幅度超过 0.200 的还有山东、安徽、江西、海南等 9 个省份。上述数据充分显示了各地在推进农村中小学教师队伍建设方面做出的不懈努力。

表 2-8　2011—2018 年各省份农村教师学历合格率指数情况

省份	2011 年	2018 年	变化
北京	0.867	0.969	0.102
天津	0.745	0.851	0.106
河北	0.729	0.849	0.120
山西	0.670	0.835	0.165
内蒙古	0.764	0.916	0.152
辽宁	0.640	0.821	0.181
吉林	0.757	0.881	0.124
黑龙江	0.705	0.866	0.161
上海	0.927	0.980	0.053
江苏	0.769	0.962	0.193
浙江	0.762	0.962	0.200
安徽	0.674	0.883	0.209
福建	0.646	0.831	0.185
江西	0.539	0.765	0.226
山东	0.632	0.847	0.215
河南	0.620	0.811	0.191
湖北	0.566	0.753	0.187
湖南	0.626	0.810	0.184
广东	0.579	0.860	0.281
广西	0.633	0.802	0.169
海南	0.607	0.812	0.205
重庆	0.696	0.882	0.186
四川	0.629	0.842	0.213
贵州	0.652	0.846	0.194
云南	0.683	0.850	0.167
陕西	0.703	0.905	0.202
甘肃	0.685	0.887	0.202
青海	0.717	0.857	0.140
宁夏	0.754	0.901	0.147
新疆	0.708	0.860	0.152
全国	0.656	0.849	0.193

2018年，有18个省份的农村教师学历合格率指数达到或高于全国平均水平。其中，指数最高的是上海（0.980），北京以0.969的指数紧随其后。城镇化水平处于中级阶段的江苏、浙江、内蒙古和处于初级阶段的宁夏、陕西的指数也超过0.900（图2-9）。随着城镇化水平的降低，相应省份的农村教师学历合格率指数也总体下降。2018年，农村教师学历合格率指数最低的是湖北省（0.753），但相较2011年也有0.187的提升，增幅较大。

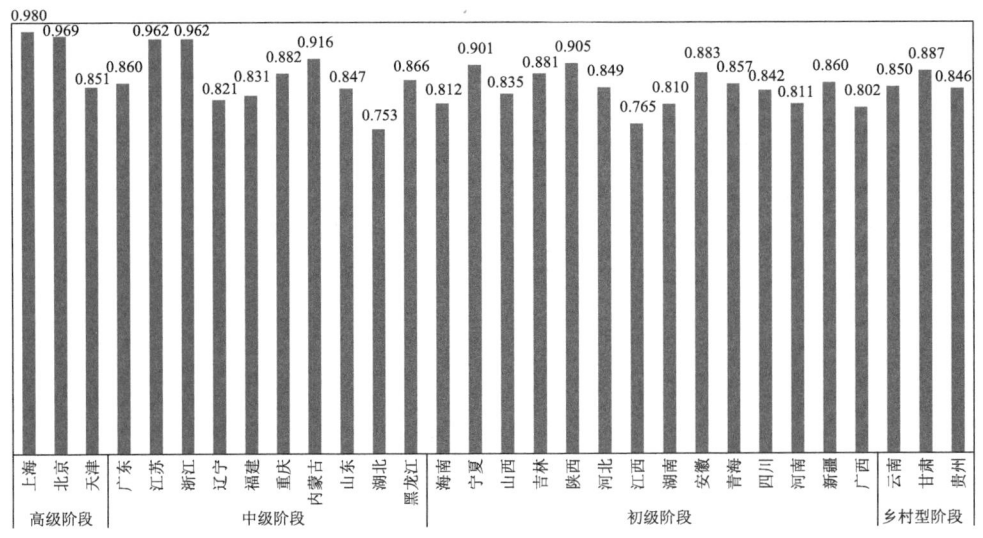

图2-9 2018年度各省份农村教师学历合格率指数情况

2011年新增的农村教师中，具有大学专科、本科学历的教师已经成为主体。[①]学历达标并不断提升是农村教师队伍素质提升和专业持续发展的重要标志。《中共中央 国务院关于全面深化新时代教师队伍建设改革的意见》强调，要为义务教育学校侧重培养素质全面、业务见长的本科层次教师，大力培养初中毕业起点的五年制专科层次幼儿园教师，同时逐步扩大农村教师"特岗计划"实施规模，鼓励优秀特岗教师攻读教育硕士。此外，"特岗计划"、特岗教师在职攻读教育硕士项目等应引导和鼓励高校毕业生从事农村义务教育工作，师范生免费教育试点应培养更多优秀教师，等等。这些重大举措对改变我国农村教师队伍面貌产生了深远的影响。《乡村教师支持计划（2015—2020年）》颁布以来，地方师范生公

---

① 教育部：农村小学教师学历合格率达99.3%.（2011-09-06）[2020-12-30]. https://edu.qq.com/a/20110906/000190.htm.

费教育政策每年吸引 4.5 万人到乡村从教。"特岗计划"实施 15 年来，共有 95 万名特岗教师走上中西部 1 000 多个县的 3 万多所农村学校的讲台[①]，为各地农村教师队伍建设增添了源源不断的新鲜血液。

（四）各地农村教师高级职称比例增速显著

农村教师高级职称比例指数反映的是农村教师职后专业发展与能力提升的空间和潜力，有助于判断各地农村教师的专业素养与质量水平。2011—2018 年，全国农村教师高级职称比例指数增长较快，2018 年为 0.079，比 2011 年的 0.045 超出 0.034，增幅 75.56%（表 2-9）。增幅最大的是云南，从 2011 年的 0.045 快速上升至 2018 年的 0.213，增幅将近四倍，说明该省农村教师高级职称所占比例大大提高。吉林该指数的增幅也十分明显，从 2011 年的 0.037 增加到 2018 年的 0.118。

表 2-9　2011—2018 年各省份农村教师高级职称比例指数情况

省份	2011 年	2018 年	变化
北京	0.046	0.103	0.057
天津	0.114	0.142	0.028
河北	0.040	0.071	0.031
山西	0.018	0.033	0.015
内蒙古	0.164	0.188	0.024
辽宁	0.148	0.222	0.074
吉林	0.037	0.118	0.081
黑龙江	0.071	0.121	0.050
上海	0.039	0.043	0.004
江苏	0.052	0.099	0.047
浙江	0.048	0.088	0.040
安徽	0.050	0.071	0.021
福建	0.048	0.079	0.031
江西	0.073	0.100	0.027
山东	0.051	0.060	0.009
河南	0.044	0.063	0.019
湖北	0.044	0.067	0.023

---

① 王家源. 夯实教育高质量发展的基石. 中国教育报，2020 年 11 月 21 日第 1 版.

续表

省份	2011年	2018年	变化
湖南	0.030	0.058	0.028
广东	0.016	0.036	0.020
广西	0.020	0.046	0.026
海南	0.035	0.063	0.028
重庆	0.029	0.070	0.041
四川	0.040	0.088	0.048
贵州	0.022	0.060	0.038
云南	0.045	0.213	0.168
陕西	0.025	0.049	0.024
甘肃	0.016	0.045	0.029
青海	0.091	0.123	0.032
宁夏	0.054	0.116	0.062
新疆	0.045	0.067	0.022
全国	0.045	0.079	0.034

2018年，近半省份的农村教师高级职称比例指数超过全国平均水平，但仍有16个省份的该指数低于全国平均水平，总体上呈现不规则起伏状态（图 2-10）。其中，该指数最高的是城镇化水平处于中级阶段的辽宁（0.222），处于乡村型阶段的云南紧随其后（0.213）。该指数最低的是处于初级阶段的山西，仅为 0.033；其次是处于中级阶段的广东，为 0.036。可以推断，除城镇化水平外，各地农村教师高级职称比例指数受地方教育政策等其他因素的影响也较大。此外，农村教师高级职称比例指数的省际差距比较悬殊并有逐渐扩大的态势。2018年度的最大省际差距为 0.189，比 2011 年的最大省际差距 0.148 增加了 0.041。这种情况需要引起各地政府部门的关注与重视。

农村教师高级职称比例的提高，不仅是农村教师专业发展和能力提升的职业诉求，更是吸引和留住优秀教师、提高教师待遇和地位的重要手段，是切实提高农村教育质量、促进城乡教育一体化的必然要求。《乡村教师支持计划（2015—2020年）》明确提出，职称（职务）评聘向乡村学校倾斜。各地在此基础上加大改革力度，合理调整农村教师职称比例结构，提高高级职称占比，为农村教师素质提升留下较为充足的政策空间。

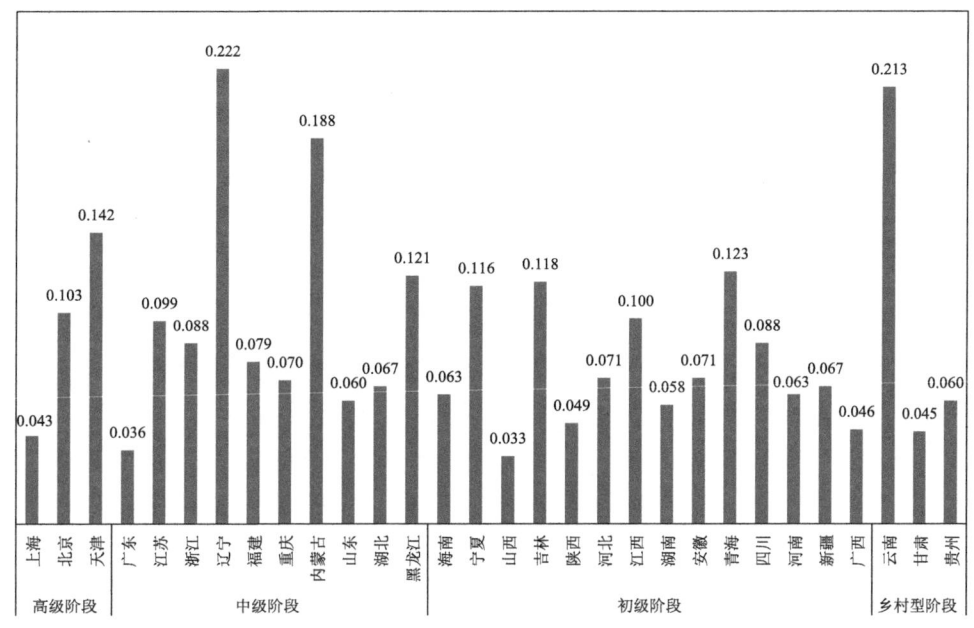

图 2-10　2018 年度各省份农村教师高级职称比例指数情况

以辽宁为例，在农村中小学教师整体数量逐年减少的背景下，辽宁的农村教师高级职称比例呈现快速提升态势（表 2-10），使得农村教师在高级职称评定中优势逐渐显现，一定程度上提高了农村教师的待遇和地位，有利于吸引并留住优秀人才在农村任教。辽宁省在 2016 年印发的《辽宁省深化中小学教师职称制度改革实施方案》提出，要综合考虑乡村小学和教学点实际，对乡村教师予以适当倾斜，鼓励和吸引优秀教师在边远贫困地区乡村小学和教学点任教。后续出台的相关指导性文件将中小学副高级专业技术岗结构比例调增了 8 个百分点，最高达到 38%。[①]2018 年印发的《中共辽宁省委　辽宁省人民政府关于全面深化新时代教师队伍建设改革的实施意见》提出了"在乡村中小学任中级专业技术职务满 10 年、仍在教学一线任教的中小学教师，任中级专业技术职务以来年度考核合格的，可直接评聘副高级专业技术职称（职务），不受岗位职数限制"的重大改革创新。这些激励性举措在提高辽宁省农村教师待遇、多渠道补充优秀人才、稳步提升农村教师教育教学水平等方面发挥了正向引导作用，同

---

① 省十二届人大八次会议《关于提高我省边远贫困地区乡村教师待遇问题的建议》（1130 号）的答复．（2017-08-30）[2020-12-30]. http://rst.ln.gov.cn/zfxxgk/fdzdgknr/jyta/srddbjy/srdsejbchy/202009/t20200922_3977402.html.

表2-10　2011—2018年辽宁省农村学校专任教师及高级职称数量　（单位：人）

学段	专任教师数			高级职称数		
	2011年	2018年	变化	2011年	2018年	变化
农村小学	84 505	68 098	−16 407	3 447	10 251	+6 804
农村初中	52 701	46 606	−6 095	20 392	22 949	+2 557

时也使得该省的年度农村教师高级职称比例指数表现突出。上述情况再次说明，农村教育师资队伍建设与专业素质的提升，与省域内的教育政策密切相关。2020年发布的《教育部等六部门关于加强新时代乡村教师队伍建设的意见》提出，"适当提高中小学中高级岗位结构比例，向乡村教师倾斜，乡村学校中高级专业技术岗位设置比例不低于当地城镇同类学校标准"。在国家政策的引导下，可以预期各省份农村中小学教师在专业成长和晋升方面有更为广阔的发展空间。

五、各地农村教育投入水平普涨但区域差距仍然悬殊

农村教育改革与发展必须有充足的经费保障。按照"分级办学、分级管理、以县为主"的要求，各级政府应将教育特别是农村教育作为财政支出的重点领域予以优先保障，并依法确保教育经费的"一个不低于"和"两个确保"。通过计算农村教育投入状况指数，从农村生均公共财政预算教育经费支出①以及农村生均固定资产两个维度来描述各地农村教育经费保障的客观状况，在此基础上分析各地差异及未来的政策着力点。

（一）各地农村教育投入状况指数普遍上涨

各地农村教育投入状况指数普遍上涨。2018年，我国农村教育投入状况指数的全国平均水平为0.440，比2011年的0.179超出0.261（表2-11）。全国各地农村教育的投入状况也持续保持良好的上升势头，30个省份的农村教育投入状况指数均实现了正增长。其中，增幅最大的是青海，从2011年的0.235增加

---

① 《中国教育统计年鉴2018》将"生均公共财政预算教育经费支出"改为"生均一般公共预算教育事业费和基本建设支出"，具体内容未变，因此本章仍沿用"生均公共财政预算教育经费支出"的提法。

表 2-11　2011—2018 年各省份农村教育投入状况指数情况

省份	2011 年	2018 年	变化
北京	0.672	1.000	0.328
天津	0.365	0.567	0.202
河北	0.167	0.334	0.167
山西	0.203	0.468	0.265
内蒙古	0.314	0.737	0.423
辽宁	0.194	0.400	0.206
吉林	0.197	0.524	0.327
黑龙江	0.195	0.522	0.327
上海	0.526	0.877	0.351
江苏	0.312	0.540	0.228
浙江	0.307	0.661	0.354
安徽	0.145	0.420	0.275
福建	0.247	0.443	0.196
江西	0.106	0.350	0.244
山东	0.239	0.454	0.215
河南	0.099	0.284	0.185
湖北	0.149	0.436	0.287
湖南	0.145	0.349	0.204
广东	0.174	0.415	0.241
广西	0.134	0.350	0.216
海南	0.229	0.625	0.396
重庆	0.179	0.434	0.255
四川	0.175	0.448	0.273
贵州	0.107	0.406	0.299
云南	0.152	0.567	0.415
陕西	0.317	0.526	0.209
甘肃	0.200	0.536	0.336
青海	0.235	0.734	0.499
宁夏	0.215	0.613	0.398
新疆	0.202	0.535	0.333
全国	0.179	0.440	0.261

到2018年的0.734，增幅高达两倍多。同为西部省份的内蒙古表现得也很抢眼，相关指数增加了0.423，增幅位居全国第二。其他西部省份如云南、宁夏等地的增幅也接近或超过了0.400，增幅高于其他中部和东部省份。这主要由于近年来国家和各级政府加大了对西部农村教育的投入力度，使这些地区的农村教育经费得到了有力的保障。

（二）农村教育投入水平省际差距十分悬殊

2018年，在各地农村教育投入水平普涨的基础上，农村教育投入状况指数的省际差距仍很悬殊（图2-11）。北京继续保持全国首位的水平，农村教育投入状况指数最高，为1，超出位居第二的上海0.123。河南省位居全国末位，该指数为0.284。当年该指数的最大省际差距为0.716。相较于2011年农村教育投入状况指数的最大区域差距0.573，增加了0.143。可以看出，农村教育投入状况指数的省际差距在逐年扩大。经费投入是确保农村教育发展的主要拉力，较大的省际差距表明了农村教育质量也存在一定程度的不均衡情况。

就教育投入的具体数值而言，各地经费投入的差距也十分悬殊。2018年，从农村小学、初中的生均公共财政预算教育经费支出水平这一指标来看，北京比河南分别高出38 070.81元和77 370.17元，其农村小学、初中的生均固定资产这一指标也比河南省分别高出20 455.51元和62 380.78元（表2-12）。总的

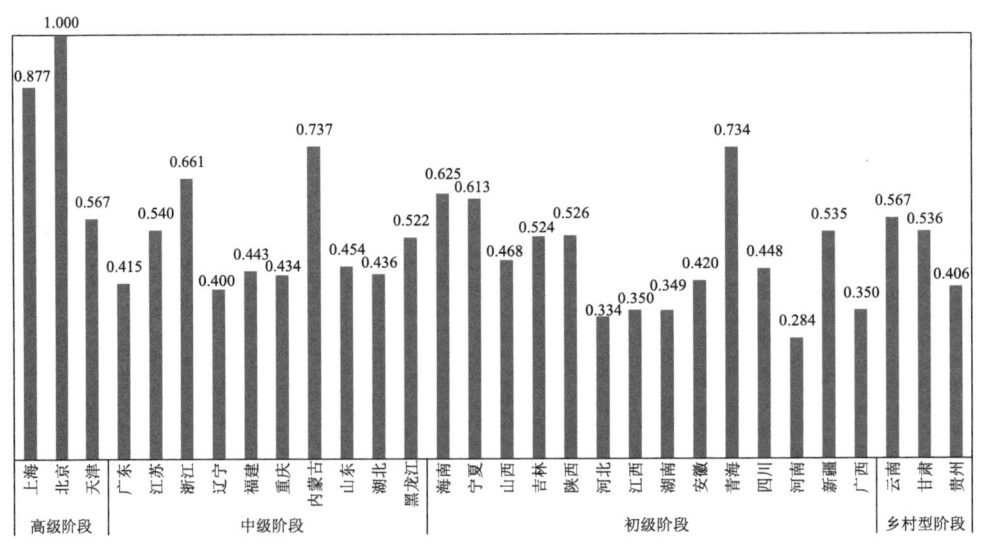

图2-11　2018年度各省份农村教育投入状况指数情况

表 2-12　2018 年北京、河南农村教育经费投入情况　　　（单位：元）

省份	生均公共财政预算教育经费支出		生均固定资产	
	农村小学	农村初中	农村小学	农村初中
北京	44 224.38	86 453.67	27 844.54	76 197.13
河南	6 153.57	9 083.50	7 389.03	13 816.35
相差	38 070.81	77 370.17	20 455.51	62 380.78

来说，河南在农村教育经费投入方面的力度最小，这显然不利于该省农村教育水平的整体提升与改进。

通常而言，农村教育的经费保障力度与区域经济发展水平密切相关，投入状况指数与城镇化发展水平也是相互制约、相互促进的关系。在城镇化进程中，地区经济的增长能够拉动城镇化率的提升，两者均对农村教育的经费投入水平产生重要影响。从城镇化角度来看，农村教育投入状况指数与城镇化率的相关系数为 0.576（$p<0.01$），呈显著正相关，说明随着城镇化水平的提高，农村教育的经费投入也会相应增加（图 2-12）。从区域经济发展角度来看，2018 年农村教育投入状况指数最高的北京，人均 GDP 位居全国第一；河南省的人均 GDP 保持全国中游水平，超出全国末位省份一倍之多。由此判断，经济发展水平并非农村教育投入状况的唯一影响因素，各地的政策导向等因素也会影响农村教育的经费投入水平。

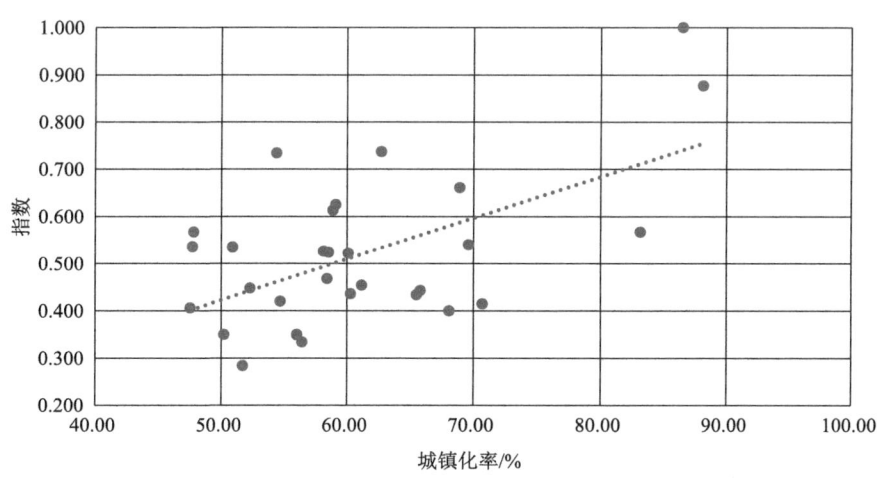

图 2-12　2018 年各省份农村教育投入状况指数与城镇化率的关系

（三）各地农村生均公共财政预算教育经费支出水平逐年提高

生均公共财政预算教育经费支出主要包括个人部分、公用部分和基本建设支出三部分内容。其中个人部分主要用于教师工资福利及各种对教师个人和家庭的补助支出，公用部分主要用于保证学校教学活动正常运转、维持正常教育秩序所需的公共使用经费支出。这两部分对于开展农村教育教学活动、稳定农村教师队伍十分重要。通过分析农村生均公共财政预算教育经费支出指数，可以判断各地财政性教育经费对农村教育发展的支撑程度。

从表 2-13 可知，2011—2018 年，全国各地农村生均公共财政预算教育经费支出指数逐年提高。2018 年，全国生均公共财政预算教育经费支出指数平均水平为 0.300，比 2011 年的 0.126 超出 0.174，增幅达一倍多。其中，增幅最大的是海南，从 2011 年的 0.160 快速上升至 2018 年的 0.475，位居全国前列，说明该省财政性教育经费在保障教师工资和生均公用经费等方面投入力度较大。增幅超过 0.300 的还有北京、浙江，超过 0.200 的包括辽宁、上海、天津、江西、贵州等地，在一定程度上表明这些省份的各级政府高度重视农村教育，落实财政性经费用于优先支持和满足农村教育改革发展。

表 2-13　2011—2018 年各省份农村生均公共财政预算教育经费支出指数情况

省份	2011 年	2018 年	变化
北京	0.691	1.000	0.309
天津	0.307	0.518	0.211
河北	0.121	0.251	0.130
山西	0.132	0.294	0.162
内蒙古	0.278	0.473	0.195
辽宁	0.172	0.259	0.087
吉林	0.190	0.445	0.255
黑龙江	0.157	0.419	0.262
上海	0.483	0.754	0.271
江苏	0.207	0.340	0.133
浙江	0.206	0.510	0.304
安徽	0.111	0.294	0.183
福建	0.156	0.336	0.180
江西	0.090	0.309	0.219

续表

省份	2011 年	2018 年	变化
山东	0.136	0.261	0.125
河南	0.077	0.169	0.092
湖北	0.095	0.292	0.197
湖南	0.101	0.236	0.135
广东	0.083	0.266	0.183
广西	0.092	0.214	0.122
海南	0.160	0.475	0.315
重庆	0.106	0.330	0.224
四川	0.103	0.298	0.195
贵州	0.091	0.294	0.203
云南	0.090	0.307	0.217
陕西	0.229	0.397	0.168
甘肃	0.146	0.340	0.194
青海	0.214	0.468	0.254
宁夏	0.208	0.285	0.077
新疆	0.178	0.391	0.213
全国	0.126	0.300	0.174

2018 年，有 17 个省份的农村生均公共财政预算教育经费支出指数超出全国平均水平，但仍有近半地区的农村生均公共财政预算教育经费支出指数相对较低，其中 9 个省份的城镇化水平处于初级阶段和乡村型阶段（图 2-13）。处于高级阶段的省份中，北京、上海、天津三地的指数位居全国前三，且 2011—2018 年增幅均超过 0.200，明显好于其他省份。最高的是北京，农村生均公共财政预算教育经费支出指数达到 1.000，比最低的处于初级阶段的河南高出 0.831，说明河南省财政性教育经费对农村教育的实际支持力度与北京相比差距悬殊，与其他省份相比也差距较大。

农村生均公共财政预算教育经费支出中的教师工资福利水平反映了教师的工资待遇状况，对于稳定农村教师队伍、吸引并留住优秀人才尤为重要。参考经济合作与发展组织的统计数据，其成员的初等和中等教育阶段人员薪酬占经常项目支出的百分比平均是 79.0%、77.8%。同为人口大国的巴西占比为 73.2%、

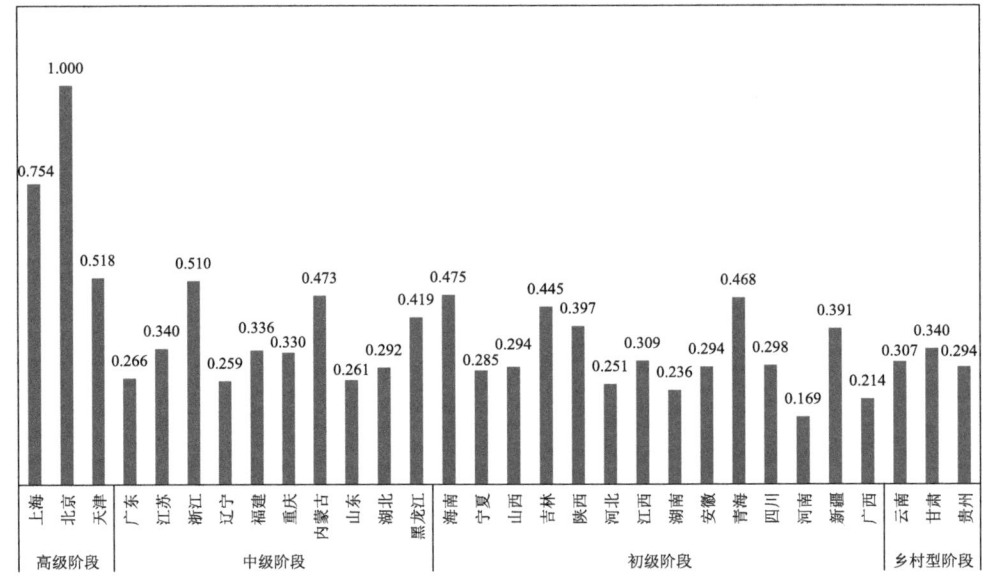

图 2-13 2018 年各省份农村生均公共财政预算教育经费支出指数情况

76.3%，日本为 86.3%、86.4%，印度尼西亚为 70.0%、66.8%。[①]尽管统计口径并不完全一致，但也能为我国农村教育中教师薪酬所占比例提供一定借鉴。2018年全国生均公共财政预算教育经费支出中，农村小学和农村初中教师工资福利支出占事业费支出比例分别为 74.02% 和 74.30%，分别比 2011 年增加了 2.2% 和 7.64%。《教育部等六部门关于加强新时代乡村教师队伍建设的意见》指出，要完善乡村教师待遇保障机制，完善绩效工资政策，支持各地因地制宜调整绩效工资结构，合理确定奖励性绩效工资占比，等等。可以看到，农村教师薪酬在生均公共财政预算教育经费支出中的比例有所上升，且初中阶段上升比例更为明显。各地还需要下大力气提高农村教师待遇、推进绩效工资奖励等，管好、用好财政性教育经费，才能打造一支留得下、教得好的高素质农村教师队伍。

（四）各地农村生均固定资产总值指数增幅较大

学校固定资产总值主要指包括建筑物、土地、办公设备、教学仪器设备、图书等的价值。2011—2018 年，全国各地农村生均固定资产总值指数增幅较大，2018 年全国平均水平为 0.580，比 2011 年的 0.232 超出 0.348，增幅达一倍多（表

---

① 经济合作与发展组织. 教育概览 2012：OECD 指标. 中国教育科学研究院组织编译. 北京：教育科学出版社，2012：313.

2-14)。其中,增幅最大的是青海,从 2011 年的 0.256 快速上升至 2018 年的 1.000,位居全国首位。增幅超过 0.600 的还包括内蒙古、宁夏、云南等,均为西部省份。

2018 年,近三分之二省份的农村生均固定资产指数超过全国平均水平,但仍有 11 个省份的该指数低于全国平均水平,其中有 4 个为城镇化水平处于中级阶段的省份,其余 7 个为处于初级阶段和乡村型阶段的省份(图 2-14)。2018 年该指数的最大省际差距为 0.609,最低的是江西(仅为 0.391)。

表 2-14　2011—2018 年各省份农村生均固定资产总值指数情况

省份	2011 年	2018 年	变化
北京	0.653	1.000	0.347
天津	0.422	0.616	0.194
河北	0.212	0.417	0.205
山西	0.274	0.641	0.367
内蒙古	0.350	1.000	0.650
辽宁	0.215	0.540	0.325
吉林	0.203	0.603	0.400
黑龙江	0.232	0.625	0.393
上海	0.568	1.000	0.432
江苏	0.417	0.741	0.324
浙江	0.408	0.813	0.405
安徽	0.178	0.546	0.368
福建	0.337	0.551	0.214
江西	0.121	0.391	0.270
山东	0.342	0.648	0.306
河南	0.121	0.400	0.279
湖北	0.202	0.581	0.379
湖南	0.189	0.462	0.273
广东	0.264	0.563	0.299
广西	0.176	0.487	0.311
海南	0.298	0.774	0.476
重庆	0.252	0.537	0.285

续表

省份	2011年	2018年	变化
四川	0.247	0.598	0.351
贵州	0.122	0.519	0.397
云南	0.214	0.828	0.614
陕西	0.405	0.656	0.251
甘肃	0.253	0.732	0.479
青海	0.256	1.000	0.744
宁夏	0.222	0.940	0.718
新疆	0.225	0.678	0.453
全国	0.232	0.580	0.348

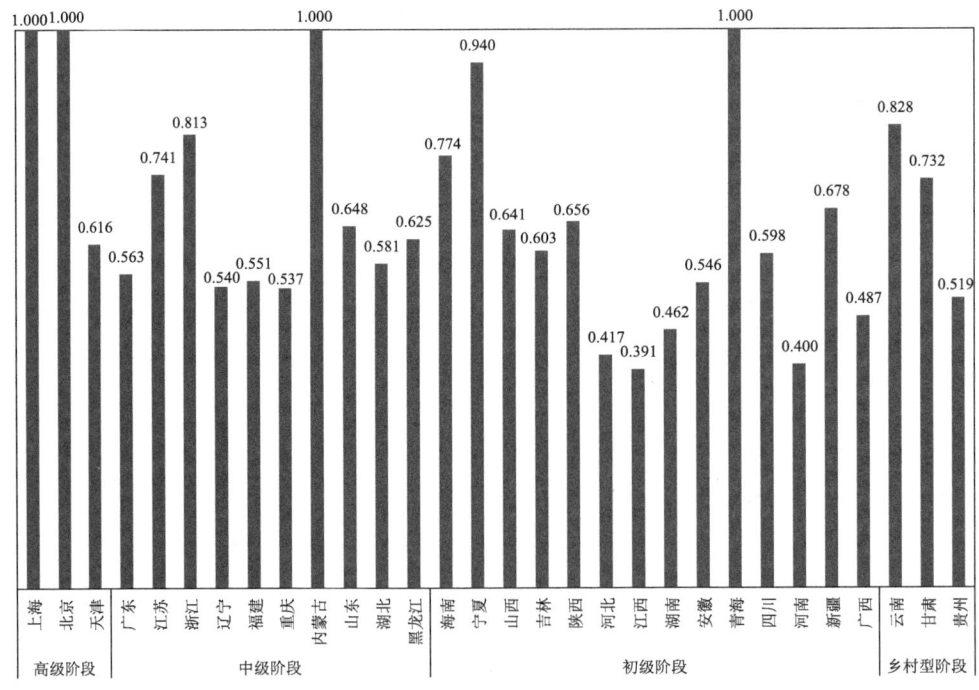

图2-14　2018年各省份农村生均固定资产指数情况

总的来看，各地农村生均固定资产总值的增速非常快，这意味着区域范围内每位农村学生享有的房屋、设备等固定资产量大大增加。究其原因，既有农村学校标准化建设带来的办学条件改善、教学设备等固定资产的增加，也可能是农村学生大量减少所致。从 2011—2018 年的农村小学、初中在校生人数变化情况来看，小学阶段除江苏、福建、广西、新疆，初中阶段除河北、湖南之外，其余省份均呈现明显的下降趋势。可以初步推断，部分地区农村生均固定资产总值指数的突破与学生人数减少关系密切。随着城镇化的推进，各地在合理调整和配置农村学校固定资产结构的同时，还需要本着充分利用的原则，取之于教育、用之于教育，推动闲置教育资源的积极转型，从内涵发展入手提高农村中小学的教育教学质量，并为新农村建设提供良好的文化氛围和教育基础。

六、各地农村教育办学条件差距较大

改善农村学校办学条件、提高农村教育质量，是缩小城乡教育差距、推动义务教育均衡发展、促进基本公共教育服务均等化的重要基础。在城镇化水平不断提高的转型期，农村教育的办学条件和标准要求也发生了相应变化。《纲要》发布以来，国家和各级政府加大农村学校改建、扩建、新建的投入力度，促使农村学校面貌焕然一新，城乡学校基础设施和硬件配备等趋于均衡。农村教育办学条件指数通过生均校舍建筑面积指数和建网学校比例指数两个指标来衡量、比较各省份农村学校条件水平的基本情况。

（一）大部分地区农村教育办学条件指数处于中高水平

2011—2018 年，全国各地农村教育办学条件指数稳步提高，均实现了正增长。2018 年，我国农村教育办学条件指数的全国平均水平为 0.693，比 2011 年的 0.344 超出 0.349，增长幅度超过一倍（表 2-15）。增幅最大的是江西，从 2011 年的 0.298 增加到 2018 年的 0.838。增幅超过 0.400 的 10 个省份中，除广东、黑龙江外，其他 8 省份均位于我国中西部地区，体现出较强的地域特征。

《纲要》颁布以来，国家和各级政府加大了对农村教育特别是中西部地区农村义务教育的倾斜力度，通过《国务院办公厅关于加快中西部教育发展的指导意见》《国务院关于统筹推进县域内城乡义务教育一体化改革发展的若干意见》等文件，以及三期学前教育三年行动计划等政策，推进农村义务教育薄弱学校改造计划、农村初中改造工程等重大项目，对农村幼儿园和中小学的校舍改造、教学设施配备等方面进行了全面的规划和改进，各地农村学校的面貌焕然一新，办学条件明显改善，区域内城乡学校硬件设施逐渐趋于均衡。

表 2-15 2011—2018 年各省份农村教育办学条件指数情况

省份	2011 年	2018 年	变化
北京	0.893	0.982	0.089
天津	0.713	0.818	0.105
河北	0.385	0.779	0.394
山西	0.322	0.602	0.280
内蒙古	0.342	0.784	0.442
辽宁	0.442	0.808	0.366
吉林	0.282	0.569	0.287
黑龙江	0.308	0.768	0.460
上海	0.822	0.953	0.131
江苏	0.657	0.869	0.212
浙江	0.740	0.945	0.205
安徽	0.237	0.651	0.414
福建	0.485	0.679	0.194
江西	0.298	0.838	0.540
山东	0.437	0.782	0.345
河南	0.229	0.551	0.322
湖北	0.494	0.787	0.293
湖南	0.342	0.590	0.248
广东	0.369	0.799	0.430
广西	0.251	0.529	0.278
海南	0.360	0.575	0.215
重庆	0.421	0.825	0.404
四川	0.289	0.593	0.304
贵州	0.249	0.739	0.490
云南	0.356	0.777	0.421
陕西	0.376	0.872	0.496
甘肃	0.342	0.702	0.360
青海	0.323	0.645	0.322
宁夏	0.397	0.856	0.459
新疆	0.269	0.562	0.293
全国	0.344	0.693	0.349

（二）农村教育办学条件存在较大区域差距且呈现城镇化阶段特征

尽管各地农村学校办学条件相对于城市学校有了显著改善，但从省际比较的视角仍存在较大差距。2018年，有18个省份的农村教育办学条件指数超过全国平均水平（图2-15）。北京以0.982的指数值位居全国首位，广西则以0.529的指数值处于全国末位，两者相差近一倍。农村教育办学条件指数也呈现出一定的城镇化发展阶段特征。城镇化水平处于中高级阶段的13个省份中，除福建外该指数均超过了0.700，明显高于城镇化率处于初级和乡村型的其他省份。

对城镇化率与农村教育办学条件指数进行相关分析，结果呈显著正相关（图2-16），相关系数为0.706（$p<0.01$）。这说明随着城镇化水平的提升，农村教育办学条件也会相应得到一定程度的改善。鉴于农村教育办学条件和城镇化率高度相关，部分省份在推进城镇化的进程中尤其要关注农村教育办学条件的持续改善，特别是海南、山西、吉林等地，其农村教育办学条件指数相较其城镇化率而言略显落后。应通过推进城乡教育一体化，不断提高农村学校办学标准，精准投入，逐渐缩小省域内城乡学校办学条件差距和省际差距，让农村学生享受更公平的优质教育。

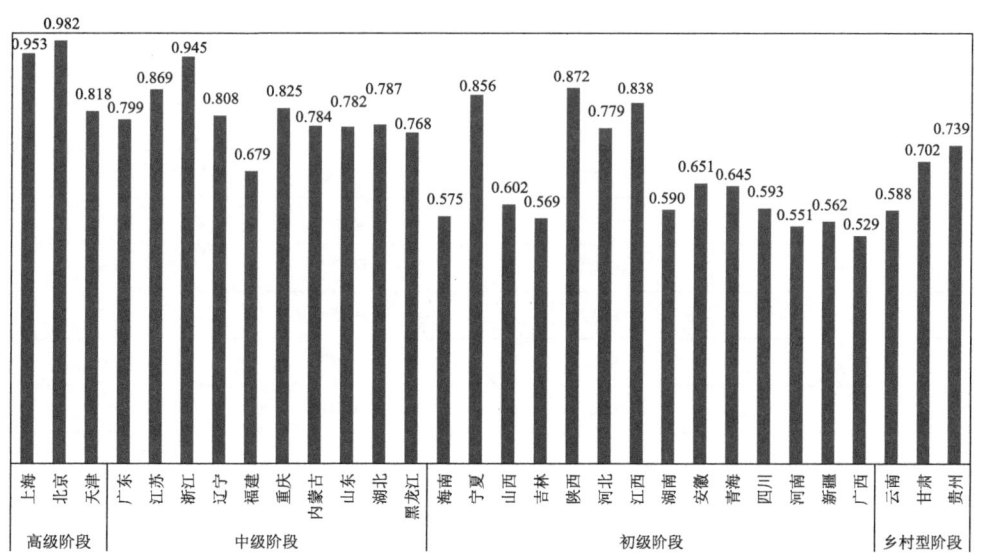

图2-15 2018年各省份农村教育办学条件指数情况

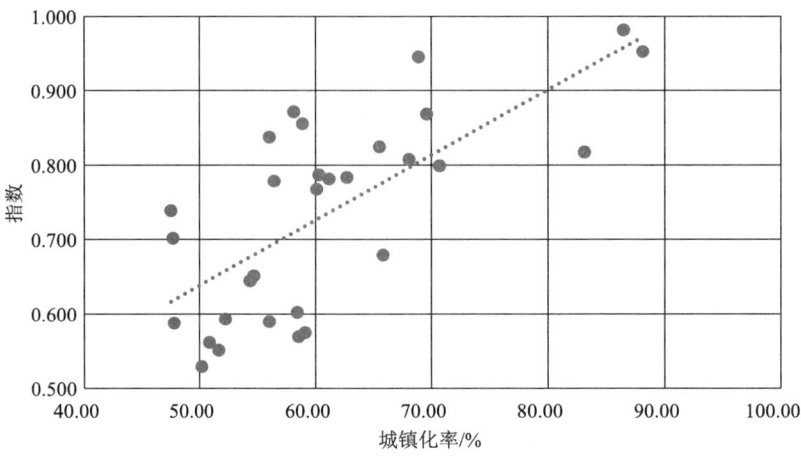

图 2-16　2018 年各省份农村教育办学条件指数与城镇化率的关系

（三）各地农村生均校舍建筑面积有所增加

生均校舍建筑面积是判断农村教育办学条件的公平性指标。2018 年，全国各地的农村生均校舍建筑面积指数有所上升，该指数的全国平均水平为 0.691，比 2011 年的 0.418 超出 0.273（表 2-16）。增速最快的是内蒙古，从 2011 年的 0.534 快速上升至 2018 年的 0.977，仅次于北京、上海，位居全国第三位。增幅超过 0.350 的还包括黑龙江、贵州、青海、宁夏，大部分位于我国西部地区。

表 2-16　2011—2018 年各省份农村学校生均校舍建筑面积指数情况

省份	2011 年	2018 年	变化
北京	0.851	1.000	0.149
天津	0.458	0.655	0.197
河北	0.404	0.571	0.167
山西	0.452	0.756	0.304
内蒙古	0.534	0.977	0.443
辽宁	0.427	0.737	0.310
吉林	0.409	0.758	0.349
黑龙江	0.377	0.737	0.360
上海	0.794	1.000	0.206
江苏	0.563	0.776	0.213
浙江	0.607	0.891	0.284

第二章 城镇化进程中中国农村教育的区域比较

续表

省份	2011年	2018年	变化
安徽	0.339	0.619	0.280
福建	0.517	0.661	0.144
江西	0.384	0.693	0.309
山东	0.409	0.715	0.306
河南	0.317	0.590	0.273
湖北	0.625	0.831	0.206
湖南	0.519	0.720	0.201
广东	0.459	0.739	0.280
广西	0.408	0.625	0.217
海南	0.466	0.793	0.327
重庆	0.445	0.717	0.272
四川	0.371	0.631	0.260
贵州	0.264	0.657	0.393
云南	0.379	0.701	0.322
陕西	0.457	0.799	0.342
甘肃	0.370	0.675	0.305
青海	0.412	0.834	0.422
宁夏	0.379	0.762	0.383
新疆	0.457	0.701	0.244
全国	0.418	0.691	0.273

2018年，三分之二省份的农村生均校舍建筑面积指数超过全国平均水平，但有9个省份的该指数低于全国平均线，其中7个省份的城镇化水平处于初级阶段和乡村型阶段（图2-17），这与这些省份农村学生群体相对庞大或人数有所增加等关系紧密。例如，低于全国平均水平的广西农村小学在校生数2018年比2011年增加了38 847人，同时期广东农村小学在校生减少了80 313人；在全国农村初中在校生数量大幅缩减的态势下，广西农村初中在校生较2011年减少了14.91%，低于全国农村初中平均减幅（18.45%）。

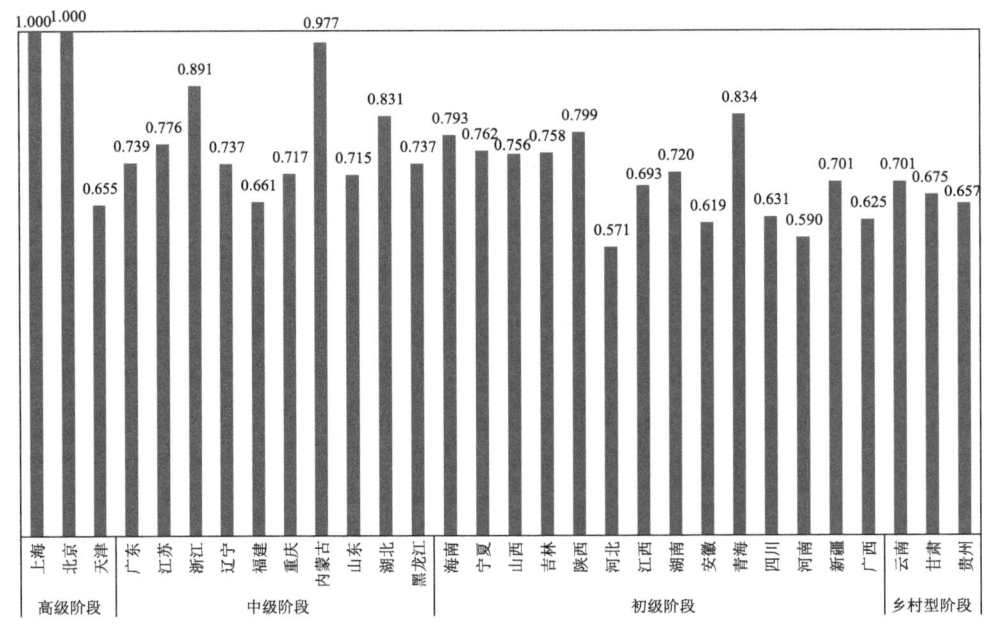

图 2-17　2018 年各省份农村教育学校生均校舍建筑面积指数情况

总的来说，城镇化水平相对较低，农村学龄儿童流动率也较低，留守儿童数量相对较多，农村学校生均校舍建筑面积客观上也会随之降低。为此，相关地区需要坚持农村薄弱校质量提升和杜绝农村大规模学校超标建设两手抓，出台政策和预留专项资金用于改善每一所农村学校的办学条件，满足农村学生在校学习的基本需要，同时通过校际间均衡发展来避免个别学校学生数量过大，以免造成新的教育不公平现象。

（四）各地农村建网学校比例增幅较大

建网学校比例是衡量农村学校办学条件水平的质量性指标。加强信息化建设既是完善农村学校基础设施的重要内容，也是提高农村学校办学质量的有利条件。2011—2018 年，全国各地农村建网学校比例指数增幅较大，2018 年全国平均水平为 0.695，比 2011 年的 0.270 超出 0.425，增幅达到一倍多（表 2-17）。增速最快的是江西，从 2011 年的 0.212 快速上升至 2018 年的 0.982。增幅超过 0.500 的还包括河北、贵州、黑龙江、安徽、广东、重庆、陕西、宁夏，主要位于我国中西部地区，再次证明了近年来我国中西部农村教育在基础设施建设和物质保障方面提升力度较大，发展势头十分强劲。

表 2-17 2011—2018 年各省份农村建网学校比例指数情况

省份	2011 年	2018 年	变化
北京	0.934	0.963	0.029
天津	0.967	0.980	0.013
河北	0.366	0.986	0.620
山西	0.192	0.448	0.256
内蒙古	0.150	0.590	0.440
辽宁	0.456	0.878	0.422
吉林	0.155	0.380	0.225
黑龙江	0.239	0.798	0.559
上海	0.849	0.905	0.056
江苏	0.750	0.961	0.211
浙江	0.873	0.999	0.126
安徽	0.135	0.683	0.548
福建	0.452	0.697	0.245
江西	0.212	0.982	0.770
山东	0.465	0.848	0.383
河南	0.141	0.512	0.371
湖北	0.362	0.743	0.381
湖南	0.164	0.459	0.295
广东	0.278	0.859	0.581
广西	0.094	0.433	0.339
海南	0.254	0.356	0.102
重庆	0.397	0.932	0.535
四川	0.207	0.555	0.348
贵州	0.234	0.820	0.586
云南	0.144	0.474	0.330
陕西	0.295	0.944	0.649
甘肃	0.313	0.728	0.415
青海	0.234	0.455	0.221
宁夏	0.414	0.949	0.535
新疆	0.081	0.422	0.341
全国	0.270	0.695	0.425

2018年，有18个省份的农村建网学校比例指数高于全国平均水平（图2-18），说明近三分之二省份的农村学校具备了高于全国平均水平的教育信息化基础。城镇化率处于中高级阶段省份的该指数明显高于处于初级阶段的省份，且除内蒙古外均高于全国平均水平。七成处于初级阶段省份的该指数低于全国平均水平，从整体上看指数值也偏低，其中最低的是海南，仅为0.356。

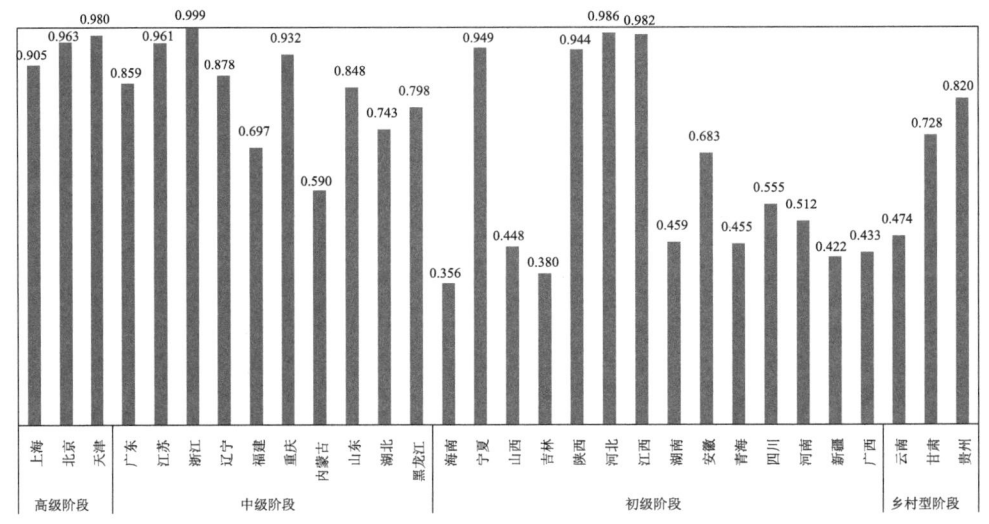

图2-18　2018年各省份农村建网学校比例指数情况

近年来，教育部等相关部门采取多渠道、多手段，以建设"三通两平台"、教学点数字教育资源全覆盖项目等作为重要抓手，大力提高农村及农村学校教育信息化建设，农村学校网络建设从无到有，已经进入健康良性发展的轨道。部分地区由于历史和现实局限，还需要切实改进农村学校基础设施建设，持续增加农村建网学校比例，让农村学生能够通过网络享受优质的教育教学资源，真正提高农村教育的质量，实现从"有学上"到"上好学"的美好期盼。

七、城镇化背景下农村教育发展面临的问题及其对策

《纲要》颁布以来，促进公平和提升质量成为我国教育改革的主要任务。农村教育作为我国教育体系的主体和重心，得到了国家及各级政府的高度重视，开展了大量的改革实践，积累了丰富的经验，并取得了长足的进步与发展。农村教育改革在城乡一体化发展、乡村振兴的背景之下得以强力推进，特别是城

镇化的加速发展对农村教育整体水平的提升提供了极大的助力。城镇化的发展，根本目的是满足处于这个体系之内的"人"的发展。城镇化率处于高级阶段的省份大部分处于东部经济发达地区，能够自身发力，加大投入，通过城乡教育一体化带动农村教育水平快速提升；城镇化率处于相对较低阶段的省份大多位于中西部，尽管经济水平相对落后，但在国家各类专项政策和资金的强力支持下，农村教育发展也实现了自身质的飞跃。总体而言，各地农村教育发展整体水平随着城镇化率的提高在提升，特别是农村教育师资状况指数的省际差距逐渐缩小，农村教师的学历合格率呈高位发展态势，高级职称所占比例增幅明显等，充分说明各地农村教师队伍的整体水平和专业素养大为改善，也体现了各级政府在加强农村教师队伍建设方面做出的不懈努力。

（一）城镇化视角下农村教育发展存在的问题

农村教育改革发展是一个长期、复杂的过程，教育公平的推进也是渐进、螺旋式上升的发展态势。随着城镇化率的加速和经济水平的提升，各地农村教育受制于地区经济发展水平的不同，在办学条件、教育投入等领域的差距仍然很大。此外，城镇化率较低的地区过去 10 年实现了由乡村型阶段向初级阶段的转型，由于转型期间产生的更为强烈的人口数量、资源配置、文化价值等领域的冲突和碰撞，为相应地区农村教育的改革实践带来了"双刃剑"影响。根据世界城镇化发展的主要经验，城镇化率为 30%—70% 时是快速发展期，超过 70% 为平稳发展期。结合我国国情和农村教育发展情况，按照城镇化发展规律，全国的省级行政区大致可分为两个发展阶段，即城镇化率超过 70% 的平稳发展期地区和城镇化率低于 70% 的加速发展期地区。在这一视角下探索我国各地农村教育发展问题，其主要特征如下。

1. 部分加速发展期地区的农村教育发展存在明显短板与缺陷

由乡村型阶段刚刚过渡到初级阶段的部分省份，特别是位于我国中部的河南、湖南等地，迫于自身经济发展和财力支持有限，且囿于"中部塌陷"缺乏前期利好政策的扶持，农村教育发展在部分领域中存在相对滞后的情况。这些短板主要体现在两个方面。一是与教育投入密切相关的领域，例如教育经费、学校信息化建设等。就发展指数而言，湖南的农村建网学校比例为 0.459，在全国排名第 24 位；河南的农村教育投入状况指数为 0.284，位居全国末位，且与指数最高的省份差距高达 0.716。二是受教育政策影响较大的相关领域,例如农村教师高级职称比例等。就发展指数而言,山西省农村教师高级职称比例指数仅为 0.033,与指数最高的辽宁省有 0.189 的较大差距。部分领域发展的滞后性,已经影响了这些省份农村教育整体的发展水平,并在一定程度上导致了这些省份农村教育形成较为明显的发展短板和弱势。

2. 平稳发展期地区的农村教育发展质量有待进一步提升

城镇化率处于高级阶段的上海、北京、天津三地,农村教育水平整体上处于稳定且高位发展的状态,但仍面临着不同程度的问题和困境。其中,最突出的是义务教育阶段的城乡差距、区域差距和校际差距相对较大。就发展指数而言,2018 年北京、上海、天津三地的农村教育普及状况指数位居全国末端,并且北京、天津的该指数较 2011 年还有小幅下降。究其原因,与省域内农村受教育人口迅速减少、人口流动率提高等关系密切,同时也有城乡义务教育尚未实现高位均衡发展的原因。与城区一流质量的学校教育水平相比,北京一些农村学校仍处于相对弱势的地位,无法满足农村家长和学生日益提高的接受更好教育的期盼与愿望。对于处于平稳发展期的地区而言,推进义务教育高位均衡发展是目前教育工作的重中之重,特别是在缩小城乡之间、区域之间、学校之间义务教育质量差距等方面,还有进一步改进和完善的空间。

(二)新形势下农村教育发展的若干思考

推进新型城镇化、实施乡村振兴战略,促进城乡一体化发展,这是我国农村教育改革与发展所依存的基本社会环境。农村教育在实现教育现代化、推进城镇化和新农村建设中发挥着先导性、全局性作用。党的十九届五中全会描绘了我国 2035 年发展的远景目标,即基本实现社会主义现代化,其中包括建成新型工业化、信息化、城镇化、农业现代化的现代化经济体系,以及建成文化强国、教育强国、人才强国、体育强国、健康中国,国民素质和社会文明程度达到新高度、国家文化软实力显著增强。为实现这一宏伟蓝图,《中共中央关于制定国民经济和社会发展第十四个五年规划和二○三五年远景目标的建议》提出"十四五"期间及未来发展中,要"优先发展农业农村,全面推进乡村振兴",还要"优化国土空间布局,推进区域协调发展和新型城镇化"。这既是新时期我国农村教育发展面临的新背景和新机遇,也为下一阶段农村教育改革提出了新要求和新挑战。

建设高质量教育体系、实现教育现代化是"十四五"期间我国教育发展的目标与方向。教育部部长陈宝生对党中央"建设高质量教育体系"的重大决策做了详细的诠释和论证，明确高质量发展是建立在公平基础上的发展。[①]农村教育作为中国教育的神经末梢和教育体系的主阵地，既是建设高质量教育体系过程中的重点和难点，也是事关教育现代化全局的关键性环节。要牢牢抓住机遇，全力以赴，以坚持教育公益性原则、促进教育公平为导向，逐渐缩小区域差距、城乡差距、校际差距，持续推出政策"组合拳"，推动农村教育向高水平、高质量普及发展。

1. 坚持补足短板，缩小省际差距

尽管各地农村教育发展水平整体上呈现逐渐提高的良好态势，但是在教育投入等部分领域存在明显的短板和弱势，造成区域差距过大、均衡性偏弱，为我国农村教育现代化的实现带来一定阻碍。在国家层面，一方面要继续向西部贫困地区农村教育倾斜，另一方面也要兼顾现阶段部分农村教育发展水平整体偏弱的河南等中部省份，加大政策和经费扶持力度，进一步缩小农村教育发展水平的区域差距。在省级层面，各级政府一方面需提高重视程度，将农村教育置于关系国计民生的重要地位，另一方面也要针对区域内农村教育短板精准施策，扎实推进农村义务教育薄弱环节的改善与能力提升，立足乡村办好乡村学校，有效缩小与其他区域的发展差距，从而推动我国农村教育整体迈向现代化。

2. 坚持融合发展，缩小城乡差距

城乡教育发展一体化是教育现代化的重要标志。城乡教育一体化最突出的特征是资源的合理配置和相应的保障制度建设，其实质是制度建设。[②]其中，城乡教育融合发展既是实现城乡教育一体化的重要途径，也是其阶段性发展目标。只有不断提高城乡融合发展程度，才能最终实现城乡发展一体化的目标。[③]现阶段，需要优先推进城乡教育融合发展中的均等化。均等化意味着农村教育

[①] 陈宝生. 建设高质量教育体系 加快建成教育强国. （2021-01-04）[2021-03-08]. http://www.moe.gov.cn/jyb_xwfb/moe_176/202101/t20210104_508643. Html.
[②] 杨卫安. 城乡义务教育一体化：制度形态与新时代特征. 现代教育管理，2020（09）：31-37.
[③] 魏后凯，闫坤. 中国农村发展报告：新时代乡村全面振兴之路. 北京：中国社会科学出版社，2018：148.

与城市教育应具有同样的发展环境、办学条件和质量结果，这样才能实现教师等城乡教育要素的自由流动，最终推动城乡教育一体化发展。

首先，做好科学的顶层设计，以城乡统筹发展为主线，充分考虑财力支撑和农村教育发展需求，循序渐进，逐步缩小城乡教育发展差距。其次，将治理体系完善和治理能力提升作为城乡教育融合发展的改革动力，抓好城乡建设双向流动、体制机制动态平衡这两个关键点，加强适应城镇化需求的农村教师多元补充机制和交流机制、完善义务教育均衡发展的经费保障机制和监测评估机制等制度建设。最后，推动义务教育从基本均衡迈向优质均衡及均等化发展从县域内向跨区域范围的拓展与延伸。在全国71.9%的省份、95.3%的县（含市、区）已整体通过了义务教育基本均衡发展国家督导评估认定[①]的前提下，一方面应在基本均衡的基础上不断提高标准，实现更高水平的优质均衡，另一方面还应从调整管理和投入主体入手，逐渐提高政府统筹层级，推动各地在更大范围内实现义务教育均衡发展。例如，对于教师编制的管理，国家已经提出了"省级统筹、市域调剂、以县为主、动态调配"的基本要求，这为农村教师实现更大范围、更高效能的补充与配置提供了制度保障。

3. 坚持质量提升，缩小校际差距

提高农村教育质量，要从农村薄弱校抓起，缩小校际差距，逐步实现区域内教育基本服务的均等化。

首先，持续、高位推进农村义务教育学校标准化建设，坚持底线标准和导向标准齐头并进。无论是城镇化还是现代化，均是发展的过程而不是固有的目标结果，因此对教育的要求也是逐渐提高的。基于此，各地需要在国家基本标准的基础上制定并动态调整义务教育学校建设的底线标准，将其作为农村义务教育学校建设发展的强制要求；同时设定义务教育学校标准化建设的导向标准，融合办学条件、师资队伍、学校管理等软硬件要素，引领农村义务教育学校向高水平、高质量发展。其次，提升农村学校教育信息化应用效能。借助教育信息化平台等渠道实现教育信息、教改成果、名师名校资源共享，推进信息化手段与教育教学资源的深入融合，通过信息化、网络化实现农村教育的现代化和

---

① 全国累计2767个县通过义务教育均衡发展国家督导评估认定.（2021-01-04）[2021-03-08]. https://baijiahao.baidu.com/s?id=1667122671974038826&wfr=spider&for=pc.

终身化。最后,加强城市优质学校对农村薄弱校的带动、示范和引领能力,通过内涵发展提高农村学校教育质量。通过提升农村教师整体素质深化学校课堂教学改革,提升农村学校软实力,推动农村学校探索适合实情的特色、多样化发展之路。

4. 坚持整体发展,推出政策"组合拳"

现阶段,农村教育改革已进入"攻坚区"和"深水区",需要在创新体制机制、完善治理体系、提高资源配置合理性、革新教育教学方法等方面,推出政策"组合拳"。为确保农村教育在城镇化过程中实现内涵式发展,应重点关注以下三方面。

首先,打破阻碍教育要素城乡流通的体制机制障碍。教师作为核心教育要素,要率先实现城乡之间的自由交流,提高农村教师职业吸引力是关键所在。通过加强师德建设、提高生活待遇、奖励扶持、专业培训、交流轮岗等举措,农村教师队伍的整体面貌已经得到极大改善。但要打造一支留得下、教得好的高素质专业化农村教师队伍,还需在改善外部环境、拓宽专业发展渠道、提高待遇地位等方面下大力气。

其次,逐步完善教育治理体系,实现教育资源的合理配置。在经费有限的情况下,更需要通过提高教育治理能力来充分发挥教育资源的最大效能。完善农村教育资源配置与管理制度,提高政策执行力和影响力,体现有效的考核奖惩和监督激励,将农村教育改革发展所需的人、财、物等资源管好、用好。

最后,完善农村教育发展经费保障机制。在提高中央和各级政府专项补助资金的同时,多渠道筹措资金,依法保证义务教育经费实现"三个增长",逐步建立完善的学前教育经费成本分担机制,为提高农村教育质量提供强有力的保障。

第三章

中国农村学前教育发展现状调查研究[①]

大力发展农村学前教育是实施乡村振兴战略、全面提升农村人口素质的重要抓手。2010年以来，我国农村幼儿园数量和质量都实现了大幅提升。本章在调查研究的基础上，对我国农村幼儿园的发展现状和问题进行全面描述和总结，以期对我国农村学前教育的发展提出建议和参考。

一、引言

学前教育作为学校教育和终身教育的开端，对于儿童的成长发展具有不可忽视的作用。十九大报告强调要优先发展教育事业，推动城乡义务教育一体化发展，高度重视农村义务教育，办好学前教育、特殊教育和网络教育，普及高中阶段教育，努力让每个孩子都能享有公平而有质量的教育。[②]农村学前教育是我国学前教育事业的重要组成部分，学前教育对于农村学前儿童的身心发展以及乡村振兴发挥着重要作用。学前教育是一项重大的民生工程，不仅关系到亿万儿童和家庭，更在一定程度上关系着一个国家的未来。

（一）党和政府高度重视农村学前教育

农村学前教育一直是我国学前教育事业发展的重点与难点。随着2003年《国务院关于进一步加强农村教育工作的决定》提出的"两基"目标在全国基本

[①] 本章通过调查农村幼儿园的发展情况来反映农村学前教育的基本情况，当时调查问卷针对的是幼儿园教师、园长和家长，故在行文表述时"学前教师"和"幼儿园教师"等所指基本相同，未予统一。

[②] 习近平. 决胜全面建成小康社会 夺取新时代中国特色社会主义伟大胜利——在中国共产党第十九次全国代表大会上的报告. 北京：人民出版社，2017：45-46.

实现，当前农村教育发展的短板集中体现在了学前教育方面。实现覆盖面更广、质量更高的学前教育成为当前农村教育问题的核心和关键。

《纲要》明确要求重点发展农村学前教育，并要求采取多种形式努力扩大农村学前教育资源，努力提高农村学前教育普及程度。2010年，"国十条"提出努力扩大农村学前教育资源，要将学前教育作为社会主义新农村建设的重要内容，重点推进中西部农村学前教育发展，加大资金投入。同年，国家启动中西部农村学前教育推进工程，重点支持农村乡镇中心幼儿园建设。2011年，教育部、财政部发布的《关于加大财政投入支持学前教育发展的通知》提出进一步扩大学前教育资源，其中将"支持中西部农村扩大学前教育资源"作为当前财政支持学前教育发展的重点工作之一。为进一步完善学前教育公共服务体系，2018年《中共中央 国务院关于学前教育深化改革规范发展的若干意见》提出，到2035年全面普及学前三年教育，以县为单位制定幼儿园布局规划，完善县乡村三级农村学前教育公共服务网络，全面而清楚地规划了未来学前教育的发展。2020年教育部印发《县域学前教育普及普惠督导评估办法》，其中一条对学前教育普惠性水平进行了规定，要求县域内公办园在园幼儿占比达50%，且要求农村地区每个乡镇原则上至少有一所公办中心幼儿园，基本完善学前教育公共服务网络。

（二）农村学前教育发展举措初见成效

党和国家对发展农村学前教育予以了相当的重视，为农村学前教育发展提供了良好机遇。有数据显示，自《纲要》颁布实施后，新增学前教育资源和投入重点呈现出向农村倾斜的态势。

调查显示，"2011至2014年全国乡村新增幼儿园13 899所，占比32.23%；镇区新增幼儿园16 945所，占比39.29%；城区新增幼儿园12 287所，占比28.49%，农村新增幼儿园数量显著高于城区，且新增公办幼儿园的86.55%分布在乡村和镇区。2011至2014年新增的19 672所教育部门办园中，仅有11.83%分布在城区，其余全部分布在镇区和乡村。教育部门办园的农村倾斜性表明，新增普惠性学前教育资源向农村倾斜、努力扩大农村公办学前教育资源的政策取向得到较好贯彻落实。特别是2010年实施学前教育三年行动计划后，乡村幼儿园在2011至2014年新增13 899所，其中教育部门办园占76.9%，已成为农村学前教育发展的主要支撑力量"[①]。与之相适应，农村学前教育也逐步成为学前教育财政性经费的重点投入方向。在中央财政重点支持的项目中，有三大类是专门针对农村学前教育或者以农村学前教育为主，分别为校舍改建类、幼师培训类、幼儿资助类项目，全方位有效促进了农村学前教育在资源配置、普及水平、管理制度等方面的快速提升。

（三）农村学前教育发展仍然困难重重

目前我国农村的人口基数依然较大，尽管近10年农村学前教育取得了较大的进步，但现实仍不容乐观。广大农村地区学前教育发展仍面临着数量不足和质量不高的双重挑战。在城乡二元化结构模式下，农村学前教育不论从教育规模还是教学质量上，都与城市存在较大差距。入园率低、师资力量弱、办园条件差、儿童外流、留守儿童等诸多问题仍困扰着农村学前教育事业的发展。

据统计，以2015年为例，当年全国学前三年毛入园率已达75%，其中城市已接近100%，而农村（镇区和乡村）只有60%左右。虽然入园率不断提高，但年均增长率降幅较大。2010—2014年县城和农村入园人数平均增长率为0.66%，2014—2015年县城和农村只有0.23%，而城市入园人数增长率为3.13%，明显高于农村地区。[②]近几年我国城镇化速度加快，城市的经济、教育等突飞猛进，城市人口也有了大幅度的增长。受城市化进程的影响，越来越多的农村人口向城市迁移，农村年轻人口的大量外迁对农村学前教育的整体发展影响极大。虽然镇区幼儿园数量大幅提升，但乡村幼儿园数量却因人口外流而增长乏力，农村学前教育资源仍无法有效满足适龄幼儿的就近入园需求。

农村学前教育问题不仅是提高国民素质的教育问题，也是保障适龄幼儿平等受教育权的法律问题，还是改善民生、实现和谐发展的社会问题。因此，在我国从教育大国向教育强国迈进的关键阶段，关注农村学龄前儿童的教育状况及农村地区学前教育发展的现状与问题，研究如何进一步发展农村学前教育、提高教育质量，对于保证农村地区适龄儿童享有公平的就近接受学前教育的机会和条件，实现更高水平的普及教育，提高国民整体素质具有重要的现实意义。

---

① 教育规划纲要实施5周年回眸与展望 教育规划纲要中期评估学前教育专题评估报告显示——学前教育毛入园率提前6年实现目标.（2015-11-25）[2021-02-20]. http://www.moe.gov.cn/jyb_xwfb/s5147/201511/t20151125_220935.html.
② 梁慧娟. 改革开放40年我国学前教育事业发展的回望与前瞻. 学前教育研究，2019（01）：9-21.

二、农村学前教育研究的理论前沿与发展趋势

党的十九大报告提出办好学前教育,要在"幼有所育"上不断取得新进展。近年来我国学前教育取得了明显发展,但仍然是教育体系中最薄弱的环节,距离新形势下经济社会发展及人民美好生活诉求还有较大差距。《纲要》提出重点发展农村教育并将其作为学前教育发展的重要战略。2018年《中共中央 国务院关于实施乡村振兴战略的意见》也强调优先发展农村学前教育。近年来,我国农村学前教育规模迅速扩展,普及率越来越高,农村家庭对学前教育的需求也基本得到满足,但随着农村教育发展状况的改进,人民的关注点逐渐从追求速度与规模向质量与特色转变。现实需求催生了农村学前教育的研究成果日益丰富。通过对研究文献的量化分析,能够掌握我国农村学前教育研究的重点和脉络,从而总结农村学前教育的研究趋势和实践发展方向。

本章所使用的研究文献数据来自"中国学术期刊网络出版总库"。采用高级检索,将期刊年限设定为2010—2020年(2020年9月6日),指定期刊类别为"北大中文核心数据库",以"篇关摘"为检索条件,设定"农村"并含"学前"为模糊检索词,共获得相关文献486篇;再以"主题"为检索条件,设定"农村"并含"学前"为检索词,进行文献补充。运用文献计量法探究农村学前教育研究的前沿与趋势,分析研究文献的数量特征、内容版图及演变路径,运用总结归纳法剖析农村学前教育研究现状及学者建议,全面把握已有研究成果的学术概况。

(一)研究概述

从论文数量来看,2010—2020年农村学前教育研究在核心期刊发表论文的数量略有波动(图3-1)。自2010年《纲要》公布以来,2011—2014年核心期刊年均发表的相关论文均为60篇左右,是取样时间内农村学前教育的研究高峰。随后核心期刊发表的相关论文数量有所减少,体现研究热点的关注度减弱,2019年和2020年分别有42篇和36篇,出现小高峰。

从文献主题分布来看,农村幼儿园教师12篇,农村学前教育发展10篇,实证研究9篇,学前教育政策8篇,普惠性学前教育7篇,教育公平6篇,公共服务体系6篇,均衡发展5篇。从发文机构来看,发文量最多的是北京师范

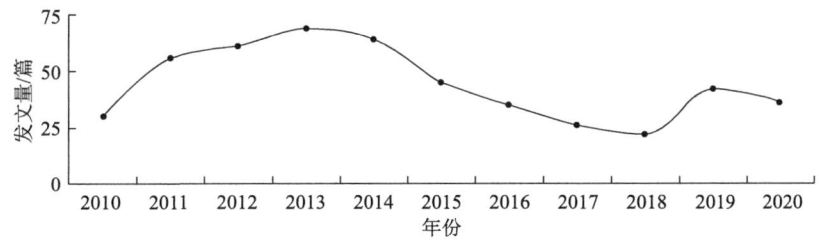

图3-1 2010—2020年农村学前教育研究发文量

大学（71篇），第二位是东北师范大学（29篇），第三位是西南大学（23篇），其后是华东师范大学（19篇）、南京师范大学（18篇）、华中师范大学（13篇）。农村学前教育研究具有影响力的文章主要出自师范高校。

从引证文献数量来看，近10年，被引量前200的文献，总参考数1 514次，总被引6 589次，总下载数436 174次，篇均参考数7.57篇，篇均被引32.94次，篇均下载2 180.87次，下载被引比0.02。从被选文献与引证文献的关系来看，引证文献远高于被选文献，体现被选文献具有较高的引用率，可见农村学前教育自2010年以来有较高的关注度。

从文献互引网络分析来看，一些文献得到了较为广泛的关注。如罗英智、李卓《当前农村学前教育发展问题及其应对策略》（2010），于冬青、梁红梅《中国农村幼教师资存在的主要问题及发展对策》（2008），庞丽娟、范明丽《"省级统筹 以县为主"完善我国学前教育管理体制》（2013），杨莉君、曹莉《中部地区农村学前教育事业发展存在的问题及解决对策》（2011），洪秀敏、罗丽《公平视域下我国城乡学前教育发展差异分析》（2012），刘焱等《我国城乡学前一年班级教育环境质量的比较研究》（2012），刘占兰、高丙成《中国学前教育综合发展水平研究》（2013），姜勇等《国家级贫困县农村幼儿园教师精神状况考察：物质的匮乏与心灵的充盈》（2016）等文章被引量较多，在农村学前教育方面具有一定影响力。

从文献发表期刊构成来看，《学前教育研究》占比14.04%，排在第一位；《教育发展研究》和《教育学报》并列第二，占比均为4.68%；排在第四位的是《教育研究》，占比4.09%；《教育探索》占比3.51%，排在第五位。

从论文来源来看，除了《学前教育研究》是学前教育专业刊物外，其他几个教育类综合刊物也占有一定比重，可见农村学前教育研究在教育期刊中具有一定地位。

(二)农村学前教育研究的主要内容

1. 农村学前教育的理论与价值研究

学前教育是关乎全国儿童身心全面健康发展的社会公益事业,关乎未来国民素质的整体提升,关乎千家万户的切身利益,关乎经济社会的和谐稳定。[①]我国农村人口众多,农村学前教育是教育发展的重点和难点领域。新中国成立以来,农村学前教育几经波折,从总体来看仍然是我国学前教育事业发展的薄弱环节,入园率、办园条件和保教质量等方面还有很大提升空间,严重制约着我国农村学前教育的普及程度。[②]数据表明,农村学前教育的普及率远远低于经济发达地区和城镇地区,农村幼儿园的办园条件普遍较差,且存在安全隐患,与农村经济社会发展需求不相适应。[③]由于长期经费投入不足,我国农村学前教育发展尤为缓慢,与农村日益增长的需求、特别是庞大的留守儿童群体的需求极不协调,农村学前教育亟待加快普及,具有很大发展潜力和上升空间。[④]

在政策层面,普及和发展优质的学前教育是深化教育体制机制改革、促进教育公平的必然要求,农村学前教育是实现教育公平最基础和薄弱的环节,因此发展农村学前教育对实现教育公平和社会公正具有重要意义。学前教育作为教育体系的初级阶段,肩负着儿童身心全方面发展的重任,研究显示,早期儿童教育对青年学业水平有正向影响,有利于改善代际间的社会流动[⑤],接受过学前教育的儿童在学习成绩和社会交往方面都优于未接受过学前教育的儿童[⑥]。

当前,我国学前教育特别是优质学前教育资源短缺,城乡与区域之间发展不均衡、不充分的问题突出,学前教育的管理体制、办园体制、投入体制和教师政策等依然不适应发展需要,这些问题已经受到学界的广泛关注[⑦]。近年来,

---

① 黎平辉,蔡迎旗. 从同一到融合:论乡村振兴战略下农村学前教育发展价值主体的价值取向. 当代教育论坛,2019(03):64-73.
② 盖笑松,焦小燕. 当前村屯学前教育发展的难点与对策. 学前教育研究,2015(05):3-9.
③ 张士焕. 我国农村学前教育发展现状分析——以湖北省荆州市农村学前教育为例. 长江大学学报(社会科学版),2013,36(06):167-168.
④ 刘占兰. 农村学前教育是未来十年发展的重点——《规划纲要》确定普及学前教育的重点与难点. 学前教育研究,2010(12):3-6.
⑤ 张洪秀,张海波,陈红梅. 新农村建设背景下农村留守儿童学前教育问题探析. 科技创新导报,2015,12(09):166-167.
⑥ 冯彩霞. 农村儿童学前教育文献综述. 文学教育,2019(08):92-93.
⑦ 庞丽娟,王红蕾,贺红芳. 加快立法 为学前教育发展提供法律保障. 中国教育学刊,2019(01):1-6.

第三章 中国农村学前教育发展现状调查研究

学前教育的资源需求研究主要集中在以下几个方面：第一是学前教育的需求总量巨大，第二是社会对学前教育要求高，第三是学前教育布局要求合理，第四是期待学前教育均衡发展，第五是希望加强对弱势群体如困难家庭和特殊儿童的帮助。在农村学前公共服务方面，有研究者提出入园费用、保育、教育内容、师资、家园沟通、环境设置、服务项目等内容是社会对学前教育公共服务的基本需求，其中一些内容的需求与实际满意度具有一定差距。[①]涂颖基于马斯洛需求层次理论和经济学需求理论，采用调查法、观察法、访谈法提出城乡二元分割的户籍制度是导致农村学前教育需求得不到满足的制度根源。[②]

2. 农村学前教育发展的问题及因素的现状研究

近年来，我国农村学前教育发展明显进入快车道，但由于底子薄、地理条件差、经济相对落后等，农村学前教育的短板仍未能彻底改变，发展面临诸多困难，在一定程度阻碍了乡村振兴和产业振兴。其中主要有下列问题及因素。

第一，资源投入不足。人力、财力是保障农村学前教育发展的根本保障，虽然我国相关投入力度不断加强，但总量仍然难以满足现实需要，城乡差距仍然明显。[③]农村地区幼儿园专职教师与幼儿比例明显不匹配，农村地区幼儿园教职工数量配备明显低于城市地区幼儿园。另外，我国农村地区大量教学点和学前班由于师资不足而导致办园质量不高。[④]同时，一些非公办园由于不属于公办系统，投入路径不畅通，很少获得财政性经费支持。教师和财政经费等资源投入不足的直接结果是农村地区幼儿园入园率偏低。[⑤]

第二，农村学前教育结构不合理。农村学前教育布局是农村教育资源分配结构状况的现实写照，尽管《中共中央 国务院关于学前教育深化改革规范发展的若干意见》提出了大力发展农村学前教育，要求每个乡镇原则上至少办好一所公办中心幼儿园，完善县乡村三级学前教育公共服务网络等要求，然而在实践中，受农村地区人口分散的影响，加之地方政府投入能力有限，现有资源多

---

① 杨莉君，胡洁琼. 农村儿童家庭对学前教育公共服务的基本需求及对策研究——以湖南省为例. 湖南师范大学教育科学学报，2013，12（02）：98-102，124.
② 涂颖. 江西省农村留守儿童学前教育需求研究. 江西师范大学，2013.
③ 裴指挥，张丽，胡新宁. 农村地区构建学前教育公共服务体系的成效、问题与对策——基于中部地区 N 市的调研. 教育研究，2016，37（06）：58-63.
④ 石丽娟，刘京花. 河北省农村学前教育调研：问题与对策. 教育评论，2013（04）：117-119.
⑤ 罗志慧. 推进我国城乡学前教育均衡发展的策略. 黑龙江教育学院学报，2013（04）：73-75.

集中于乡镇中心幼儿园,而一些新建的公办幼儿园兴建在民办园已经饱和的地区,从而导致农村学前教育布局相对忽略村屯就近入园的学前教育资源供给。幼儿身心发展不成熟,就近入园的需求较强,许多乡镇中心幼儿园距离行政村距离较远,校车接送或寄宿无法真正解决自然条件和交通恶劣环境的村屯对幼儿园的需求,幼儿的寄宿管理更无法满足其信任、安全和亲情关怀的要求,易造成幼儿怯懦、冷漠等心理问题,同时也增加了农村家庭的经济负担。①总体来看,当前以乡镇中心幼儿园为主的学前教育资源布局存在效益低、成本高的缺点,并未解决农村学前教育最后一公里的问题,对解决农村贫困儿童、留守儿童、特殊儿童等弱势群体入园难的问题未能起到应有的作用。②

第三,农村学前教育质量较低。幼儿正处于身心成长关键时期,良好的学前教育质量是保障其健康成长的基本前提。当前,我国学前教育质量整体仍处于较低水平③,从结构质量方面来看,不少农村学前教育园舍建筑、设施设备、玩教具配备距离达标还有一定距离,幼儿班级采光、卫生等情况较差,幼儿活动器械和游戏材料仍然匮乏,教师的学历和专业水平尚有较大提升空间,教育方式方法、教育内容存在小学化倾向。④在这种情境下,农村幼儿的语言认知等方面明显落后于城镇幼儿。农村地区办园质量也大体遵循了城市、乡镇、农村的优先发展顺序,一些农村地区把资源重心放在乡镇中心幼儿园,导致农村地区公办园数量较少,且主要为规模和资金都不突出的家庭作坊式幼儿园和学前班,附属于小学的幼儿园未受到重视,资金难以保障,教育资源常被小学挪用;教育活动过程也容易被小学教育影响,助推了小学化倾向。此外,农村家长支付能力相对有限,越发易使民办园陷入廉价低质的循环,设施设备简陋陈旧,师资专业水平不足,保教质量无法得到保障或提升。

第四,师资力量薄弱。师资问题是农村幼儿园存在的主要问题,也是学者研究的重点之一。一些学者认为,农村幼儿园存在教师整体素质相对不高和教师队伍不稳定的问题,农村教师主要构成有两类:第一类是小学或初中毕业的

---

① 严仲连,盖笑松,柳海民.农村学前教育合理发展研究.教育理论与实践,2013(26):23-25.
② 胡马琳,蔡迎旗.乡村振兴战略下的农村学前教育.河北师范大学学报(教育科学版),2020,22(04):71-77.
③ 崔方方,洪秀敏.我国学前教育发展区域不均衡:现状、原因与建议.教育发展研究,2010(24):20-24.
④ 胡马琳,蔡迎旗.乡村振兴战略下的农村学前教育.河北师范大学学报(教育科学版),2020,22(04):71-77.

教师，他们的学历水平和教学水平仍需提高；第二类是师范专业毕业的大专生，受农村幼儿园基础设施、教师编制和待遇较差的影响，这部分年轻教师流动较大。幼儿园教师更换频繁易造成幼儿心理的波动。城乡幼儿园师资失衡也是日益严峻的问题，幼儿教师劳动强度大、工资待遇差[1]，以及个人发展前景不明朗、配备数量不足等问题也制约了农村幼儿园的发展[2]。

3. 农村学前教育对策研究

我国农村学前教育目前存在普及率低、发展滞后[3]、与当今经济社会发展要求不相适应等问题，主要体现在以下三个方面。

一是学校教育。存在的问题主要有：政府投入不足，学前教育机构匮乏，公立园数量不足，民办园收费高，非法园难以管理；在师资方面，农村学前教育师资匮乏，教师待遇较低，教师整体素质有待进一步提升；在硬件方面，农村幼儿园办学条件普遍较差，设施配置不足；在办学质量方面，农村学前教育普遍存在小学化倾向。针对农村学前教育布局，有学者提出要"广覆盖、保基本"，提供方便就近的学前教育，统筹规划和建设农村幼儿园，通过多种形式扩大学前资源，提高农村学前教育的普惠面，加快农村乡镇中心幼儿园建设，加强农村学前教育师资队伍建设，另外通过加强财政投入、设立专项学前教育经费、出台相应的奖补机制激励学前教育发展。党中央统筹城乡区域发展、加强农村教育发展的战略决策，为农村学前教育提供了良好机遇，相关保障机制、经济发展和财力增强为农村学前教育发展提供可能。义务教育布局日益合理，富余一定数量的师资，为农村学前教育发展提供现实条件，它将是缩小城乡差距、推进教育公平的重要举措。[4]

二是家庭教育。农村家庭的学前教育具有较强的不确定性，不少家长对孩子学前教育的意义和作用并未形成科学的认识。主要表现在：监护人整体受教育的水平不高，重视抚养忽视教育；家庭教育重视程度不够，导致学前教育的家庭功能弱化。[5]针对这样的问题，建议健全儿童的心理健康教育体系，充分

---

[1] 廖勇. 城乡学前教育均衡发展研究综述. 当代教育论坛, 2016 (02): 64-69.
[2] 龚筱蕾. 关于城乡结合部学前教育师资队伍现状及发展的思考. 当代教育论坛, 2011 (11): 42-43.
[3] 赵美艳. 农村学前教育发展的政府责任研究. 南京师范大学, 2012.
[4] 冯彩霞. 农村儿童学前教育文献综述. 文学教育, 2019 (08): 92-93.
[5] 胡洁琼. 农村儿童家庭对学前教育公共服务的基本需求与对策研究. 湖南师范大学, 2013.

挖掘家庭教育功能。政府应出台就近务工政策，减少留守儿童数量，尽量完善进城务工子女就近随迁入托等政策，尽可能创造条件使农民工子弟享受当地孩子的同等待遇。[①]

三是社区教育。随着农村进城务工人员增加，农村人口大量输出导致留守儿童不断增加。许多留守儿童通常接受的是隔代养育或寄托抚养，易对其情感、语言、行为等各方面发展产生不利影响。全社会对这一特殊群体的保护还亟待改善和补偿。因此，有研究认为社区教育也是农村学前教育的重要组成部分，目前个别地区没有社区教育，更没有关于留守儿童的相关教育服务。政府应加强引导，大力扶持和实现社区学前帮扶，使社区资源更具有针对性，充分发挥高校等资源作用，让更多人参与到农村学前教育建设中。

（三）农村学前教育研究的特点与不足

农村学前教育已然成为当前学者关注的热点，且随着研究日益增多、视角更加多元，相关结论也可供农村学前教育发展借鉴、参考。不过，现有研究也存在一定的不足和缺憾。例如，有的研究多是空泛之谈，缺乏具体、有针对性的解决措施，也不适应我国多样、复杂的农村地区的实际情况。总体来看，当前研究缺乏实证支撑、主观臆断较多，实证研究较少，个别观点比较孤立、片面、笼统，对于改善农村学前教育现状的指导意义有限，且往往容易忽视农村特殊的文化和社会背景，因此农村学前教育研究仍然任重而道远。

第一，农村学前教育目的的特殊性体现不足。在当前农村学前教育逐步普及的背景下，农村学前教育发展主体的价值取向同一化倾向明显，去农化教育可能埋下了农村儿童未来生存困境的伏笔。[②]这种偏向于精英教育、应试教育的学前教育倾向，有意无意地去农化，在农村儿童社会化过程中没有强化与村庄不可分割的关系，缺乏让儿童领悟农村发展对个体发展的意义与价值。[③]这使得不少农村儿童长大后始终想逃离农村，其中大多数人又不得不返回农村，过着痛苦而无奈的生活，理想和现实的巨大落差可能带来难以挽回的精神失落风险。[④]

---

① 赵家慧. 中美流动儿童教育公平的比较研究. 南京师范大学，2016.
② 黎平辉，蔡迎旗. 从同一到融合：论乡村振兴战略下农村学前教育发展价值主体的价值取向. 当代教育论坛，2019（03）：64-73.
③ 贾志国. 新常态下农村教育变革趋势研究. 当代教育论坛，2017（05）：1-9.
④ 李帆，李荣华. 变革中的乡村教育：风险与治理. 当代教育论坛，2018（05）：11-20.

第二，农村学前教育内容的独特性体现不足。工业文明的生活观念和方式在农村无孔不入，农村日常生活的商业化给农村文化传承熏陶带来影响，淡化了仪式感，传统的乡村文化载体和美德受到冲击。学前教育是个人一生行为习惯养成的关键，也是接受传统文化的基础阶段，但目前的学前教育的师资、设备都难以承担传统文化传承的重任，学前教育的农村特色体现不足。[①]

第三，农村学前教学研究不足。长期以来，我国农村学前教育发展滞后，学龄前儿童接受教育的比例偏低，广大农村家庭对学前教育的需求无法得到满足。在这样的大背景下，政府和民众的注意力都被农村学前教育发展规模及其普及化所吸引，对于学前教育质量问题无暇顾及，对教育主体的价值取向等"细节"问题更是"视而不见"。但幼儿园教育质量一直是国内外学者关注的重点[②]，国内已有一些关于幼儿园教育环境总体质量偏低的研究，但相关研究的数量和深度还有待进一步提升。

（四）农村学前教育研究的发展趋势

近10年来，我国农村学前教育研究主要围绕教育投入与监管、学前课程研究、教育质量、农村幼儿教师发展等热点问题开展，追求公平与质量是研究的核心价值取向，对末端和前沿的关注是研究焦点，未来研究可能围绕以下几个方面开展。

第一，研究范围进一步拓展。目前的学前教育研究主要针对3—6岁儿童的幼儿园教育，如幼儿园办园质量、保教管理、课程设置、教师培训等内容较多，而针对0—6岁儿童的"大学前"观念尚未形成，对于0—3岁幼儿的早期教育机构和课程、师资和监管等方面的问题的理论和实践研究不足。在研究内容上更多关注国家政策和教育机构，对家庭、社会、文化等隐性因素研究较少，关于宏观研究的意见建议较多，针对社会需求和激励的研究较少，折射出农村学前教育发展的不均衡。未来"大学前"观在社会发展尤其是农村青年人口外出务工的影响，很有可能成为研究的新方向，形成上下联动的研究格局。

第二，研究特征更加突现农村特色。当前的学前教育研究主要是面向全国

[①] 黎平辉，蔡迎旗. 从同一到融合：论乡村振兴战略下农村学前教育发展价值主体的价值取向. 当代教育论坛，2019（03）：64-73.
[②] 李静，李锦，王伟. 普惠性民办幼儿园教育质量评估与提升策略——基于对C市15所幼儿园的调查数据分析. 学前教育研究，2019（12）：69-76.

普适问题进行分析，缺乏具有农村学前教育特色的宏观政策分析。未来农村学前教育发展应从提高农村学前教育普及水平、建立资助政策体系、扩大教育资源多样化、支持贫困地区发展学前教育等方面开展研究和实践，如健全国家资助政策体系，对农村困难家庭子女予以资助，优先保证留守儿童接受幼儿园教育；充分利用农村中小学布局调整的余富校舍和师资，对托幼机构进行新建和扩建，如建设农村学前教育资源保障体系，加强农村学前教育基础设施建设，加强农村学前教师培训管理，优先发展农村贫困薄弱地区，改变已有的分配机制，向农村地区倾斜，将教育资源切实落到村屯学前教育机构等。

第三，研究取向更加注重实践。当前许多研究关注了学前教育的理论问题，但针对农村学前教育发展实践性操作的研究较少。例如，如何建立长效稳定的农村学前教育经费投入机制，因地制宜地确定生均财政拨款或公用经费标准，避免资金投入的随意性，加大资金投入的稳定性；对于经济特别落后地区，推行学前教育免费机制，减轻农村家庭经济分担。再如，在资助办园类型方面，如何结合农村特点，通过生均补贴和以奖代补等形式，对公办园、普惠性民办园等类型的学前教育机构进行财政补贴，使其惠及每个幼儿家庭。又如，针对幼儿的身心健康保障问题，如何开展农村特色的"营养早餐"计划，研究改变农村地区幼儿营养不足导致的身体发育迟缓等健康问题。

第四，研究内容更加丰富。学前教育研究关于地方政府的责任更加明晰，责任落实的可操作性建议更加多元。对外出务工人员子女的补偿性教育研究更加深入，对提升学前教育质量机制研究更加全面。在农村学前教育的布局方面，应进一步探讨改变当前农村资源向乡镇中心幼儿园集中的现状，对资源惠及程度和方式更加关注，力争体现农村学前教育布局既重视效率又坚持公平的原则，使农村学前教育呈现出既适度集中又有分散布局的特点，既发挥中心幼儿园的示范引领作用，又有村屯多类型办园的辅助支撑。在农村学前教育的质量提升方面，应加大学前教育质量提升研究，探索多措并举的农村学前教育质量保障机制，提出大力推进软硬件升级、培训指导提升的路径，寻求高效推进农村学前教师队伍建设的路径；针对目前已开展的特岗教师计划，研究寻求本土化培训的提升路径，提出缓解师资不足问题的解决对策。应加强提高幼儿园教师整体素质和专业化水平的研究，探索提高农村学前教师工资待遇和社会地位等的措施，研究如何吸引优秀人力资源到乡村任教的方法。还应加强乡镇中心幼儿园的引领、示范作用实现方式的研究，以及加强农村社区对学前教育的融合研究,对提高学前教育效能等问题逐一进行深入探索,提出可借鉴、参考的路径。此外,在提升农村家长育儿能力方面,应研究转变家长教育观念的实施方式,探索家长的认可与支持对农村学前教育发展的影响力,为学前教育发展打造良好的社会环境。

三、中国农村学前教育政策进展与分析

发展农村学前教育,是促进公平、消除贫困的重要手段与途径,已成为我国学前教育政策规划层面的战略选择与优先目标。《纲要》提出我国近10年学前教育的重点是发展农村学前教育。围绕这一主要任务,国家在宏观层面密集出台了大量相关政策,致力于解决农村学前教育发展中的实践问题并取得了显著成效。研究显示,《纲要》后发布的学前教育政策文件超过了新中国成立以来至《纲要》颁布前这一时期的总和。[1]学前教育政策是聚焦学前教育领域的社会生活所做出的行为准则和规范[2],包括政府颁布的管理办法、指导意见、工作规程、发展规划、政策通知等,由此组成我国学前教育改革和发展的政策体系。农村学前教育作为学前教育体系的子系统,适用于学前教育政策的普适性、整体性、一般性规定;农村学前教育也是农村教育体系的重要组成部分,也遵循新农村建设、教育扶贫、农村教育等领域的相关政策要求。由于农村学前教育的复杂性和特殊性,有必要对与之相关的政策进行全视角、成体系的分析与解释。本节通过聚焦我国近10年颁布的农村学前教育政策,并运用科学计量学和文本分析等方法对其进行深度分析,以全面掌握我国推进农村学前教育发展的价值逻辑,探讨当前形势下农村学前教育政策整体使用情况和突出特征,在此基础上提出进一步完善农村学前教育政策的有效建议。

(一)数据来源与方法

政策文本是政策研究的重要工具与载体。基于教育部官方网站及"北大法宝"数据库,课题组对《纲要》发布以来公开发布的农村学前教育相关政策文

---

[1] 贾建国.政策工具的视角:我国民办学前教育发展的政策分析.现代教育管理,2017(08):104-108.
[2] 朱家雄.当今我国学前教育事业发展面临的主要问题及政策导向.上海:华东师范大学出版社,2016:3.

本进行了收集与整理。农村学前教育很多政策内容散见于"学前教育""农村（或乡村）""教师""规划"等相关政策文本中，因此选择上述若干关键词来搜集相关材料，并根据政策文本内容的权威性、规范性、相关性筛选并加以整理：一是保留全国人大、国务院及其直属机构颁发的政策文件；二是保留法律法规、决定、意见、通知、条例、（暂行）办法等，去除复函、声明、通报和批复等；三是保留政策文本中与农村学前教育相关的文本内容，去除与研究对象无关的内容。以2020年9月7日为政策发文截止时间，最终确定有效政策文本48份。

（二）农村学前教育政策进展

进入21世纪，社会公平成为我国各项政策调整的基点。党的十八大以来，促进教育公平和提高教育质量始终是中国推进教育改革与发展的两个核心维度。以《纲要》的颁布为起点，首次明确了学前教育的公益普惠性，明确未来10年的重点是"发展农村学前教育"，确保学前教育实现教育公平，我国农村学前教育进入发展的快车道。此后颁发的一系列相关政策文件，均围绕《纲要》提及的主要内容多管齐下，推动我国农村学前教育取得了跨越式发展。根据学前教育政策在不同发展阶段呈现的主要特征，大致可以将其划分为两个相对独立的演进阶段。尽管学前教育政策的文本内容和发展目标导向在不同发展阶段各有侧重，但其内在的政策逻辑是一以贯之的，体现了我国农村学前教育事业在新时期、新阶段的新定位、新要求。

1. 顶层设计有效扩大农村学前教育资源（2010—2016年）

这一阶段，农村学前教育的地位得到空前提高，政策目标和主要内容是扩大公益普惠的农村学前教育资源，注重乡镇布局合理、低价优质的普惠性幼儿园建设，着力解决农村地区幼儿"入园难"问题。同时多措并举，使普惠性农村学前教育政策体系的顶层设计和战略规划逐步形成并得到完善。

"国十条"构建了农村学前教育发展的蓝图，它首次将学前教育摆在国计民生的重要位置，要求各地将"发展学前教育作为社会主义新农村建设的重要内容"，并在新农村公共服务设施中统一规划，优先建设农村幼儿园。为此，从2010年开始，国家实施农村学前教育推进工程，2011年进一步将试点覆盖至中西部，先后投入20亿元资金建设乡镇中心幼儿园及村幼儿园，配备玩教具和图书；同时明确要求各省级行政区以县为单位编制实施学前教育三年行动计划，实施面向农村幼儿园教师的"国培计划",开启了自改革开放以来农村学前教育的最佳发展期。

一是构建农村学前教育改革发展的具体要求和基本规范制度。围绕农村幼儿园建设,国家层面相继推出了关于幼儿园建设标准、师资配备标准、师资培训项目管理办法与指南、校舍安全工作规范、督导评估办法等一系列近30项政策文件,全面且具有较强针对性。

二是在财政上加大对农村地区幼儿园建设的资助力度,印发《中央财政支持学前教育发展资金管理办法》,设立"扩大资源"类项目资金,用于支持农村公办幼儿园建设和在偏远农村地区实施学前教育巡回支教试点工作。制订二期学前教育三年行动计划,力图建立起以公共财政投入为主的农村学前教育成本分担机制。

三是加强实施科学保育教育的指导力度。颁发《3—6岁儿童学习与发展指南》及《教育部关于规范幼儿园保育教育工作防止和纠正"小学化"现象的通知》,对镇、村幼儿园的保教工作提供了具体方法和建议。

四是明确农村学前教育资源扩增的发展目标。《国务院办公厅关于加快中西部教育发展的指导意见》中首次明确提出到2020年中西部地区农村三年学前教育入园率达到70%的发展目标。

随着顶层设计和政策体系的逐渐完善,农村学前教育资源不断扩大,有效推进了教育公平和城乡教育一体化进程。2016年我国农村学前教育经费达1 276.99亿元,相比上年增长13.67%;财政性学前教育经费投入中的51.27%投向农村地区。[1]三期学前教育三年行动计划也指出,全国学前三年毛入园率2016年达到77.4%,达到二期的工作目标;新增幼儿园有67.50%集中在农村地区,农村幼儿园教师队伍比2012年增加了59.51%,人数达118.35万。[2]农村地区"入园难"得到有效缓解,学前教育发展迈上新的台阶。各地在实践中也因地制宜探索了创新性举措。云南通过名园办分园的方式,纠正乡镇幼儿园"小学化"倾向。山东东营出台的《关于解决农村非公办幼儿教师工资保险待遇有关问题的意见》,明确最低工资标准,全面纳入社会保障,建立由县区、乡镇、举办单位和幼儿园共同分担工资保险的保障机制等,对稳定农村幼儿园教师队伍起到了积极的推动作用。

---

[1] 《中国农村教育发展报告2019》发布.(2019-01-15)[2020-12-30]. http://www.ceiea.com/html/201901/201901151037430493.shtml.
[2] 教育部发展规划司.2016年全国教育事业发展简明统计分析(内部资料),2017:29.

2. 整体部署全面支持农村学前教育扩容提质（2017—2020 年）

这一阶段，相关政策对普惠性学前教育的认识不断清晰和深化。为着力解决农村幼儿"入园难""入园贵"问题，政策的目标和主要内容是持续稳定扩大农村地区普惠性学前教育资源，提高农村幼儿园保教质量。在下列三个代表性政策文件的推动下，农村学前教育政策不断向法治化、规范化发展，农村学前教育治理机制得到进一步健全。

2017 年颁布的《教育部等四部门关于实施第三期学前教育行动计划的意见》高度强调学前教育对人的终身学习与发展的重要意义，提出发展农村学前教育是阻断贫困代际传递、推进教育扶贫、全面建成小康社会的重大举措。该意见明确提出增加普惠性资源供给、深化体制机制改革和提升保育教育质量三大重点任务，开启了我国农村学前教育扩容提质的新篇章。该意见还明确提出学前教育发展的主要目标是完善体制机制，基本建成广覆盖、保基本、有质量的学前教育公共服务体系。

2018 年《中共中央 国务院关于学前教育深化改革规范发展的若干意见》是新中国成立以来首次以中共中央、国务院名义颁布的学前教育专门意见。该意见规定了新时代学前教育坚持政府主导深化改革、体制机制创新，坚持规范管理、完善学前教育法律法规等重大部署，进一步设定了农村学前教育的任务书和规划图，在学前教育改革创新以及农村学前教育发展史上具有重要的里程碑意义。

2020 年 9 月形成的《中华人民共和国学前教育法草案（征求意见稿）》，充分体现了十九大提出的"幼有所育"的基本要求，以努力让每个幼儿都能享受公平而有质量的教育为出发点，聚焦学前教育改革发展中长期面临的瓶颈问题，致力于提高教育治理能力，为促进学前教育健康、可持续发展提供法律保障。

在上述三个代表性政策文件的总领下，围绕扩容提质和健全治理体系两个主题，除了继续加大财力支持改建、扩建、新建幼儿园的政策外，还推出了六个针对农村幼儿园教师师德建设、师资培训的政策文件，要求通过加强农村幼儿园教师队伍建设来促进农村学前教育质量的提升。此外，采取措施提高农村幼儿园保教质量，相关政策尤其强调通过教科研带动及乡镇中心幼儿园的辐射作用，加大对薄弱农村园的实践指导。

通过进一步提高重视程度，加大支持力度，整体部署学前教育政策法规体系，我国农村学前教育取得了跨越式发展。截至 2019 年底，农村普惠性幼儿园覆盖率高于城市，为 79.6%，比城市高 9.0 个百分点。[①]2015—2019 年，"国培计划"基本实现了对中西部农村义务教育学校和幼儿园教师的全覆盖，培训了 13 900 名农村中小学校长和幼儿园园长，为办好每一所农村学校打下了坚实基础。[②]2019 年，农村幼儿园教师专科及以上学历的比例为 77.2%[③]，较 2017 年提高了 3.85 个百分点。

各地政府也采取多种措施，加大对农村幼儿园的支持和规范管理力度。天津建立普惠性民办园分等级补助机制，按等级给予每生每年 2 800—4 400 元的补助，对乡镇中心幼儿园和村办幼儿园生均公用经费拨款标准达到每生每年 1 200 元。浙江建立农村幼儿园非在编教师待遇保障与生均财政拨款、幼儿园等级评估认定挂钩机制，稳固农村幼儿园教师队伍。贵州通过以优质园为引领，组建了覆盖县、乡、村的教研指导责任区。2019 年还投入 1 800 万元建立了 301 个乡村幼儿园集团化管理资源中心，为边远山村幼儿园提供保教工作指导、课程资源支持、教学管理示范等。[④]

综上，通过近 10 年的发展，学前教育政策加大了对农村地区学前教育发展的关注度，系列政策的出台对实现《纲要》提出的公平普惠以及达成《中华人民共和国学前教育法草案（征求意见稿）》强调的安全优质目标，有效解决农村地区幼儿"入园难""入园贵"问题，起到了重大的推动作用，充分体现了十九大报告提出的"在发展中补齐民生短板、促进社会公平正义"，实现"幼有所育"的宗旨与目标。包括农村学前教育管理体制改革、财政投入体制、教师队伍建设、加强业务指导等领域在内的政策体系逐渐完善，也显示了在党和国家的高度重视、整体部署、强力推动下，农村学前教育已经逐渐从农村教育政策的附属初步形成了一个拥有内在结构的相对独立的政策单元。

---

① 中国教育概况——2019 年全国教育事业发展情况.（2020-08-31）[2020-12-30]. http://www.moe.gov.cn/jyb_sjzl/s5990/202008/t20200831_483697.html.
② 联合国教科文组织教师教育中心."国培计划"蓝皮书(2010—2019)摘要.（2020-09-04）[2020-12-30]. http://www.moe.gov.cn/jyb_xwfb/xw_zt/moe_357/jyzt_2020n/2020_zt16/guopeijihua/guopeilanpishu/202009/t20200907_485968.html.
③ 中国教育概况——2019 年全国教育事业发展情况.（2020-08-31）[2020-12-30]. http://www.moe.gov.cn/jyb_sjzl/s5990/202008/t20200831_483697.html.
④ 向着"普及普惠优质"奋力迈进 2019 中国学前教育发展报告.（2020-02-02）[2020-12-30]. http://www.moe.gov.cn/jyb_xwfb/s5147/202002/t20200203_417501.html.

(三)政策体系特征

2010年以来颁发的48份与农村学前教育发展相关的政策文本,外部特征呈现数量多、发文层级高、互相支撑与呼应等特征,内部特征呈现目标清晰、重点突出、职责明确等特征,基本构建了一个突出公益性、普惠性的农村学前教育公共服务政策体系。

1. 数量特征分析

(1)年度发展特征

政策文件数量变化在一定程度上反映了政府意志的方向,以及调控教育改革与发展力度的大小。[①]《纲要》作为21世纪我国首个颁布的教育发展纲领,全面规定了农村学前教育的发展框架与方向。据不完全统计,此后10年,农村学前教育受到了空前的关注与重视,每年度发文数量均在3份以上,各个部门从不同层面共颁发与农村学前教育直接相关的政策文件总数量更是达到了48份之多。农村学前教育政策文件的年度数量特征一方面反映了国家的重视程度,另一方面也反映了农村对更加公平、更有质量的学前教育的现实需求。总体而言,在国家发展战略的影响下,相关政策文件的数量呈现M形发展趋势(图3-2)。

受2010年《纲要》、2012年党的十八大、2016年"十三五"规划、2017年党的十九大的积极影响与推动,农村学前教育政策文件的数量也在相关年度

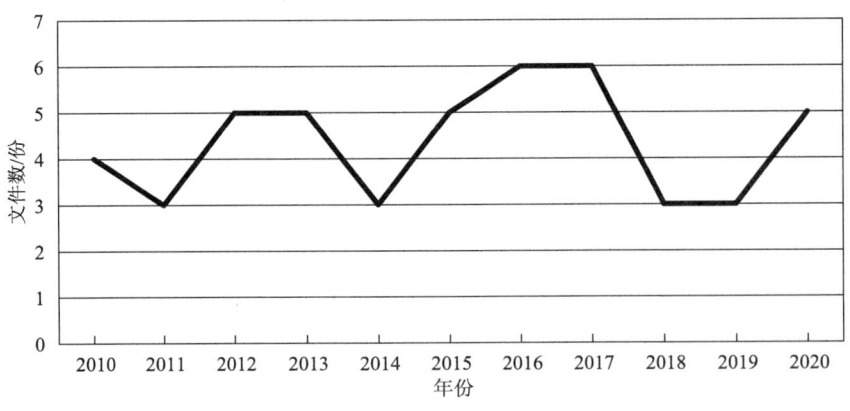

图 3-2 农村学前教育相关政策年度数量变化情况

[①] 谢维和,陈超. 中国教育改革发展的政策走向分析: 20世纪80年代中期以来中国教育政策数量变化研究. 清华大学教育研究, 2006 (03): 1-8.

稳步增加，分别为2010年4份、2012及2013年各5份、2016及2017年连续达到数量顶点（均为6份）。进入2020年，随着我国扶贫工作进入攻坚阶段，在《纲要》规定的目标即将达成之际，面对新形势、新任务，我国农村学前教育相关政策再度出现上扬式增加，截至9月初，有关部门共颁发农村学前教育相关政策5项。这也充分显示出农村学前教育作为学前教育和农村教育的重点领域，不仅是教育扶贫、实现教育公平的重要渠道，在推进教育现代化、全面建成小康社会过程中也具有不可替代的地位和价值。

（2）政策形式特征

近10年发布的农村学前教育政策文本，主要以通知、意见、办法、指南、规范、标准、法案、规划这8种形式为主。其中，"通知"和"意见"是最主要的呈现方式，分别占38.00%和29.17%，大多是针对学前教育整体或某个领域提出的针对性举措。位列第三的是"办法"，占15.00%，这类政策更侧重于工作执行的方法、步骤、措施等，具有较强的操作性。前六种呈现方式均为对不同层级行政部门具有普遍约束力的其他规范性文件，而"标准"作为一种推荐性行业标准，明确规定了相关领域需要遵循的规范化要求，具有可重复性和可验证性。"法案"尽管是以草案征求意见稿的形式推出，但显示了学前教育法治化进程取得了阶段性重大突破。"规划"作为统领教育发展的指导性纲领，对农村学前教育发展产生了根本性推动作用。

综上所述，农村学前教育政策文本大部分均属于其他规范性文件，多为贯彻执行国家大政方针、行政法规或解决实践中的具体问题，尚未上升到法律的地位。总体而言，从完善教育治理体系的角度，相关政策文件为提高农村学前教育治理能力提供了强有力的政策依据，也迫切需要学前教育法尽快出台，为学前教育及农村学前教育发展奠定更为权威、持久的法律基础。

（3）发文机构特征

对政策文本的颁发机构进行分析，能够准确反映相关政策的执行层级及受重视程度，从而折射出在实践中的政策影响力和执行效果。近10年的农村学前教育政策文本中，中共中央、国务院联合颁发的政策文件有3份，国务院签发的文件有5份，显示出党中央、国务院对学前教育及农村学前教育发展的高度重视，学前教育进入更高层次的政策场域，彰显了近10年农村学前教育以前所未有的力度强力发展（表3-1）。颁发主体为教育部（含各司局）的有14份，占29.17%，充分反映了教育部作为主要职责部门对农村学前教育发展的强力推进。

表 3-1　2010 年以来农村学前教育政策颁发机构情况表

颁发机构	政策数量/份
中共中央、国务院	3
国务院	5
教育部	14
教育部、财政部两部委发文	16
教育部与其他部委发文	7
其他部委发文	3
共计	48

由于农村学前教育发展和事业管理较为复杂，涉及众多行政部门，需要多方协调才能确保每个业务部门能够各司其事，共同推动事业取得成效。因此，为健全农村学前教育的投入机制和管理体制机制，教育部与国家发展和改革委员会、财政部、人力资源和社会保障部、公安部、民政部等十几个部委联合颁发相关文件共 26 份，以便共同规范和推动农村学前教育事业健康、可持续发展。

教育部与财政部互动衔接最为密切，共同发文 16 份。其中，教育部牵头的政策文件 12 份，财政部牵头的文件 4 份，两部委与其他部委联合发文 4 份，说明通过加大财政投入、监督资金规范使用和提高使用成效等是我国促进农村学前教育持续发展的重要方式。此外，为提高学前教师地位、解决编制不足、加强幼儿园安全防范等问题，教育部也尝试冲破体制壁垒，加强与其他部委的沟通与联系，共同参与制定、颁布学前教育政策，合作治理力度持续提升。其他部委也进一步重视学前教育特别是农村学前教育的健康发展，例如住房和城乡建设部、国家发展和改革委员会、国家卫生健康委员会（卫生和计划生育委员会）、公安部等部门在教育系统外单独或联合发文 3 项，对幼儿园建设标准、卫生保健以及未成年人权益保护等问题做出规范。多层级、多部委、多角度的政策架构，为农村学前教育向公益、普惠、优质、安全的方向发展提供了坚实的制度保障。

（4）被引次数特征

政策文献的出台往往需要引用其他政策作为制定依据，体现出不同行政级别政策主体之间的对话，或同一行政主体不同政策的相互支撑。因此，可以用"被引次数"描述政策文献的行政影响力，被引次数越高的政策文献的行政影响

力越大。①提取近10年农村学前教育相关政策文献的被引政策的类型及频次(表3-2),发现主要特点如下:

一是全面贯彻党和国家的战略要求及重要指示。主要呈现形式是落实党的代表大会或国家发展战略总体要求、贯彻国家领导人重要讲话精神或治国理念、执行全国相关工作会议精神等。其中,党的十七大、十八大、十九大及相关全会精神被直接援引的频次高达18次;胡锦涛、习近平的讲话及思想被直接引用的频次为8次,显示了党和国家对学前教育及农村学前教育的高度关注,并在战略层面及时应对,这也成为推动我国农村学前教育事业取得突破性发展的重要基石。

二是《纲要》和"国十条"地位凸显。教育政策引用率最高的是《纲要》和"国十条",被引频次均为7次,说明这两项政策文件在近10年的农村学前教育政策体系中影响力极大,具有较强的行政指导意义。

三是法治化治理特征日益明显。相关政策中明确引用的法律法规的有7部,分别为《中华人民共和国宪法》《中华人民共和国教育法》《中华人民共和国义务教育法》《中华人民共和国民法通则》《中华人民共和国民事诉讼法》《中华人民共和国未成年人保护法》《托儿所幼儿园卫生保健管理办法》,此外还以"参考国家有关法律制度"的形式出现2次。政策文本援引现行法律法规,说明教育领域已越来越重视通过法律来规范、指导、协调和管理教育实践活动,是依法治教理念的具体体现。

表3-2 2010年以来农村学前教育政策被引情况

被引类型	被引频次
党的代表大会	18
国家发展战略和总体要求	6
领导人讲话或指示	8
全国工作会议精神	7
教育重要政策	31
其他部委重要政策	3
其他规章制度	4
相关法律法规	7

---

① 李江,刘源浩,黄萃等.用文献计量研究重塑政策文本数据分析:政策文献计量的起源、迁移与方法创新.公共管理学报,2015(02):138-144.

（5）政策关键词特征

分析政策文本的高频关键词，能够直观了解政策的目的和重点。课题组运用 ROST CM6 统计软件，首先摘取 48 份涉及农村学前教育的政策文本中的相关内容，导入软件进行词频分析，输出 2—4 个字符，并筛除"建立、制定、提高、安排、采取、加强、组织"等常见但与研究无关的高频词，对相似词语进行合并统计，得出农村学前教育的高频关键词。其中，频次超过 100 次的分别为培训研修、教师园长、幼儿园建设、乡村（农村）、项目、管理机制、财政经费；频次为 50—100 次的分别为安全（治安）、监督评价、幼儿、工资待遇（含职称编制）、公办。此外，出现频次较高的政策关键词还有标准、普惠、质量、规范、转岗、贫困、倾斜等。这些高频关键词基本能够涵盖近 10 年我国农村学前教育政策关注的主要领域和工作着力点，有助于理解和构建农村学前教育政策体系的基本框架和价值引领。

2. 内容特征分析

分析农村学前教育相关政策的具体内容，结合政策关键词基本特征，可以发现，我国农村学前教育政策具有目标清晰、重点突出、职责明确等特点，多部门共同推进农村学前教育的制度保障体系日益完善。总的来说，农村学前教育政策主要集中于以下六个领域。

（1）扩大农村学前教育资源及优化布局的相关政策

提高学前教育普及程度，重点在于提高农村地区学前教育的普及率。近 10 年来，农村学前教育工作的重中之重是扩充资源，目标是基本普及学前教育。《纲要》提出要采取多种形式扩大农村学前教育资源。此后颁布 11 份政策文件共同推进农村幼儿园资源总量持续扩大、布局不断优化。主要举措如下。

一是实施学前教育专项，优先利用农村中小学闲置校舍、合理利用乡村公共资源等，改建、扩建、新建农村地区幼儿园、加大农村公办幼儿园建设力度，逐年安排建设一批农村普惠性幼儿园。二是探索贫困地区发展学前教育途径，重点扩大脱贫攻坚地区、少数民族地区、留守儿童集中地区的普惠性幼儿园建设。三是明确提出农村学前教育发展目标，即到 2020 年，中西部地区农村学前三年毛入园率达到 70%。四是设置学前教育发展资金，其中"扩大资源"类项目资金用于支持农村新建、改扩建公办幼儿园，改善办园条件，以及农村集体办幼儿园向社会提供普惠性服务、在偏远农村地区的学前教育巡回支教试点工作。五是优化学前教育布局建设，行政部门统一规划，健全学前教育管理信息系统，逐步完善县、乡、村学前教育网络，实现每个乡镇至少一所公办中心幼儿园，发展村小学附设幼儿园、教学点举办附设幼儿班。大村独立建园或设分园，小村联合办园，人口分散地区根据实际情况举办流动幼儿园、季节班等。六是加强对农村学前教育毛入学率、农村公办幼儿园所占比例和办园布局的督导检查。

（2）农村学前教育经费投入和资金管理的政策

投入机制的不断完善是确保农村学前教育快速发展的根本保障。近10年我国的学前教育经费主要投向农村等老少边穷地区。《纲要》明确提出支持贫困地区发展学前教育。之后颁布的13份相关政策文件，多次强调国家财政性学前教育经费要重点向农村等老少边穷地区倾斜，并采取相关措施确保资金规范使用、高效监管。主要举措如下。

一是设置学前教育发展资金，"扩大资源"类项目重点支持农村普惠性学前教育资源建设及巡回支教试点等。二是设置专项经费，支持幼师"国培计划"的实施。优化资金使用配置，专款专用，加强经费使用管理监管，根据经费使用绩效拨付年度预算。专项资金采取因素法进行分配。分配因素及其权重和计算公式设置农村专任教师人数因子并占一定权重。三是完善以公共财政投入为主的农村学前教育成本分担机制，学前教育财政补助经费按照事权划分的原则列入各级预算，到2020年各省级行政区制定并落实公办园生均财政拨款标准或生均公用经费标准，因地制宜制定对村集体办幼儿园财政补助政策。

（3）农村学前师资队伍建设政策

加快农村学前教师队伍建设，是扩大农村学前教育资源的前提和条件，也是提高农村学前教育质量的根本保障。《纲要》提出要切实加强幼儿教师培养培训，提高幼儿教师整体素质，这对农村学前教育的发展更为重要和迫切。此后颁布的系列政策文件共21份，围绕乡村幼儿园园长教师职前培养和在职培训、教师队伍补充等方面提出了如下相关举措。

中央设置专项资金，支持从2011年起每年实施面向中西部农村地区的幼师"国培计划"。一是幼师"国培计划"项目不断丰富，内容更加贴合需求。2011年设置农村幼儿教师短期集中培训、转岗教师培训和骨干教师置换脱产研修三个项目，2013年增加远程培训项目，2019年新增乡村幼儿园园长办园能力提升培训等项目，2020年新增幼儿园教师职业行为准则培训等项目，培训体系和培训内容更加多元，满足不同地区、不同层次的培训需求。二是培训范围不断扩大，培训对象更具针对性。从2011年的中西部农村公办园和普惠性民办园园长、骨干教师及转岗教师，扩展至2015年的教研员及优秀青年教师，2019年重点针对集中连片特困地区和国家级贫困县的乡村幼儿园教师设置保教能力提升项目，培训对象在广泛全员的基础上实现了有效针对。三是培训方式和手段日益丰富，在常规培训的基础上为不具备网络条件的农村教师采取"送教下乡"和"送培上门"，同时充实网络研修和校本研修相结合等方式，进一步拓展农村幼儿园教师的培训渠道。四是加强项目培训的专业指导，持续提升培训质量。先后颁发系列乡村教师培训指南以及《乡村校园长"三段式"培训指南》《教师培训者团队研修指南》等18项指导文件，规范和提升"国培计划"的培训效果与质量。

此外，还多渠道补充农村幼儿园教师队伍。按照标准配齐农村公办幼儿园教职工，鼓励和支持地方通过多种方式为农村和边远贫困地区培养补充合格的幼儿园教师；实施地方"特岗计划"、中西部农村边远地区的学前教育巡回支教试点等，采取措施鼓励优秀人才包括退休教师任教或巡回支教；完善学前教育师范生免费教育制度，为农村幼儿园培养一批学前教育专业专科层次教师。

（4）提高农村幼儿园保教质量的政策

新时代，农村学前教育发展的两大主题是推进公平与提高质量。《纲要》提出要逐步实现城乡基本公共教育服务均等化，缩小区域差距。《国家基本公共服务体系"十二五"规划》将普惠性学前教育纳入基本公共教育服务范畴。围绕提高农村幼儿园保教质量、促进城乡学前教育水平实现均等化，国家层面先后颁布的系列政策文件主要有7份，并提出了如下举措。

一是改善农村幼儿园保教条件，按标准配齐保教设施、玩教具、幼儿读物等。二是发挥城市优质幼儿园和乡镇中心幼儿园的示范、辐射作用，探索城乡幼儿园帮扶结对、乡镇幼儿园和村幼儿园一体化管理等。三是通过教研带动农村幼儿园质量提升。设置教研指导责任区，安排专职教研员定期开展业务指导，完善区域教研和园本教研制度和体系，加强对薄弱园的指导与引领。四是通过派驻公办教师、纳入巡回支教试点范围等方式，提升农村普惠性民办幼儿园的办园水平。五是设置培训专项提升乡村幼儿园教师素质。在常规性"国培计划"的基础上，2019年幼师"国培计划"设置乡村幼儿园教师保教能力提升培训项目、乡村幼儿园园长办园能力提升培训项目，着重提升乡村幼儿园教师的保教水平和园长的办学理念与能力。

(5) 促进农村幼儿园规范发展的政策

在依法治国、依法治教新思想新理念的引领下,学前教育政策制定逐渐面向现代化、规范化、标准化、法治化等方向转型。在这一变革过程中,农村学前教育政策受到深刻影响,同时也有其独特的政策关注点和重要举措。总体而言,近10年共颁布规范农村学前教育发展的相关政策约17份,主要举措包括以下六方面。

一是建立健全区域学前教育督导评估机制。对幼儿园保育工作、师资配备、管理水平、普及普惠等情况开展评估,建立科学导向。二是健全幼儿园教师管理制度。完善职务(职称)评聘制度,优先评聘长期在农村基层和艰苦边远山区的幼儿园教师,保证公民办幼儿园教师平等参与评聘的机会,实现与事业单位岗位聘用制度的有效衔接。建立待遇保障机制,支持逐步解决公办非在编教师、集体办幼儿园教师与公办在编教师同工同酬的问题。对长期在农村基层和艰苦边远山区的幼儿园教师实行工资适当倾斜,在保障性安居工程中统筹解决符合条件的农村幼儿园教师住房,有条件的地方可试点实施乡村公办园教师生活补助政策,因地制宜地安排长期从教乡村教师进行疗休养。三是加强对幼儿园保教工作的规范指导。颁布《3—6岁儿童学习与发展指南》,尤其指出要重视该指南在农村幼儿园的贯彻落实工作;倡导农村幼儿园普及校园种植养殖,让幼儿获得劳动的切身体验。四是以标准化推动乡村幼儿园规范发展。颁发《幼儿园建设标准》,详细规定农村幼儿园办园规模、选址、卫生设施要求。按标准配备乡村幼儿园玩教具,确保基本的保教条件。制定并落实公办园生均公用经费标准,确保农村公办园正常运转。明确幼儿园教职工配备标准,在按国家规定标准配备教职工的基础上,负有管理和指导职责的乡镇中心幼儿园还需要根据需要增配巡回指导教师。制定农村学前教育办园(班)基本标准,严格执行登记注册制度。五是完善农村幼儿园卫生管理制度。颁发《托儿所幼儿园卫生保健工作规范》,突出农村托幼机构与乡镇卫生院、村卫生室的沟通报告机制,建立传染病管理制度。六是针对乡村幼儿园园长教师开展职业行为准则、法治化专项培训,提高农村学前教育师资的道德素养与法治素养。此外,针对农村学前教育投入和管理体制、做好疫情防控期间村集体幼儿园扶持等提出政策要求。

(6) 加强农村幼儿园安全管理的政策

安全的校园环境是保障学生健康成长、全面发展的前提和基础,事关亿万家庭幸福和社会和谐稳定。农村幼儿园安全问题是教育系统安全防护的薄弱环节,历来受到各级政府部门的高度重视。近 10 年与建立健全农村幼儿园安全管理的相关政策有 11 份,采取的主要措施包括以下四方面。

一是农村幼儿园配齐安全防护设备,落实安全防护措施。要求 2010 年秋季开学前,农村幼儿园要配齐重点部位视频监控和报警设施。乡村以上道路学校门前两侧 50—200 米道路需设置限速和警示标志。对灾后恢复重建农村幼儿园加大采暖安全检查等。二是充分发挥乡镇、村民自治组织在农村幼儿园安全管理和防范、保护未成年权益中的作用。依靠乡镇、村民自治组织建立农村幼儿园周边地区安全隐患经常性排查整治工作制度,明确和强调村民委员会在幼儿受到侵害时应承担的报告、临时安置、安全保护等方面的责任。三是落实相关政府职能部门的职责任务。例如,交通运输部门会同公安部门要综合考虑学生出行需求,合理规划农村客运线路等。四是加强对相关群体的安全宣传教育。在 2019 年幼师"国培计划"中专设幼儿园园长法治与安全教育培训项目,提高农村幼儿园管理者的安全防范能力和法治素养;重点对农村留守学生、农村幼儿园家长等群体开展预防性侵害宣传教育。

(四)基本成效

《纲要》颁布以来,国家层面对学前教育特别是农村学前教育的重视程度逐步提升,对学前教育普惠性的认识也更加全面、系统。各项政策的密集出台,从关注农村幼儿园数量的扩充转向扩容提质并举,从资金主要支持农村幼儿园所硬件建设转向同时支持师资素质提升,一系列转变与发展都促使农村学前教育政策体系得到进一步丰富与完善。

1. 政策体系的整体性进一步加强,有力地保障和促进了我国农村学前教育快速发展

政策体系趋于完善的首要标志是其整体性增强。[1]从改革开放到《纲要》颁布,我国学前教育领域出台的政策基本上属于问题导向型政策[2],多是为了解决当时亟须应对的阶段性问题。《纲要》颁布之后陆续出台的相关政策,更加关注对学前教育包括农村学前教育的综合引领与规范作用。从内容上看,涵盖

---

[1] 杨润勇. 我国十年农村教育政策进展与分析. 国家教育行政学院学报,2013(12):3-10.
[2] 吕武.《纲要》颁行以来我国学前教育政策的进展、成效与未来思考:基于政策体系建构的视角. 现代教育管理,2019(06):73-78.

园所建设、资金投入与管理、师资队伍建设、质量提升、安全管理等农村学前教育领域的方方面面；从效力上分，包括指导意见等政策性文件、行业标准、法律法规等不同层级的规范性文件；从过程上看，涉及发展规划、执行规范和督导评估等学前教育工作全过程；从层级上看，从国家到地方，均有推出不同层级的配合《纲要》、学前教育三年行动计划等的政策项目，实现了发展目标的逐层分解和落地。各方面、各层级的相关政策相互衔接与配合，极大地增强了农村学前教育政策体系的整体性和全面性，促使各项教育实践工作能够有规可依、有据可循，有力地保障和推动了我国农村学前教育的快速发展。特别是农村幼儿园数量、学前三年毛入园率、农村幼儿园幼师比及教师学历合格率等衡量农村学前教育普及水平和质量水平的各项指标均有显著提升，学前教育资源城乡不均的现象有所扭转，农村学前教育迈入突破式发展的黄金期。

2. 确定了我国农村学前教育未来发展的基调和方向，实践引领和指导作用进一步强化

农村学前教育的基本定位、发展目标和建立怎样的管理体制机制，决定了其未来的发展走向和改革的实践成效，也是制定和执行各项配套政策的主要依据。《纲要》颁布以来，"国十条"和学前教育三年行动计划等系列核心政策文件多次明确学前教育公益普惠的基本属性，强调新增学前教育资源向农村地区倾斜，提出了到2020年实现80%的普惠性学前教育资源和西部农村学前三年毛入园率70%的发展目标，构建了公办民办并举的发展思路和基本格局，这些成为指导国家和地方制定农村学前教育政策的主要基调和基本依据。各地在实践中也往往倾向于通过发展农村公办幼儿园来扩大普惠性学前教育资源，争取人力、物力、财力优先满足农村学前教育发展的需要，力求普惠性学前教育改革与探索在农村地区实现优先突破。《中共中央 国务院关于学前教育深化改革规范发展的若干意见》明确了我国农村学前教育管理新机制，即要"创新学前教育普惠健康发展的体制机制"，建立健全"国务院领导，省地（市）统筹，以县为主"的学前教育管理体制，充分发挥乡镇政府的作用。公办乡镇中心幼儿园协助县级人民政府教育行政部门对本乡镇其他幼儿园进行管理，并提供业务指导。通过体制机制创新，进一步理顺了各级政府和相关机构的职责，有利于农村学前教育各项政策的规范执行和有效落实，为形成依法治教、分工协作、齐抓共管的工作机制奠定了良好的制度基础。

3. 深度融合乡村振兴和扶贫攻坚发展战略,农村学前教育政策价值和发展意义日益突出

农村学前教育政策体系的革新与完善,与其所处的社会背景和政策大环境密切相关。党的十七大、十八大、十九大先后提出的全面建设、建成小康社会和社会主义新农村的发展目标,"乡村振兴"发展战略,"扶贫攻坚"重要任务,极大提高了各级政府对农村学前教育发展的重视程度。从学前教育自身价值而言,它对促进儿童全面发展、国民素质提升有奠基作用;从发展农村学前教育的社会价值而言,它能获取最高的人力资本投资回报率,是阻断代际贫困传递的重要途径[①],也是解放家庭生产力、促进区域内经济发展的重要环节。因此,在政策制定和实践探索中,发展农村学前教育作为教育精准扶贫的切入点,在教育扶贫及乡村振兴战略中具有不可或缺的地位和作用。如《教育脱贫攻坚"十三五"规划》《四川教育脱贫攻坚(2017—2020年)实施方案》等均将发展学前教育放在任务举措的首位。党和国家的各项宏观政策为农村学前教育政策的制定与实施创设了良好的社会环境和政策背景,近10年出台的学前教育和农村教育政策中,也多次提及对农村学前教育的倾斜和优先关注。"国培计划"从2011年开始连续实施对乡村幼儿园园长、教师的内容丰富的多样化培训,这充分体现了农村学前教育政策的持续性和针对性。农村学前教育政策在促进教育和社会公平、建设小康社会、提高国家未来核心竞争力中的意义与价值日益明显和重要。[②]

4. 政策实施激发政策研究活力,研究与决策的良性互动机制进一步完善

决策部门加强同智库之间的信息共享和互动交流,是科学决策的客观要求,也可使研究机构增强成果的决策影响力,获得持续发展的原动力。在学前教育政策较高活跃度的影响下,从《纲要》颁布以来至2019年底,相关政策研究的文献数量呈逐年递增趋势,而此前的每年的数量仅为个位数。[③]研究者始终坚

---

① 习近平. 让贫困地区的孩子们接受良好教育是扶贫开发的重要任务. (2016-05-10) [2020-12-30]. http://www.cpad.gov.cn/art/2015/9/10/art_624_24133.html.
② 庞丽娟,孙美红,王红蕾. 建立我国面向贫困地区和弱势儿童的学前教育基本免费制度的思考与建议. 教育研究,2016(10):33-39.
③ 洪秀敏,朱文婷,张明珠. 我国学前教育政策研究的回眸与展望:价值取向、研究范式与核心主题. 学前教育研究,2020(4):11-20.

持围绕国家重大政策、关注社会变革与事业发展需求,从宏观、中观和微观的视角研究学前教育改革与发展中的政策关键点和突破口,为相关决策的科学制定提供了智力支持。同时,随着政策研究成果影响力逐渐增强,决策部门在制定重大学前教育政策时更加注重科学实证研究,依靠智库开展大规模实证调查,这又极大地繁荣和壮大了我国学前教育研究的成果与力量。学前教育政策研究与决策制定的良性互动机制得到了持续完善,也为形成具有国际视野、中国特色的农村学前教育政策体系奠定了基础。

(五)问题与对策

农村学前教育在快速发展过程中,既取得了巨大的成绩,也出现了一些新的问题。例如,推进学前教育公平的任务仍然很艰巨,特别是城乡之间、公民办幼儿园之间的资源享有和质量差距依然较大;农村学前教育师资情况不容乐观,特别是存在数量缺乏、素质不高、待遇较低、流动性较强等问题;农村学前教育经费依然不足,部分村办幼儿园仅能保持较低的运转水平,等等。其中既有政策缺失的缘故,也存在部分政策执行不力的情况,主要表现为:第一,农村学前政策体系中仍存在政策盲区。例如,有关政策规定了幼儿园的教师配备标准,但在增加编制或提高待遇方面并未有进一步的政策跟进,导致幼儿园教师岗位的吸引力不高,配备标准难以落实。第二,农村学前政策体系的执行效果有待提升。例如,针对农村幼儿园教师培训实效性还有待提升。相关调查表明,近半数(49.6%)的农村学前教师认为培训的需要满足程度一般,培训内容缺少针对性,有的与幼儿园的实践相脱离。[①]第三,农村学前教育政策缺乏有力保障。学前教育阶段是一个缺失立法保障的领域,无法从根本上协调学前教育政策体系中可能的冲突,并从法律角度确保政策的有效落地。

针对我国农村学前教育及政策体系中存在的主要问题,抓住现阶段学前教育立法的良好契机,有必要进一步明晰政策方向、优化内容体系、强化执行监督,为我国农村学前教育扩容提质、推进学前教育公平、实现幼有所育保驾护航。

1. 明晰农村学前教育公平、公益、普惠、优质的政策着力点与发展方向

我国学前教育政策的制定,必须坚持将发展农村学前教育放在首位,进一

---

① 宋寅喆. 我国农村幼儿教师培训需求现状与对策研究. 华东师范大学,2012:4.

步深化认识农村学前教育发展的重要战略意义和社会价值，将公平、公益、普惠、优质作为政策制定的出发点和着力点，加强农村教育政策的前瞻性和导向性，充分发挥政策对改革实践的引领和指导作用。以推进学前教育公平为主线，确保机会公平和过程公平，意味着扩容和提质要齐头并进才能逐步缩小城乡、区域、园际差距；以公益普惠为目标，意味着各级政府要加大力度、下定决心承担起主体责任，明确公办园、民办园基本定位，积极创设吸引社会资金的政策环境，营造良好的"公民办并举"的发展格局。《中华人民共和国学前教育法草案（征求意见稿）》中强调"地方人民政府应当加快构建农村学前教育公共服务体系，保证农村学前儿童接受普惠性学前教育"，这就意味着在我国政策体系中农村地区将得到资源的优先保障，先于城镇地区完成普惠性幼儿园全覆盖，率先实现公益普惠的基本属性。但推进学前教育的过程公平和结果公平在我国还刚刚开始，任务仍然艰巨，还需要长期、持续的政策关注和强力支持。

2. 加大政策资源投入，优化农村学前教育政策内容体系

尽管我国农村学前教育的基本政策框架和发展目标已经相对清晰，但现阶段实践中存在的诸多问题与弊端（如师资水平较低、教育质量不高等），需要更有效的政策资源作为保障才能有效解决。针对我国农村学前教育政策体系中的盲区和暗区，还需要在经费、人事、管理等方面实现政策供给突破，不断完善和创新农村学前教育政策体系，以更好地实现改革发展的目标与要求。政策制定时要坚持精准有效，特别是针对制约农村学前教育发展的政策"痛点"，如缺乏统一的生均拨款标准、公办园教师因缺编无法补充、农村学前教育教师待遇地位较低等问题，要逐一提出有效的政策应对。此外，政策制定还要坚持将重心落在补齐差距上，对农村学前教育发展的关键领域、薄弱环节、落后地区实施政策再倾斜，破除"大水漫灌"的学前教育发展定势与惯性。[①]

3. 落实各级政府主体责任，利用多种手段提高政策执行效度和力度

县级政府作为农村学前教育公共服务供给的主体在政策中已经得到正式确立，但在体制上还需要进一步理顺，协调处理好教育、规划、财政等部门的关系，协同相关社会组织、企业、个人等多元供给主体，才能充分发挥"以县为

---

① 马晶晶. 精准扶贫背景下县域农村学前教育发展机制改革研究：以甘肃省H县为例. 基础教育研究，2017（09）：74-77.

主"的管理职能,通过规范、倾斜、扶持和监管等政策工具,对全社会财力、人力、物力进行高效利用与配置。县级政府也要保留一定的政策空间用于支持镇政府发展和管理区域内学前教育事业,从而激发和调动镇政府责任者与行动者的积极性,使其承担起相应的协助管理职责。

农村学前教育政策的未来走向中,尤其需要关注如何利用多种手段提高政策的执行效度与力度。一是完善行政手段,落实各级党委和政府的监管责任,完善绩效问责机制;二是推进法律手段,利用法律法规的强制性保障农村学前教育事业发展;三是加强思想手段,更新农村幼儿园家长的教育观念,提高家长对教育工作的参与性与支持度;四是配合经济手段,利用奖惩政策加大对农村幼儿园的规范和监管力度。此外,农村学前教育政策的规范执行和有效落地,还需要进一步健全各级学前教育管理机构,建设一支能够惠及农村地区的专业化、高水平的学前教育管理队伍。

四、中国农村学前教育发展现状调查

为了解农村学前教育的基本状况,总结实践中的先进经验和优秀做法,分析当前农村学前教育中存在的不足和问题,课题组对我国农村地区的幼儿园开展了调研和专项访谈。同时,结合国家教育统计大数据,对农村学前教育的现状与问题进行专题分析,以期为提升农村学前教育水平提供可行性建议,为国家相关政策制定提供依据,为地方政策执行和监督提供支持。

(一)调查过程

1. 调研对象与抽样

调研分两部分。第一,在线问卷调查。对农村地区幼儿园园长、教师、家长开展在线问卷调查。第二,专项访谈。对地方教育行政管理者以及农村地区幼儿园园长、教师等以座谈会、一对一访谈的方式围绕相关主题进行深入的访谈和讨论。

调研共回收园长、教师、家长有效问卷共计 169 404 份,专项访谈 39 人次,并运用 SPSS 统计软件对数据进行初步整理并建立数据库,还对实地调研和访谈的资料进行了整理和共词分析。

2. 调研工具设计

调查问卷主要从农村幼儿园政府投入、师资队伍、保育教育质量、家园合作等维度进行设计，自编"农村地区学前教育现状调查问卷"，共计46道题目。另外，在对相关资料整理分析的基础上，课题组主要依据《纲要》《中共中央 国务院关于学前教育深化改革规范发展的若干意见》《3—6岁儿童学习与发展指南》等政策文件，围绕地方教育部门及幼儿园对国家学前教育政策的理解、落实、反馈，共编制出面向教育局负责人、幼儿园园长、幼儿园教师、家长的 4 份访谈提纲。

3. 调研方法

专题调研坚持运用多种研究方法，系统探究农村学前教育的现状、问题及发展趋势等。

文献法。运用文献法对 2010 年以来国内外农村学前教育的现状、问题成因及应对机制与策略等进行梳理和分析；对我国在国家和地方层面与农村学前教育相关的法律、法规、部门规章及政策文本进行梳理和分析，为研究的开展提供理论参考和政策依据。

调查法。综合运用问卷和访谈两种方法，对我国农村学前教育的现状、问题进行调查，在摸清事实、明确需求的基础上提出有针对性的改进建议。

比较法。坚持区域比较、类型比较、结构比较等多方式开展研究，对农村学前教育进行深入剖析，进一步丰富调查和研究的深度和广度。

（二）调研结果与讨论

课题组于 2020 年 6 月对全国各地（港澳台地区除外）农村地区幼儿园园长、教师和家长开展问卷调查，共回收有效园长问卷 3 755 份，教师问卷 24 778 份，家长问卷 140 871 份。从调查问卷的基本信息可以判断，参与调研的园长、教师、家长在地域、年龄、学历、专业、身份及收入水平等方面均有一定数量的分布，能够全面反映不同群体的观点，具有一定的代表性和广泛性（表3-3、表3-4）。

全国共有 3 755 名农村幼儿园园长参与问卷调查，占比前三的是河北（16.54%）、湖南（15.13%）和四川（12.65%）。其中，31—50 岁的园长占75.26%，本科及以上学历的占45.27%，大专学历的占40.88%，师范类专业毕业的占76.83%。

第三章　中国农村学前教育发展现状调查研究

表3-3　园长、教师基本情况　　　　　　　　　　（单位：人）

项目	总人数	年龄			学历			毕业专业		
		≤30岁	31—50岁	≥51岁	中专及以下	大专	本科及以上	师范类（园长）/学前教育或幼师相关专业（教师）	非师范类（园长）/教育学相关学科（教师）	其他
园长	3 755	562	2 826	367	520	1 535	1 700	2 885	536	334
教师	24 778	11 941	11 854	983	4 693	10 023	10 062	17 068	3 161	4 549

表3-4　家长基本情况　　　　　　　　　　（单位：人）

总人数	学历				家长身份				家庭收入水平		
	高中及以下	大专	本科	硕士及以上	父亲	母亲	祖辈	其他	低于当地平均	与当地平均持平	高于当地平均
140 871	97 233	26 290	16 253	1 095	29 033	106 964	3 500	1 374	64 329	62 242	14 300

全国共有24 778名农村幼儿园教师参与问卷调查。其中，30岁及以下的幼儿园教师占48.19%，31—50岁的占47.84%；本科及以上学历的占40.61%，大专学历的占40.45%；学前教育或幼师专业毕业的占68.88%。此外，普通幼儿教师占主体，为77.42%，还有部分保育员、教辅人员、中层以上干部等。调研时在所在幼儿园从教年限1—5年的农村幼儿园教师为主体，占44.63%，超过5年的占41.62%，从教不足一年的占13.75%。仍有24.71%的农村幼儿园教师没有取得教师资格证。

全国共有140 871名农村幼儿家长参与问卷调查。其中，高中及以下学历的家长占69.02%；母亲占75.93%；家庭收入低于当地平均水平的占45.67%，与当地平均水平持平的占44.18%。

分析问卷调查的结果，并结合国家教育统计大数据进行分析，课题组汇总的农村学前教育的经验与问题如下。

1. 农村学前教育发展的成绩与经验

（1）国家经费投入大幅增加，农村幼儿园数量增长迅速

自2010年起，国家加大了对农村学前教育的支持力度，大力发展农村学前教育，不断增加教育财政投入，通过学前教育三年行动计划，中央政府带动地方政府增加财政投入。全国学前教育财政投入从2010年的244亿元增长到2019

年的 2009 亿元，增长了 7.2 倍，财政性经费占比从 1.7%提高到 5.0%；2020 年，中央财政安排支持学前教育发展资金 188.4 亿元，比上年增加 19.9 亿元，增长 11.8%。[①]新增的财政投入主要倾向于中西部农村特别是贫困地区，其中较大比例用于支持中西部农村改扩建幼儿园，配备玩教具、保教和生活设施设备，培训农村幼儿园教师。除了中央推动的项目以外，各地也加大了对农村学前教育的倾斜和支持力度，大力推动乡镇中心幼儿园建设。2019 年全国幼儿园数量比 2010 年增加 130 754 所，其中，农村地区幼儿园数量增加 77 023 所。[②]

从全国范围看，2011—2016 年，城乡学前教育财政公平有所改善。农村地区学前教育财政性经费占财政性学前教育经费总量的比值从 33.88%提高到 51.27%，已经过半。相应的，城区学前教育财政性经费收入占财政性学前教育经费总量的比值从 66.12%下降到 48.73%，农村地区学前教育经费占总经费的比值也从 33.62%提高到 45.55%。由此可知，其中财政性经费配置向农村倾斜起到了重要作用。同时，城乡儿童数量存在差异，因此总体资源的对比不足以说明每个幼儿学前教育资源的获得状况。农村生均预算内学前教育经费支出占城乡总体生均预算内学前教育经费支出的比值从 56.45%上升到 74.83%。[③]绝大多数省级行政区的城乡均衡配置状况有所改善。

（2）农村幼儿园教育质量进一步提升并获得较高认可度

总体来看，我国农村学前教育近年来得到了较大的发展，幼儿园教育质量得到了显著提升。调研发现，农村幼儿园园长、教师对幼儿园教育质量的评价和反馈基本一致，家长对孩子所在幼儿园的教育质量认可度较高，对幼儿园师资水平和孩子在幼儿园的发展状况满意度高。

1）园长、教师反映幼儿园教育质量总体较高

在对"贵园整体教育质量在当地属于什么水平"的调查中，农村幼儿园的园长和教师的反馈较为一致。有四成多的园长和教师认为本园的教育质量"远高于平均水平"或"稍高于平均水平"；近五成园长和教师认为本园教育质量"与平均水平持平"；仅一成左右园长和教师反映本园教育质量"稍低于平均水平"

---

① 关于政协十三届全国委员会第三次会议第 4574 号（教育类 433 号）提案答复的函．（2020-10-22）[2021-02-19]. http://www.moe.gov.cn/jyb_xxgk/xxgk_jyta/jyta_jijiaosi/202011/t20201119_00730.html.
② 根据教育部公布的相关年度的教育统计数据计算而得。
③ 刘颖. 城乡学前教育财政经费分配更公平了吗？2010 年来我国城乡学前教育财政公平的进展. 当代教育论坛，2019（05）：17-24.

或"远低于平均水平"（图 3-3）。可以判断，受访农村幼儿园园长和教师对本园教育质量总体上比较认可。

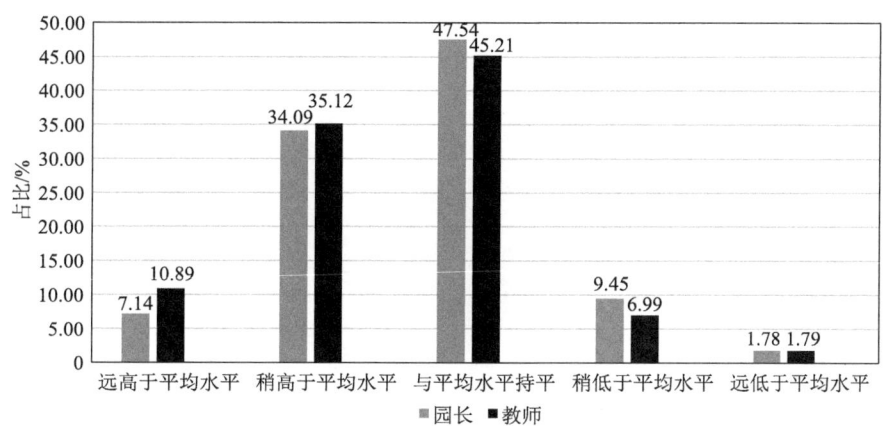

图 3-3　农村幼儿园园长、教师对幼儿园整体教育质量的反馈

2）家长对幼儿园教育质量满意度总体较高

在家长问卷中"您对孩子所在幼儿园的整体教育质量的满意程度"的调查中，约七成农村家长反映"非常满意"或"比较满意"，仅有 1.58%的家长对孩子所在幼儿园的整体教育质量表示"比较不满意"或"非常不满意"（图 3-4）。这说明，农村家长对于孩子所在幼儿园的整体教育质量满意度较高。

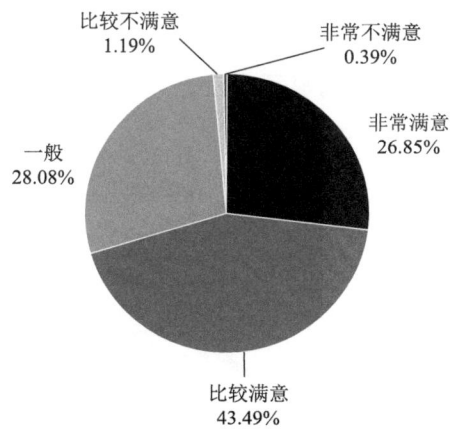

图 3-4　家长对幼儿园教育质量的满意度

其一，农村家长对幼儿园师资队伍的满意度较高。本次调研，有 40.61%的教师学历水平在本科及以上，40.45%的教师为大专学历；学前教育或幼师相关

专业毕业的教师占 68.88%。在"您对孩子所在幼儿园师资队伍水平的满意程度"的调查中,超七成的家长表示"非常满意"或"比较满意",仅有 1.34%的家长表示"比较不满意"或"非常不满意"(图 3-5)。农村学前教师整体素质有明显改善,大部分家长对农村幼儿园教师的质量持满意态度。

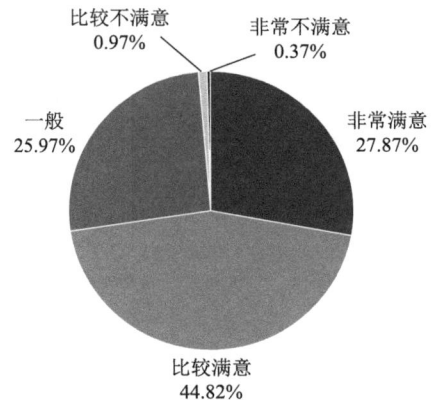

图 3-5　家长对幼儿园师资队伍的满意度

其二,农村家长对幼儿园硬件设施的满意度较高。在学前教育三年行动计划等中央和地方政策的大力支持下,农村幼儿园的硬件设施建设、玩教具等材料配备有了显著改善。在对农村家长满意度调查中,六成多的家长反映对幼儿园玩教具、游戏材料及图书等硬件设施"非常满意"或"比较满意",仅有 2.06%的农村家长表示"比较不满意"或"非常不满意"(图 3-6)。这充分显示出了我国农村幼儿园硬件改善取得的显著成就,并得到了农村家长的广泛认可。

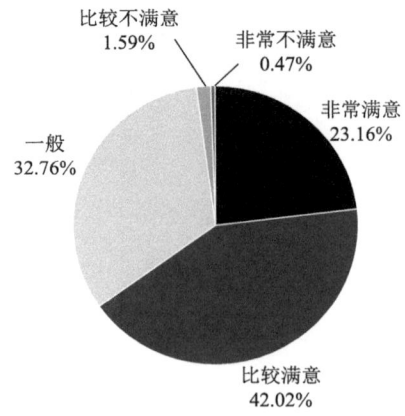

图 3-6　家长对幼儿园玩教具、游戏材料以及图书等硬件设施的总体满意度

第三章 中国农村学前教育发展现状调查研究

绝大多数的农村家长认为孩子在幼儿园得到了较好的发展。在家长问卷"您认为孩子在幼儿园的发展状况如何"的调查中,约三分之二的家长认为孩子在幼儿园发展得"非常好"或"比较好";仅有极少数家长反馈孩子在幼儿园的发展"比较不好"或"非常不好"(图3-7)。

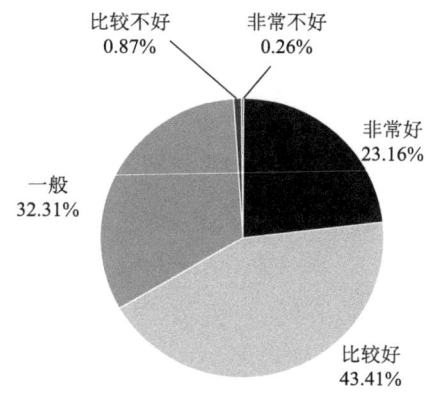

图3-7 农村家长对孩子在幼儿园的发展状况的反馈

3)园长、教师持有较高的职业满意度

在对"您对自己目前从事的职业满意吗"的调查中发现,农村幼儿园园长、教师对目前从事的职业满意度的反馈较为一致。共有七成左右的园长和教师"非常满意"或"比较满意"自己的职业;尚有4.15%的园长和3.22%的教师表示对目前职业"比较不满意"或"非常不满意"(图3-8)。由此说明,大部分农村幼儿园园长和教师的职业满意度较高,有助于农村学前教育师资队伍保持较好的稳定性。

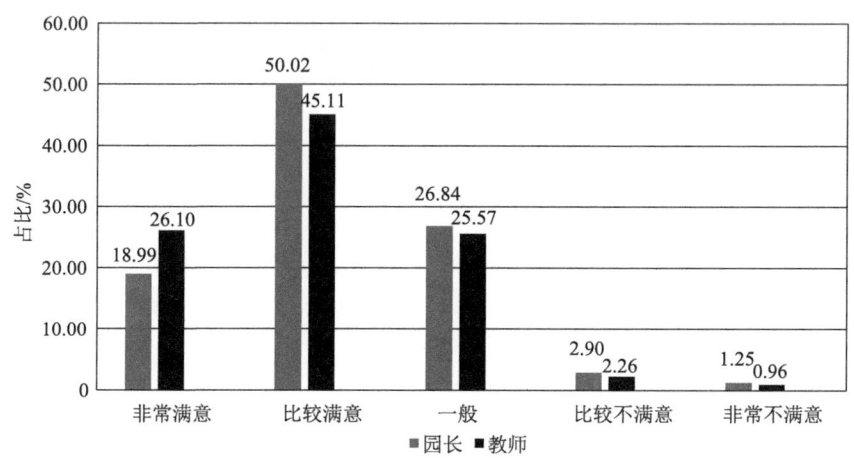

图3-8 农村幼儿园园长、教师对目前从事职业的满意度

(3) 农村幼儿园教师薪酬更加有保障

教师薪酬是农村幼儿园教育经费的主要支出。

在对园长问卷中"贵园教育经费日常支出中占比最多的项目"的统计中发现，教师薪酬在农村幼儿园教育经费日常支出中占比最高。有57.81%的园长表示"教师薪酬"是幼儿园教育经费的主要支出，另有21.76%的园长表示"教学设施设备"占比最高（图3-9）。

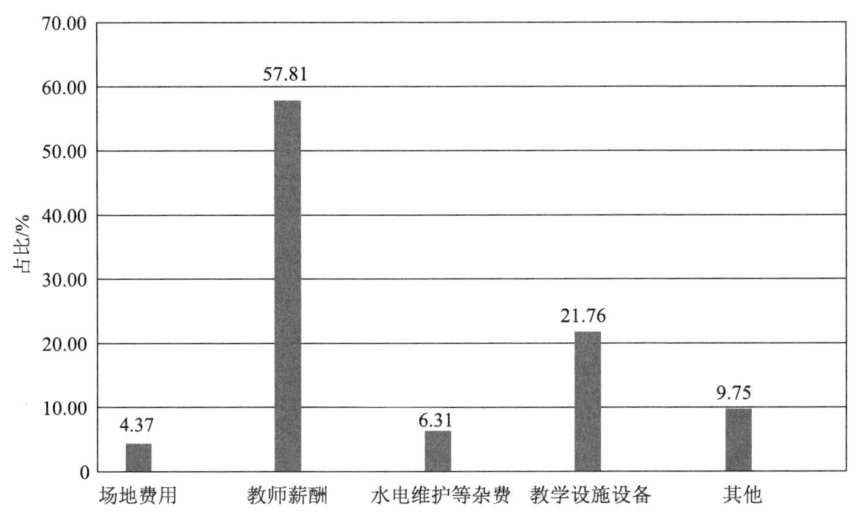

图3-9　农村幼儿园教育经费日常支出占比情况

据《中国教育经费统计年鉴2019》中的全国幼儿园教育经费支出数据显示，2018年全国幼儿园教育经费支出个人部分中"工资福利支出"占全部教育经费支出的比例为57.96%，其中，农村幼儿园教育经费支出个人部分中"工资福利支出"占全部农村幼儿园教育经费支出的比例为58.40%，与全国基本一致。说明多数农村幼儿园的教师工资经费能够得到保障。

(4) 农村幼儿园保教费收费较为合理

多数农村家长认为孩子所在幼儿园保教费收费较为合理，性价比较高。对"您孩子目前所在幼儿园保教费标准"的调查显示，有73.59%的家长反映幼儿园保教费每月在800元以下，其中选择"幼儿园保教费每月为201—500元"的家长占主体（36.54%）（表3-5）。

表 3-5 幼儿园保教费标准情况

费用/元	人数/人	占比/%
≤200	27 094	19.23
201—500	51 474	36.54
501—800	25 099	17.82
801—1 000	10 996	7.81
1 001—1 500	9 594	6.81
1 501—2 000	6 093	4.33
2 001—3 000	6 284	4.46
3 001—5 000	3 257	2.31
5 001—10 000	691	0.49
>10 000	289	0.21

在对"幼儿园收费约占到您家庭月总收入的比例"的调查中,合计有58.05%的农村家长反映幼儿园收费占家庭月总收入的10%以下,其中有29.46%在5%以下(图3-10)。在对"您认为孩子所在幼儿园收费水平如何"的调查中,72.27%的家长认为"持平于一般",有19.51%的家长认为"比较高"或"非常高",另有8.22%的家长认为"比较低"或"非常低"(图3-11)。由此可见,幼儿园收费占农村家庭月总收入的比例较低,大多数的农村家庭对幼儿园收费可以接受。

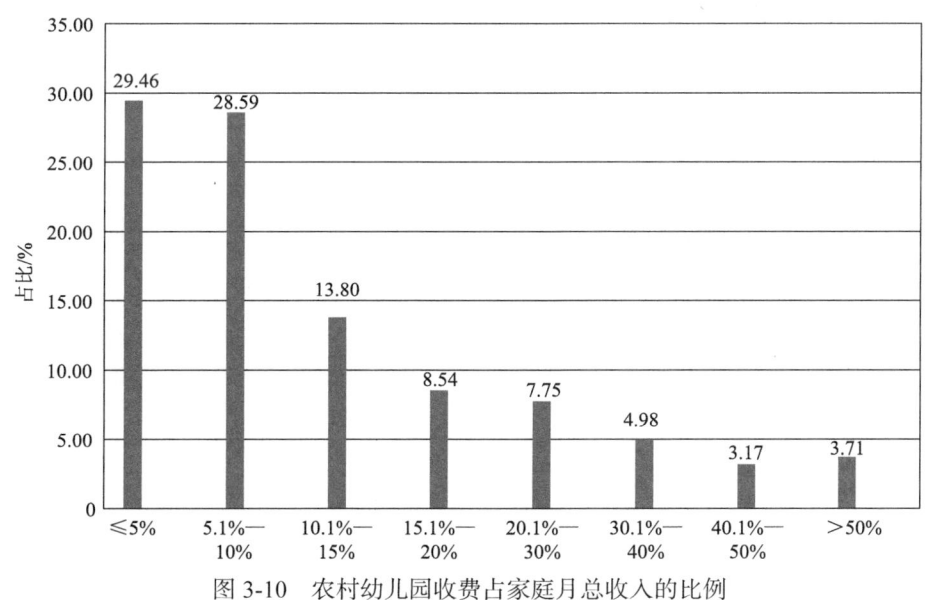

图 3-10 农村幼儿园收费占家庭月总收入的比例

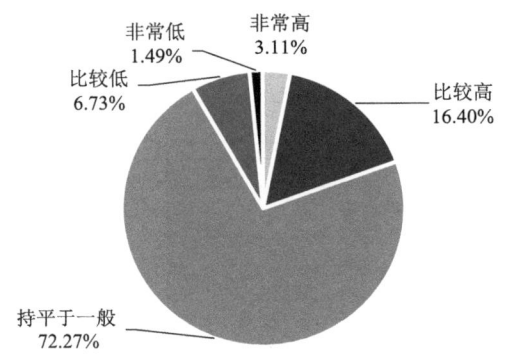

图 3-11 农村幼儿家长对幼儿园收费水平的反馈

超半数农村家长认为孩子所在幼儿园性价比较高。在"您认为孩子所在幼儿园的性价比"的调查中,51.31%的家长认为孩子所在幼儿园的性价比"比较高"或"非常高",仅有 2.20%的家长认为性价比"比较低"或"非常低"(图3-12)。这也从侧面反映了农村家长对幼儿园具有较高的认同度。

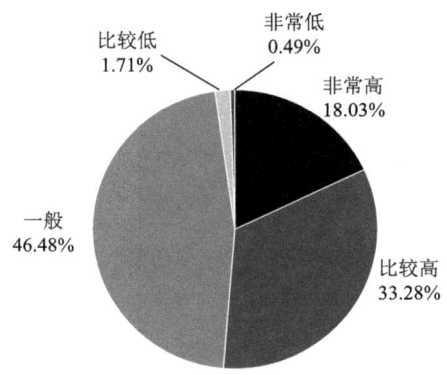

图 3-12 家长对幼儿园性价比的反馈

综上所述,多数农村幼儿家长对幼儿园收费水平较为认可,说明政府对农村幼儿园的收费监管卓有成效。此外,我国农村地区经济发展落后和家庭收入水平较低,也是农村幼儿园收费较低的重要原因。要继续加大政府扶持力度,在保证低收费的同时提升幼儿园教育质量,这是办让人民满意的学前教育、实现"幼有所育"的关键所在。

(5)农村幼儿园教研活动明显增多

针对"贵园开展教研活动的频率"这一问题,约八成农村幼儿园园长认为本园能够做到"每周1次""每月2—3次""每月1次",这说明教研活动能够成为大部分农村幼儿园日常工作的重要环节，做到定期开展（表 3-6）。而"每学期 2—3 次""每年 2—3 次""未能有效开展相关活动"三个选项上，农村幼儿园园长选择比例共约占五分之一，这也说明仍有一定数量的农村幼儿园未能有效开展或是以较低频率开展教研活动。

表 3-6 幼儿园开展教研活动的频率（园长）

选项	园长/人	占比/%
①每周 1 次	1 186	31.58
②每月 2—3 次	985	26.23
③每月 1 次	829	22.08
④每学期 2—3 次	419	11.16
⑤每年 2—3 次	188	5.01
⑥未能有效开展相关活动	148	3.94

针对"您园开展园本教研或其他教研活动的频率"这一问题，超过八成的农村幼儿园教师选择了"每周 1 次""每月 2—3 次""每月 1 次"，其中"每周 1 次"的占比最高，接近半数（表 3-7）。教师对上述选项的选择比例明显高于园长，说明教师群体自发组织、开展群体教研活动的可能性比较大，一定程度上也反映了教师对专业发展的自主自觉性较高。

表 3-7 幼儿园开展园本教研或其他教研活动的频率（教师）

选项	教师/人	占比/%
①每周 1 次	12 116	48.91
②每月 2—3 次	6 166	24.88
③每月 1 次	2 979	12.02
④每学期 2—3 次	2 265	9.14
⑤每年 2—3 次	659	2.66
⑥未能有效开展相关活动	593	2.39

（6）家园合作逐渐深入人心

家园合作是指幼儿园和家庭双方积极主动地相互了解、相互配合、相互支持,通过幼儿园与家庭的双向互动共同促进儿童的身心健康发展。[①]在幼儿园保育教育活动中,家园合作是重要的一环,推动幼儿园与家庭形成合力是促使教育活动取得实效的前提条件。《幼儿园教育指导纲要(试行)》指明,"幼儿园应与家庭、社区密切合作,与小学相互衔接,综合利用各种教育资源,共同为幼儿的发展创造良好的条件",《幼儿园工作规程》提出幼儿园应当建立幼儿园与家长联系的制度。近年来,家园合作共育的理念逐渐得到农村幼儿园及家长的认可与支持。

针对"您主动与家长就班级幼儿教育或幼儿园相关事务沟通的频率"的调查中,半数以上的教师选择"平均每周都能跟家长沟通1次",选择"平均每月2—3次"的教师也占到21.61%(表3-8)。也就是说,超过四分之三的农村幼儿园教师主动与家长沟通的频率比较高,这充分说明了家园合作共育在农村地区幼儿园得到了广泛的认可和运用。

表3-8 教师主动与家长沟通的频率

频次	教师/人	占比/%
平均每周1次	13 760	55.53
平均每月2—3次	5 355	21.61
平均每月1次	2 363	9.54
平均每学期2—3次	1 691	6.82
平均每学期1次	559	2.26
不清楚	1 050	4.24

在对"您园与家长沟通班级幼儿教育或幼儿园相关事务的方式"的调查中可以看出,教师选择"集中开家长会"这一传统家校沟通方式的频次最高(69.33%),其次为"电话或网络沟通"(66.58%)(表3-9)。可以看出,家长会仍然是现阶段农村幼儿园家校合作共育的主要渠道。同时,伴随互联网等多媒体的迅速普及,网络沟通也得到广泛运用,并呈现出逐渐取代面对面家长会等传统交流方式而成为家校沟通主要渠道的发展趋势。

---

① 教育部基础教育司.《幼儿园教育指导纲要(试行)》解读.南京:江苏教育出版社,2002:74.

表 3-9　教师与家长沟通的方式

方式	教师/人	占比/%
集中开家长会	17 178	69.33
简短非正式交流	12 431	50.17
电话或网络沟通	16 496	66.58
家长入园	9 020	36.40
面对面正式沟通	7 483	30.20
其他	1 081	4.36

农村幼儿家长对教师的主动沟通与交流满意度较高。七成家长对"孩子所在班级教师与自己就孩子教育问题或幼儿园相关事务沟通交流"的情况"非常满意"或"比较满意",仅有1.35%的家长表示"比较不满意"或"非常不满意"(图3-13)。这也说明农村幼儿园的家园合作共育工作总体上推动较为顺利,也取得了良好的社会效应。

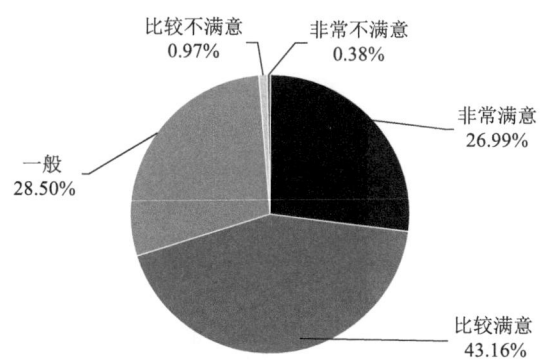

图 3-13　家长对班级教师就孩子教育或幼儿园相关问题沟通交流的满意度

2. 农村学前教育发展存在的问题

自2010年起,我国农村学前教育取得了快速发展,但仍然存在一定的问题,主要表现为政府投入不足及资源分配不均衡、幼儿园布局合理性有待提升、生源不足问题突出、幼儿教师"数量不足"和"质量不高"、硬件设施无法满足现实需要、保育教育活动实效性相对较低、家园共育的效果有待进一步提升等,制约农村学前教育的长足进步。

（1）政府对农村学前教育的投入仍显不足

1）农村幼儿园获得政府学前教育财政拨款较为不足

在对"贵园获得政府学前教育财政拨款情况"的调查中，有48.68%的农村幼儿园反映获得政府学前教育财政拨款不足。有超过三成的园长表示政府财政拨款"缺口很大"或"几乎没有"，仅有16.99%的园长表示政府财政拨款"很充足"或"比较充足"（图3-14）。可见，约五成农村幼儿园获得的政府学前教育财政拨款均不足。

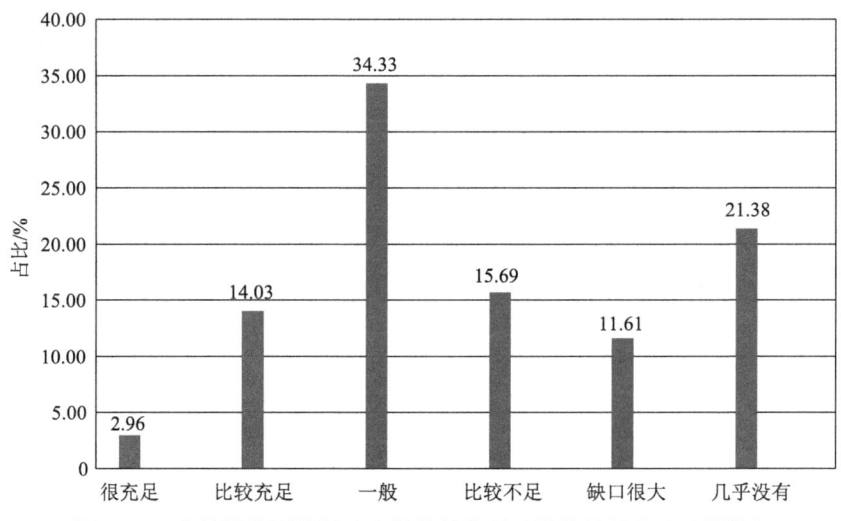

图3-14 农村幼儿园获得政府学前教育财政拨款情况占比（园长）

2）近半数农村幼儿园经费来源不能满足办园需求

对园长的问卷调查发现，对于"贵园的经费来源能否满足办园需求"这一问题，有45.33%的农村幼儿园园长表示"不能满足"或"完全不能满足"（图3-15）。说明近半数农村幼儿园的经费来源不能满足办园需求，仅有两成幼儿园办园经费较为充足。与此相对，有28.15%的城市幼儿园园长表示办园经费"完全能满足"或"比较能满足"办园需求，比例明显高于农村；表示经费来源"不能满足"或"完全不能满足"办园需求的城市幼儿园园长比例合计仅为34.95%，比农村幼儿园低十个百分点（表3-10）。①由此说明，农村幼儿园面临的办园经费不足问题比城市更为严重，城市幼儿园经费来源与农村相比更为充足。

---

① 为进行城乡对比，课题组同期对城市幼儿园进行了问卷调查，共回收园长有效问卷3 883份，教师有效问卷41 799份。

第三章 中国农村学前教育发展现状调查研究

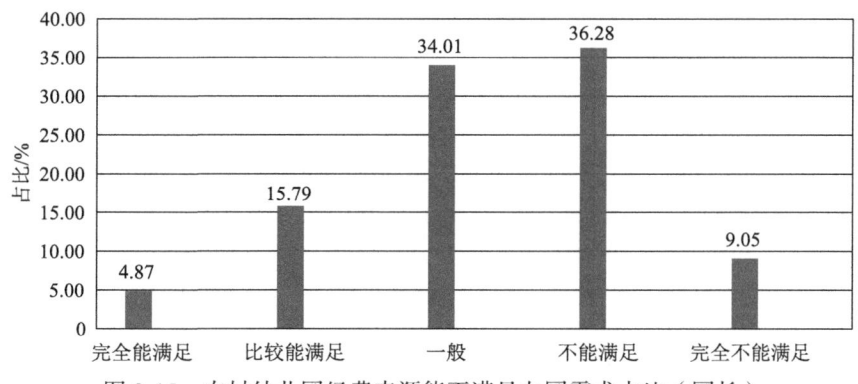

图3-15 农村幼儿园经费来源能否满足办园需求占比(园长)

表3-10 城乡幼儿园经费来源是否能满足办园需求情况(园长)

项目	完全能满足	比较能满足	一般	不能满足	完全不能满足	小计
城市	213 (5.49%)	880 (22.66%)	1 433 (36.90%)	1 122 (28.90%)	235 (6.05%)	3 883
农村	183 (4.87%)	593 (15.79%)	1 277 (34.01%)	1 362 (36.28%)	340 (9.05%)	3 755

注:括号外数据为选择人数,括号内数据为占比。下同

3)政府投入在农村学前教育经费成本分担中的占比偏低

由于学前教育经费主要来自政府财政投入和家庭缴费,学前教育财政经费占学前教育经费总收入的比例、家庭缴费占学前教育经费总收入的比例分别反映了政府与家庭分担学前教育成本的状况。调查数据显示,我国财政性教育经费投入在农村学前教育经费成本分担中的比例偏低。

在对园长问卷中"您的幼儿园经费来源中所占比例超过50%的"来源的调查中,超半数农村幼儿园园长表示经费来源主要为"保教费收入",仅两成多农村幼儿园办园经费主要来源于"国家财政性教育经费",另有一成的园长表示经费主要来源于"民办学校中举办者投入"(图3-16)。由此可见,保教费收入仍是农村幼儿园的主要经费来源。

通过对园长问卷中"幼儿园所在地域类型"和"幼儿园经费来源中所占比例超过50%的是哪一类"的交叉分析发现,城乡幼儿园经费均主要来源于保教费收入。城市幼儿园园长选择"保教费收入"的比例略低于农村幼儿园,不足半数。城市幼儿园主要经费来源于"国家财政性教育经费"的比例接近三成,较农村略高(表3-11)。数据说明,政府对农村幼儿园的教育经费投入较城市偏低。

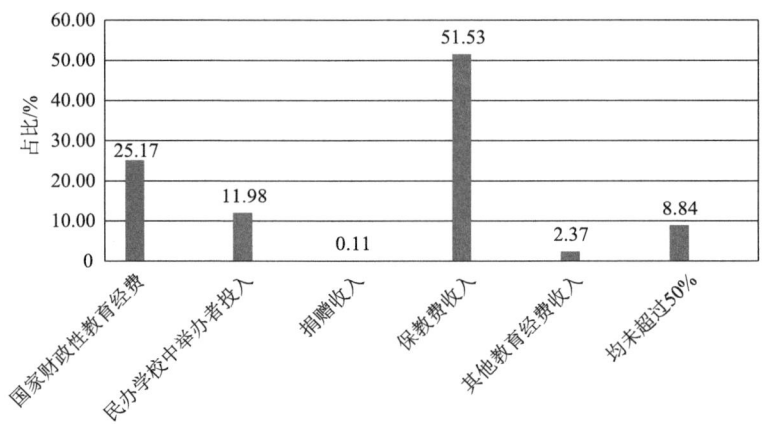

图 3-16 农村幼儿园经费来源超过 50% 的来源占比

表 3-11 城乡幼儿园经费来源中所占比例超过 50% 的经费类型情况（园长）

项目	国家财政性教育经费	民办学校中举办者投入	捐赠收入	保教费收入	其他教育经费收入	均未超过50%	小计
城市	1 162（29.93%）	527（13.57%）	3（0.08%）	1 883（48.49%）	58（1.49%）	250（6.44%）	3 883
农村	945（25.17%）	450（11.98%）	4（0.11%）	1935（51.53%）	89（2.37%）	332（8.84%）	3 755

4）政府对农村幼儿园的各项扶持力度与城市相比仍然偏低

调研发现，对"您的幼儿园目前享有哪些政府帮扶政策"的回答中，农村幼儿园园长选择占比较高的三项是"生均公用经费补助""配备公办园教师""配备公办园园长"，选择较少的选项为"基建奖励""土地使用优惠政策""税费优惠政策""用水用电优惠"（均不足一成），其余选项较为平均，另有 25.89% 的园长表示"基本没有帮扶"（图 3-17）。数据说明，政府对农村幼儿园的各项扶持政策较为全面但仍显不足。

与城市相比，政府对农村学前教育的扶持力度明显偏低。农村幼儿园除在"保教业务指导"方面高于城市，在"土地使用优惠政策"方面与城市幼儿园基本持平外，其余在"各类专项经费补贴""教师社保补助""幼儿园奖励经费补助""教职工经费培训补助"等方面享有的政府扶持均明显低于城市幼儿园，说明我国对农村幼儿园的扶持力度仍需进一步加大（图 3-17）。

第三章 中国农村学前教育发展现状调查研究

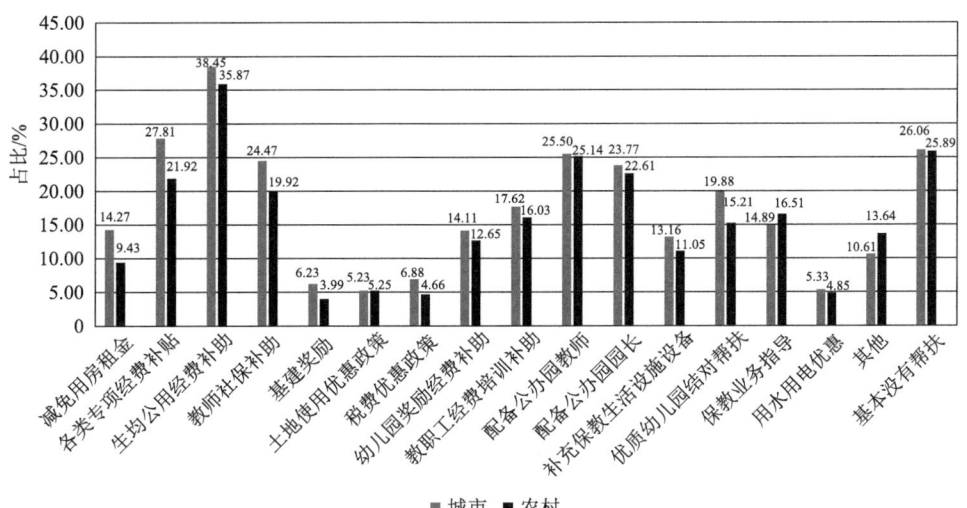

图 3-17 城乡幼儿园享有的政府帮扶情况对比（园长）

对于园长问卷中"目前您的幼儿园最急需加大帮扶力度或急需得到帮扶的方面"这一问题的调查结果显示，农村幼儿园园长反馈占比最高的三项为"教师社保补助""各类专项经费补贴""教职工经费培训补助"，此外还有两到三成的农村幼儿园园长选择"生均公用经费补助""幼儿园奖励经费补助""配备公办园教师""补充保教生活设施设备"。与城市相比，农村幼儿园在"减免用房租金""基建奖励""税费优惠政策""用水用电优惠"等方面的需求较城市偏低，但在"配备公办园教师""补充保教生活设施设备""保教业务指导""优质幼儿园结对帮扶"方面的需求明显超过城市。由此看出，农村幼儿园除基本的各项经费补贴需求外，更希望在设施设备、业务提升方面得到更多政府帮扶（图3-18）。

政府扶持力度不够成为影响农村幼儿园质量提升的主要原因。在对"您认为影响您幼儿园办园质量提升的问题主要是"（多选）这一问题的调查中，园长和教师问卷反映较为一致，选择比例最高的三项均为"政府扶持力度不够""办园经费不足""教师队伍不稳定或数量不足"。此外，"场地设施不足""教师专业素质水平整体偏低""缺乏主管部门在业务方面的全面指导""实际招收幼儿难以达到预定招生计划""园本教研能力不足""班额太大"等因素也占有较高比例（图3-19）。可见，制约农村幼儿园教育质量提升的因素仍然较多。

在对"您认为政府部门应该从哪些方面加强对幼儿园的监管"的调查中，园长、教师、家长的反映略为不同。在园长和教师问卷中，排在前三位的均为

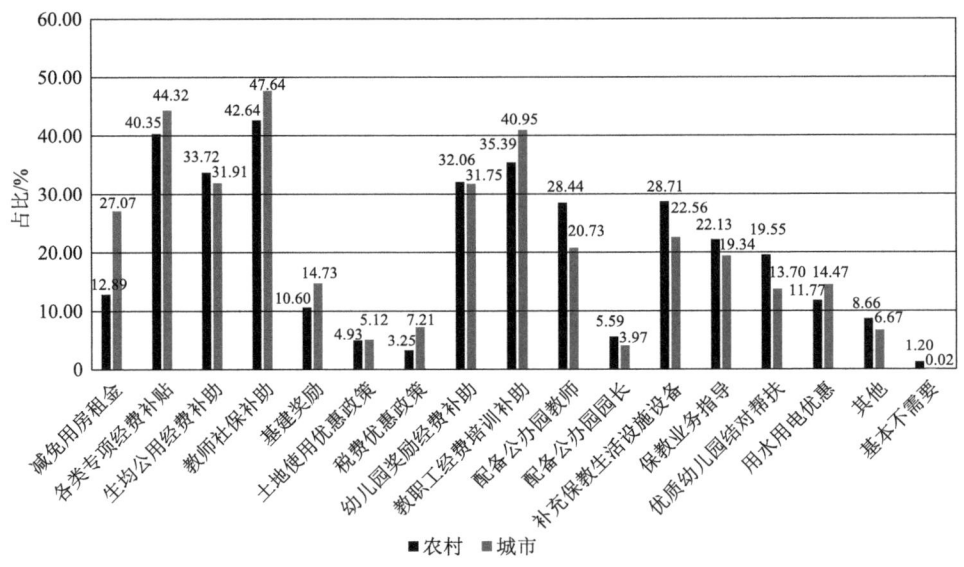

图 3-18 城乡幼儿园对政府帮扶的需求情况（园长）

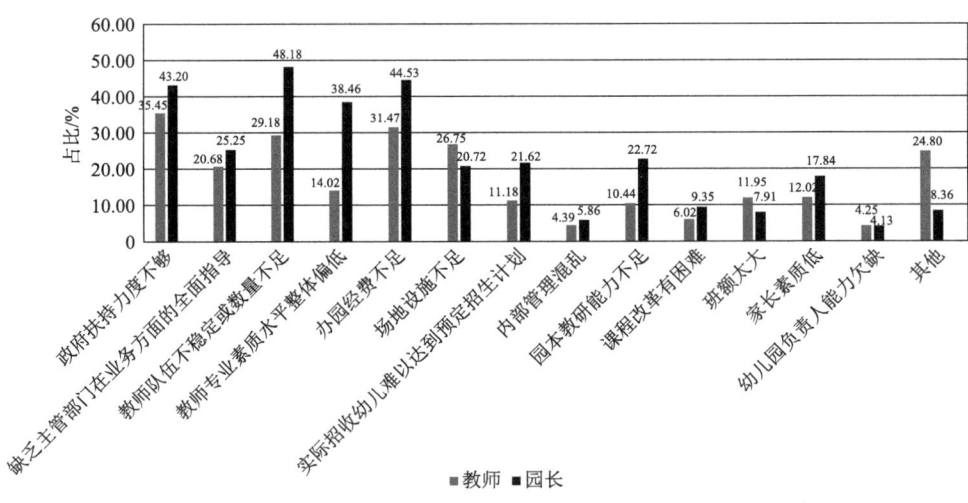

图 3-19 影响农村幼儿园办园质量提升的因素

"办园条件和设施设备""幼儿园内部安全管理""幼儿园师资选聘"，可见园长和教师的反馈一致。家长问卷中，排在前三位的选项分别是"幼儿园内部安全管理""办园条件和设施设备""幼儿园教育教学质量"（图 3-20）。由此可见，家长对于政府部门加强对幼儿园内部安全管理和幼儿园教育教学质量的监管的需求更为强烈。此外，在三个群体的问卷中，"幼儿园教学具、图书、教学材料

第三章 中国农村学前教育发展现状调查研究

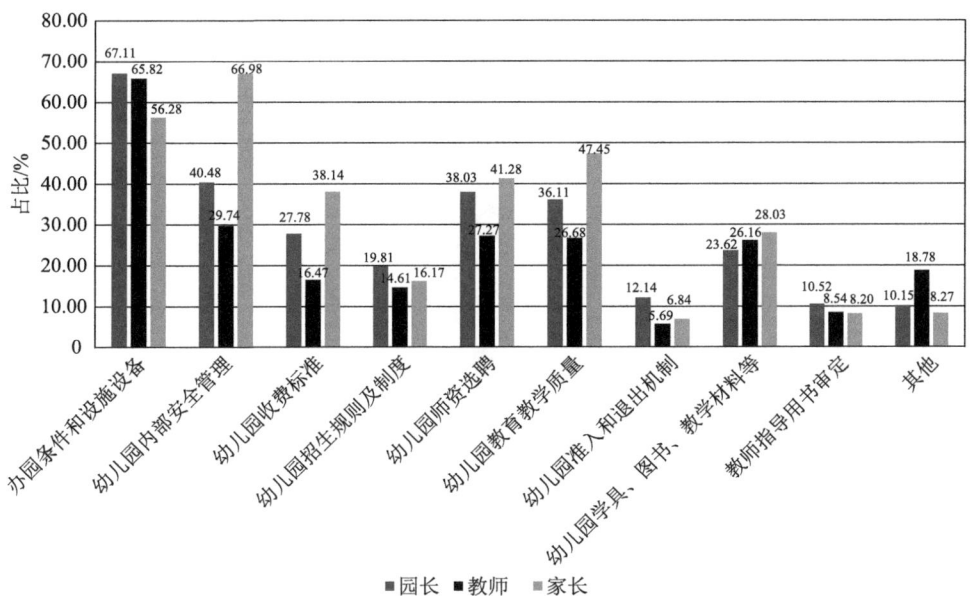

图 3-20 各方对政府加强农村幼儿园监管领域的反馈情况

等""幼儿园收费标准""幼儿园招生规则及制度""幼儿园准入和退出机制""教师指导用书审定"等方面也均有一定比例。可见，政府部门还需全面加强对农村幼儿园的监管。

在对园长问卷中"您所在幼儿园的地域类型"和"贵园整体教育质量在当地属于什么水平"的交叉分析中，认为本园整体教育质量高于当地平均水平的城市幼儿园园长的比例要高于农村幼儿园，认为本园教育质量低于平均水平的农村园长比例要高于城市园长（图 3-21）。这说明，尽管我国农村幼儿园教育质量取得了较大进步，获得了广大农村家长的认可，但与城市幼儿园相比还存在一定差距，应继续提升农村幼儿园的整体教育质量。

调查数据显示，尽管我国学前教育投入较 2010 年以前有较大幅度增加，但目前仍有近半数农村幼儿园经费来源不能完全满足办园需求。政府对农村幼儿园的财政性经费投入仍然较为欠缺。这是我国长期以来经济发展水平落后、适龄儿童数量众多，以及对农村学前教育的重视程度不够等多种因素造成的。发展农村学前教育首先应有充足的经费投入作为保障，进一步提高政府分担学前教育经费的比例，全面加强政府各项扶持力度。

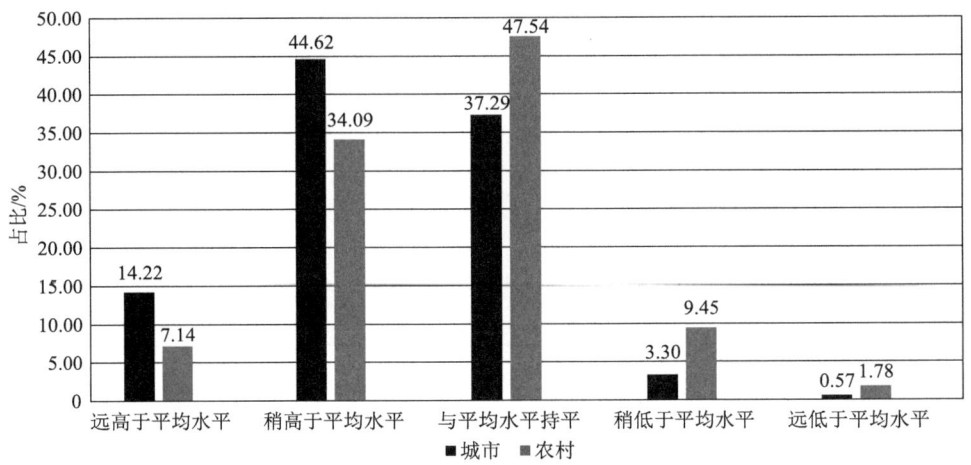

图 3-21　园长所在幼儿园与当地幼儿园平均水平对比

（2）乡镇和村庄幼儿园发展结构性失衡

近 10 年我国乡镇幼儿园数量大幅度增加，但村庄幼儿园数量增幅却不显著。从教育统计数据的对比来看，2019 年乡镇幼儿园数量比 2010 年增加 49 923 所，村庄幼儿园数量仅增加 27 100 所（表 3-12）。受城镇化进程的影响，村庄幼儿园数量甚至出现短暂下滑。以 2010—2011 年为例，2011 年全国幼儿园数量与 2010 年相比增加 16 330 所（增长率为 10.86%），全国乡镇幼儿园数量增加了 11 532 所（增长率为 26.83%），但村庄幼儿园数量却减少了 12 904 所（增长率为 -18.03%），2012 年全国幼儿园数量增加 30 831 所（增长率为 20.50%），全国乡镇幼儿园数量增加了 17 496 所（增长率为 40.70%），但村庄幼儿园数量却减少了 8 497 所（增长率为 -11.87%）。

经对乡镇幼儿园和村庄幼儿园的数据对比发现，政府对农村幼儿园的财政拨款更多向乡镇倾斜，而村庄幼儿园获得的财政拨款较为不足。从园长问卷中"贵园获得政府学前教育财政拨款情况"这一题目的调查数据（表 3-13）显示，

表 3-12　2010—2019 年全国不同地域幼儿园数量情况　　（单位：所）

项目	2010	2011	2012	2013	2014	2015	2016	2017	2018	2019
全国	150 420	166 750	181 251	198 553	209 881	223 683	239 812	254 950	266 677	281 174
城市	35 845	53 547	57 677	61 239	65 834	69 021	74 262	78 961	83 732	89 576
乡镇	42 987	54 519	60 483	67 436	71 464	77 402	81 666	85 807	88 894	92 910
村庄	71 588	58 684	63 091	69 878	72 583	77 260	83 884	90 182	94 051	98 688

选择政府财政拨款"很充足"或"比较充足"的乡镇幼儿园园长比例略高于村庄幼儿园,村庄幼儿园园长表示"几乎没有"获得政府学前教育财政拨款的比例明显高于乡镇幼儿园。

通过"您的幼儿园目前享有哪些政府帮扶政策"的调查数据可以发现,乡镇幼儿园在"生均公用经费补助""各类专项经费补贴""教师社保补助""教职工经费培训补助"等多个方面享有的政府扶持政策均超过了村庄幼儿园。有30.23%的村庄幼儿园园长表示"基本没有帮扶",比例远高于乡镇幼儿园(图3-22)。说明政府对农村幼儿园的政策扶持主要集中在乡镇幼儿园,而村庄幼儿园享有的政府政策扶持力度依然偏低。

调查发现,尽管我国城乡学前教育财政公平在持续改善,但资源并没有优先惠及最稀缺的村庄地区,而是沿着城市—乡镇—村庄的路径逐渐覆盖。村庄

表3-13 农村幼儿园获得政府学前教育财政拨款情况(园长)

项目	很充足	比较充足	一般	比较不足	缺口很大	几乎没有	小计
乡镇	70 (3.11%)	338 (15.00%)	790 (35.07%)	352 (15.62%)	262 (11.63%)	441 (19.57%)	2 253
村庄	41 (2.73%)	189 (12.58%)	499 (33.23%)	237 (15.78%)	174 (11.58%)	362 (24.10%)	1 502

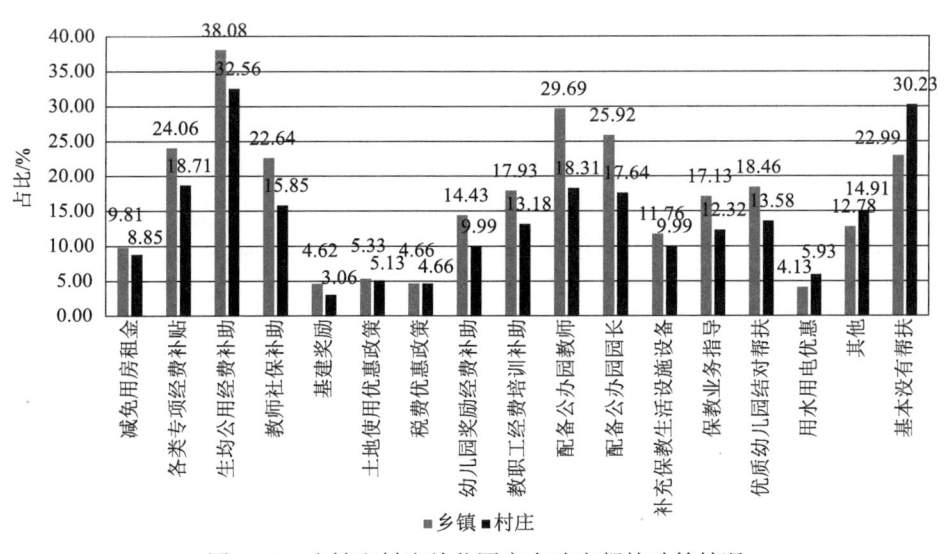

图3-22 乡镇和村庄幼儿园享有政府帮扶政策情况

幼儿园财政资金状况虽然有所改善，但与城市以及近年来得到迅速发展的乡镇中心幼儿园相比还有不小的差距。当前，各级政府发展农村学前教育的工作重点还主要集中于乡镇层级，对村层级学前教育的支持十分有限。学前教育财政投入主要依据人员编制投入的方向进行，而有编制的公办教师目前仍主要分布于城市地区，新增财政投入主要用于城市公办园和乡镇中心幼儿园建设，村庄仍处在相对边缘的状态。建设乡镇中心幼儿园、扩大农村公办园规模是各级政府发展农村学前教育的工作重点，地方政府倾向于集中力量在城区及镇区建好几所优质幼儿园，而非将公办学前教育资源均衡布局在乡村。目前，各地镇中心幼儿园已基本建立，而村庄幼儿园规模发展极不均衡，且多以民办和学校办为主，政府办园不足，导致农村学前教育的结构布局不平衡，就近入园问题更为突出。

（3）农村幼儿园生源不足问题普遍存在

1）近八成农村幼儿园无法完成招生计划

农村幼儿园生源流失是当前制约农村学前教育发展的重要因素。调研发现，农村幼儿园普遍存在生源不足的现象，由于经费主要来源于保教费收入，生源不足导致许多农村幼儿园经营困难。

通过对园长问卷中"贵园近三年入园时的招生情况如何"这一问题的数据分析发现，仅有两成多的农村幼儿园近三年招生计划能够完成100%，招生计划能够完成80%以上的比例合计为61.40%，尚有近两成的农村幼儿园近三年招生计划仅完成60%以下（表3-14）。而在城市地区，有近五成的幼儿园招生计划能够完成100%，能够完成80%以上的比例合计为72.95%。农村幼儿园招生计划完成情况远低于城市（图3-23）。

表3-14　城乡幼儿园近三年入园时的招生情况（园长）

项目	招生计划完成100%	招生计划完成80%以上但未达到100%	招生计划完成60%以上但未达到80%	招生计划完成40%以上但未达到60%	招生计划完成40%以下	小计
城市	1 941（49.98%）	892（22.97%）	587（15.12%）	283（7.29%）	180（4.64%）	3 883
农村	1 008（26.84%）	1 298（34.56%）	785（20.91%）	411（10.95%）	253（6.74%）	3 755

第三章　中国农村学前教育发展现状调查研究

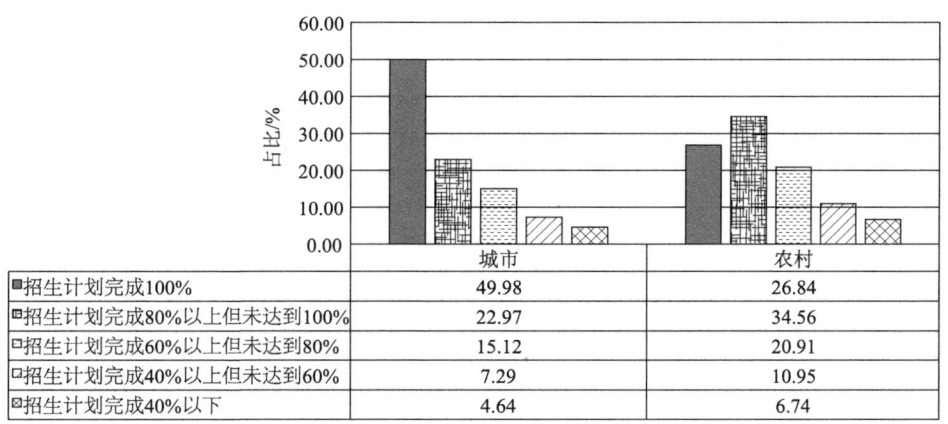

图 3-23　城乡幼儿园近三年入园时的招生情况占比（园长）

2）农村民办幼儿园生源不足问题突出

农村公办幼儿园多集中在乡镇中心，政府扶持力度较大，教学质量更高，师资力量更强，民办幼儿园更多散落在村庄地区，维持着低成本、低质量的运营状态，招生困难现象更为明显。通过对园长问卷中"您所管理的幼儿园类型"和"贵园近三年入园时的招生情况如何"两道题目的交叉分析发现，在公办幼儿园中，招生计划完成 100%的比例接近四成，半数幼儿园招生计划能够完成 60%以上；而在民办幼儿园中，普惠幼儿园和非普惠幼儿园招生计划完成 100%的比例仅不足一成（图 3-24）。多数民办幼儿园招生计划仅能完成 60%以上。另有 12.85%的民办非普惠幼儿园招生计划仅完成 40%以下，该比例远高于公办幼儿园。数据说明，农村民办幼儿园生源问题更为突出。

从当前农村学前教育发展的现状看，农村幼儿园普遍存在的生源困境是多重因素作用的结果。教育资源配置不均衡、布局与规模的不合理是农村幼儿园招生困难的主要原因。第一，城市化进程中大量农村劳动力进城务工，子女随迁就学概率显著增加，导致适龄幼儿向城镇集聚，农村适龄幼儿资源被动流失。第二，随着农民收入水平和生活质量的不断提升，越来越多的农村家庭倾向通过各种途径将子女送进教学质量更高的城镇幼儿园。

此外，还有部分贫困地区农村家庭因观念落后，认为去幼儿园接受学前教育并非必要，也是客观存在的现实。为缓解农村幼儿园生源不足的困境，提高资源利用率，政府应继续加大农村地区学前教育资源供给，持续优化资源配置，缩小城乡幼儿园差距，提升农村幼儿园教学质量；合理规划乡镇和农村幼儿园

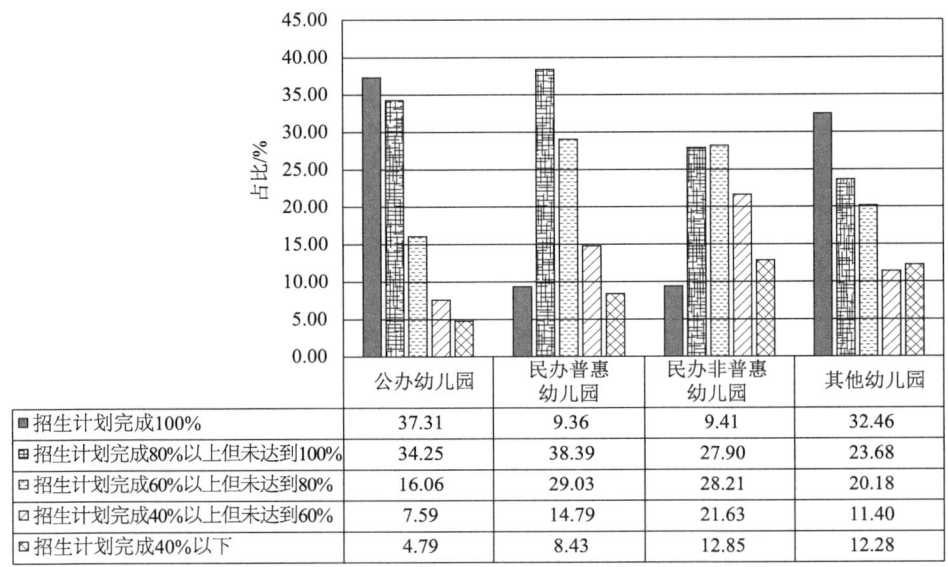

图 3-24 农村不同类型幼儿园近三年入园时的招生情况占比（园长）

布局，创新管理体制，形成乡镇中心幼儿园和小型村庄园协作共赢的农村幼儿教育服务网络，实现优质幼儿教育资源乡村全覆盖，满足农村幼儿就近入园的需求。

（4）农村学前教师队伍存在"数量不足"和"质量不高"两大难题

农村学前教师队伍建设是我国农村学前教育事业发展的根本保障，是农村学前教育发展的重中之重。依据调查问卷的汇总数据，在全国学前教师队伍建设的总体状况中，对比城市学前教师队伍建设情况，可以对农村学前教师队伍查找问题，并做出原因分析。

1）农村学前教师队伍数量相对不足

针对"您园是否缺学前教师"这个问题，在回答"非常缺"时，农村学前教师和城市学前教师相差 3.18 个百分点；在回答"比较缺"时，相差 1.48 个百分点；在回答"比较不缺"时，反差 1.14 个百分点；在回答"非常不缺"时，反差 0.49 个百分点（表 3-15）。

同时，一项 12 省份的调研数据表明，在农村地区，25.4%的幼儿园保教人员与幼儿比为 1∶33—1∶20，而且在这一范围内的幼儿园中公办幼儿园的比例偏大。这反映出我国农村幼儿教师数量短缺成为目前幼儿师资队伍发展的瓶颈。调研数据还表明，56.7%的农村幼儿园保教人员与幼儿比为 1∶16—1∶10。根

第三章 中国农村学前教育发展现状调查研究

表3-15 幼儿园教师配备情况（教师）

选项	城市/人	占比/%	农村/人	占比/%
①非常缺	4 518	10.81	3 467	13.99
②比较缺	10 562	25.27	6 629	26.75
③一般	17 703	42.35	9 741	39.32
④比较不缺	6 944	16.61	3 834	15.47
⑤非常不缺	2 072	4.96	1 107	4.47

据《幼儿园教职工配备标准（暂行）》文件要求，全日制幼儿园保教人员与幼儿比应为1∶9—1∶7，但样本中仅16.9%的幼儿园符合要求。[①]究其原因，主要有以下三个方面。

第一，农村自然条件艰苦、工资薪酬和社会保障程度较低、缺乏人文关怀，不仅影响教师的职业归属感、生活幸福感，更是阻碍高素质人才加入幼儿教师队伍的重要原因。特别是与城市幼儿园相比，农村幼儿园的教师收入水平明显处于弱势地位，农村幼儿园在与城市幼儿园竞争师资引进时自然处于不利境地。这也是造成农村学前教师队伍相对不足的一个重要原因。

在幼儿园园长问卷调查中，当问到"您认为贵园幼儿教师离职的原因"时，在所列的十项原因中，"工资薪酬太低"占比最高。其中，有44.79%的农村幼儿园园长选择了该项，明显高于其他九项原因；同时，也高于城市幼儿园园长选择同类项的比例（36.88%）（表3-16）。

在幼儿园教师问卷调查中，当问到"您所在的幼儿园如果有教师离职，一般出于何种原因"，有半数以上的幼儿园教师认为是"工资薪酬太低"，明显高于其他九项原因，且城乡差异很小（表3-17）。

当问到"您园教师在以下哪些方面最具优势"时，城乡学前教师之间差距最大的是"社会认可度"，两者居然相差39.40个百分点（表3-18），这说明，农村对学前教师的人文关怀普遍不够，与城市的教育文化氛围尚有较大差距；其次是在"其他""师资整体水平""五险一金等社会保障"等方面，城乡之间差距也较大，这在一定程度上也反映了农村对学前教师的社会保障程度较低。

---

① 于冬青，张永慧，王晓阳. 农村学前教师资源配置现状及相关建议——基于十二省份的调研数据. 教育理论与实践，2017，37（26）：34-37.

表 3-16　幼儿园教师离职的原因（园长）

选项	城市/人	占比/%	农村/人	占比/%
①工资薪酬太低	1 432	36.88	1 682	44.79
②幼儿园内部管理存在问题	46	1.18	41	1.09
③工作压力大	667	17.18	443	11.80
④社会地位不高	305	7.85	224	5.97
⑤社会福利保障不健全	246	6.34	240	6.39
⑥专业发展机会少	108	2.78	83	2.21
⑦不能胜任工作	128	3.30	63	1.68
⑧聘用期满，幼儿园不续约	85	2.19	57	1.52
⑨其他	450	11.59	409	10.89
⑩周围没有教师离职，不清楚	416	10.71	513	13.66

表 3-17　幼儿园教师离职原因（教师）

选项	城市/人	占比/%	农村/人	占比/%
①工资薪酬太低	24 036	57.50	14 160	57.15
②幼儿园内部管理存在问题	6 170	14.76	3 385	13.66
③工作压力大	17 317	41.43	8 857	35.75
④社会地位不高	8 257	19.75	4 562	18.41
⑤社会福利保障不健全	6 881	16.46	4 756	19.19
⑥专业发展机会少	4 700	11.24	2 785	11.24
⑦不能胜任工作	1 956	4.68	977	3.94
⑧聘用期满，幼儿园不续约	1 869	4.47	1 030	4.16
⑨其他	9 041	21.63	5 768	23.28
⑩周围没有教师离职，不清楚	6 522	15.60	4 273	17.25

表 3-18　幼儿园教师待遇的优势领域（教师）

选项	城市/人	占比/%	农村/人	占比/%
①薪酬	4 136	9.89	2 348	9.48
②职称评定	4 960	11.87	2 496	10.07
③培训进修	10 681	25.55	5 596	22.58

续表

选项	城市/人	占比/%	农村/人	占比/%
④五险一金等社会保障	16 475	39.41	8 163	32.94
⑤表彰奖励	2 918	6.98	1 686	6.80
⑥社会认可度	17 955	42.96	882	3.56
⑦师资整体水平	15 926	38.10	7 734	31.21
⑧师资队伍稳定性	18 858	45.12	10 222	41.25
⑨其他	7 778	18.61	6 762	27.29

当问到"您最希望在哪个方面提高待遇"时，从城乡学前教师的选项占比来看，农村学前教师在精神文化和职业发展方面的愿望比城市学前教师更高，农村学前教师比城市学前教师更多地希望在"职称评定""培训进修""表彰奖励""社会认可度"等方面提高待遇（表3-19）。而在物质方面，农村学前教师只有在"五险一金等社会保障"方面比城市学前教师有更多的渴望。这从一个层面再次折射出，农村学前教师的职业生涯发展条件不够理想，精神文化微氛围不如城市，社会保障程度也较低。

表3-19 幼儿园教师最希望提高待遇的方面

选项	城市/人	占比/%	农村/人	占比/%
①薪酬	29 340	70.19	15 853	63.98
②职称评定	3 649	8.73	2 193	8.85
③培训进修	1 656	3.96	1 320	5.33
④五险一金等社会保障	3 770	9.02	2 890	11.66
⑤表彰奖励	366	0.88	298	1.20
⑥社会认可度	2 004	4.79	1 300	5.25
⑦其他	1 014	2.43	924	3.73

第二，农村学前教师队伍流动性较大、流失率较高。随着我国城镇化进程的不断加快，越来越多的农村家长进入城市，城市幼儿园的幼儿数量不断增长，学前教育规模随之日益扩大，城市幼儿园客观上需要更多的学前教师。城市幼儿园从农村幼儿园"空吸"优秀教师，这就导致了农村学前教师队伍的流动性

大、流失率高。

在幼儿园园长问卷调查中，当问到"现阶段本园内幼儿教师离职现象"时，选择"80%以上的教师保持稳定"的农村幼儿园园长占比和城市幼儿园园长占比相差 8.97 个百分点；选择"60%—80%的教师保持稳定"的农村幼儿园园长占比和城市幼儿园园长占比相差 0.62 个百分点；而在"大部分教师离职频繁"选项上，农村幼儿园园长占比和城市幼儿园园长占比相差 5.11 个百分点（表 3-20）。总体而言，农村幼儿园教师流动性较城市幼儿园教师要大。

表 3-20　幼儿园教师离职情况（园长）

选项	城市/人	占比/%	农村/人	占比/%
①基本不存在教师离职现象	941	24.23	949	25.27
②80%以上的教师保持稳定	1 649	42.47	1 258	33.50
③60%—80%的教师保持稳定	710	18.28	663	17.66
④近一半的教师能够保持稳定	399	10.28	515	13.72
⑤大部分教师离职频繁	184	4.74	370	9.85

在学前教师问卷调查中，当问到"现阶段您园教师离职现象如何"时，选择"80%以上的教师保持稳定"的农村学前教师占比和城市学前教师占比相差 4.58 个百分点；选择"60%—80%的教师保持稳定"的农村学前教师占比和城市学前教师占比相差 1.11 个百分点；而在"大部分教师离职频繁"选项上，农村学前教师占比和城市学前教师占比反差 1.11 个百分点（表 3-21）。这些数据对比在一定程度上也说明，农村幼儿园教师流动性较城市幼儿园教师略大。

表 3-21　幼儿园教师离职情况（教师）

选项	城市/人	占比/%	农村/人	占比/%
①基本不存在教师离职现象	12 694	30.37	8 362	33.75
②80%以上的教师保持稳定	16 709	39.97	8 770	35.39
③60%—80%的教师保持稳定	7 010	16.77	3 879	15.66
④近一半的教师能够保持稳定	3 894	9.32	2 607	10.52
⑤大部分教师离职频繁	1 492	3.57	1 160	4.68

第三，传统的城乡二元观念也是导致农村学前教师队伍不稳定的一个重要原因。长期以来，人们普遍认为城市生活得天独厚，"城里人似乎比农村人高出一等"这种思想观念促使不少农村孩子读书学习就是为了走出农村、留在城市。一些来自农村的大学毕业生毕业后不愿意回农村工作，即使享受农村教育优惠政策（如特岗教师计划），回村工作后还是"心有不甘"，不断谋划在服务期满后去城市工作。

2）农村学前教师队伍整体素质相对偏低

学前教育师资水平是决定学前教育事业发展的关键因素。然而，农村学前师资学历水平整体低于城市，特别是在农村城镇化进程中，学前师资质量不高就会在很大程度上制约农村学前教育质量的提高。

在幼儿园园长问卷调查中，当问到"您认为您幼儿园的师资队伍水平的整体情况"时，认为"远低于当地平均水平"和认为"稍低于当地平均水平"的农村幼儿园园长共计34.43%（表3-22），远高于选择这两类选项的城市幼儿园园长占比，即16.18%。而在"稍高于当地平均水平"和"远高于当地平均水平"这两个选项上，农村幼儿园园长的占比共计20.72%，明显低于选择这两类选项的城市幼儿园园长的占比总和，即37.37%。由此可见，对比城市幼儿园的师资水平，农村幼儿园的师资水平整体偏低。

表3-22 幼儿园的师资队伍水平的整体情况（园长）

选项	城市/人	占比/%	农村/人	占比/%
①远低于当地平均水平	140	3.61	386	10.28
②稍低于当地平均水平	488	12.57	907	24.15
③与当地平均水平持平	1 804	46.45	1 684	44.85
④稍高于当地平均水平	1 197	30.83	660	17.58
⑤远高于当地平均水平	254	6.54	118	3.14

在学前教师问卷调查中，当问到"您园的师资队伍水平的整体情况"时，有14.80%的农村学前教师认为"远低于当地平均水平"和"稍低于当地平均水平"（表3-23），远高于选择同样两类选项的城市学前教师占比之和，即8.07%。而在"稍高于当地平均水平"和"远高于当地平均水平"两个选项上，农村学前教师的占比总和为33.90%，明显低于选择这两类选项的城市学前教师的占比之和，即49.80%。由此推断，农村幼儿园的师资素质整体弱于城市幼儿园的师资素质。

表 3-23　幼儿园的师资队伍水平的整体情况（教师）

选项	城市/人	占比/%	农村/人	占比/%
①远低于当地幼儿园师资平均水平	1 086	2.60	1 109	4.48
②稍低于当地幼儿园师资平均水平	2 288	5.47	2 558	10.32
③与当地幼儿园师资平均水平持平	17 610	42.13	12 711	51.30
④稍高于当地幼儿园师资平均水平	15 454	36.97	6 648	26.83
⑤远高于当地幼儿园师资平均水平	5 361	12.83	1 752	7.07

仅从幼儿园园长和学前教师的整体认知来看农村幼儿园师资队伍的整体水平远远不够，还需要对比城市学前教师队伍的人员构成，从学历、专业、职称、专业技能等方面来具体解析农村学前教师队伍的现状。

一是农村学前教师的整体学历偏低。接受问卷调查的学前教师中，在"中专以下""中专毕业""大专毕业"三个较低学历阶段，农村学前教师的占比总和为 59.40%，远高于选择这三类选项的城市学前教师占比之和 48.70%；而在"本科毕业"和"研究生及以上"两个较高学历阶段，农村学前教师的占比之和为 40.60%，明显低于城市学前教师的占比总和 51.30%（表 3-24）。由此可见，农村学前教师队伍的整体学历偏低，尚有很大的提升空间。

表 3-24　教师学历情况

选项	城市/人	占比/%	农村/人	占比/%
中专以下	1 317	3.15	1 378	5.56
中专毕业	3 475	8.31	3 315	13.38
大专毕业	15 566	37.24	10 023	40.46
本科毕业	21 032	50.32	10 009	40.39
研究生及以上	409	0.98	53	0.21

二是农村学前教师的专业相关度偏弱。依据学前教师问卷调查数据，毕业于学前教育或幼师相关专业的农村学前教师占比略低于城市学前教师的占比（表 3-25）。也就说，相比城市学前教师队伍的专业构成，农村学前教师队伍的专业相关度偏弱。

第三章 中国农村学前教育发展现状调查研究

表 3-25 教师毕业专业情况

选项	城市/人	占比/%	农村/人	占比/%
学前教育或幼师相关专业	31 044	74.27	17 068	68.88
教育学相关学科	4 861	11.63	3 161	12.76
其他	5 894	14.10	4 549	18.36

三是农村学前教师资格证书的拥有率较低。问卷调查数据显示，拥有教师资格证书的农村学前教师占比明显低于城市学前教师的占比，未取得教师资格证书的农村学前教师占比明显高于城市学前教师的占比（表 3-26）。这就说明，与城市学前教师队伍相比，农村学前教师取得教师资格证书的占比明显低一些。

表 3-26 教师取得教师资格证书情况

选项	城市/人	占比/%	农村/人	占比/%
是	35 779	85.60	18 656	75.29
否	6 020	14.40	6 122	24.71

四是农村学前教师的整体职称较低。在学前教师问卷调查中，"无职称"的农村学前教师占比超过了接受调查的农村学前教师总数的一半，也明显高于"无职称"的城市学前教师的占比的 7.03 个百分点；在"三级"和"二级"职称中，农村学前教师占比总计 30.38%，远高于选择这两类选项的城市学前教师的占比之和 28.30%；在"一级"和"高级"职称中，农村学前教师占比之和为 18.84%，明显低于选择这两类选项的城市学前教师的占比之和 27.99%（表 3-27）。在这些城乡数据对比中，可以发现农村学前教师的整体职称水平低于城市学前教师的整体职称水平。

五是农村学前教师的专业技能较弱。在问卷调查中，当园长卷中问到"贵园的教师素质在哪些方面需要加强"和教师卷中问到"您自己在哪些方面需要提升和加强"时，选择"有关幼儿教育发展阶段、学习策略等先进教育教学理念"的农村幼儿园园长和农村学前教师占比均为最高，分别为 57.74% 和 58.10%（表 3-28，表 3-29）。由此可知，一些农村幼儿园学前教师专业技能还比较薄弱，亟须巩固专业基础知识和提高职业技能。

表 3-27 教师职称情况

选项	城市/人	占比/%	农村/人	占比/%
①三级	1 769	4.23	1 440	5.81
②二级	10 060	24.07	6 089	24.57
③一级	8 883	21.25	3 889	15.70
④高级	2 819	6.74	777	3.14
⑤正高	128	0.31	87	0.35
⑥无职称	18 140	43.40	12 496	50.43

表 3-28 幼儿园教师素质需要提升和加强的方面（园长）

选项	城市/人	占比/%	农村/人	占比/%
①有关幼儿教育发展阶段、学习策略等先进教育教学理念	2 274	58.56	2 168	57.74
②与五大领域相关的学科基础知识	1 270	32.71	1 597	42.53
③区域活动及综合主题教育的设计、组织与指导能力	1 945	50.09	2 039	54.30
④对教育设施的理解与使用	650	16.74	664	17.68
⑤与幼儿交流、沟通与管理的能力	1 351	34.79	1 340	35.69
⑥对幼儿发展进行观察和评估的能力	2 124	54.70	1 550	41.28
⑦教育教研专业知识与能力	2058	53.00	1 832	48.79
⑧专项技能或专项教学法	1 232	31.73	1 359	36.19
⑨家校共育	1 282	33.02	1 255	33.42

表 3-29 幼儿园教师需要提升和加强的方面（教师）

选项	城市/人	占比/%	农村/人	占比/%
①有关幼儿教育发展阶段、学习策略等先进教育教学理念	24 178	57.84	14 395	58.10
②与五大领域相关的学科基础知识	11 859	28.37	7 995	32.27
③区域活动及综合主题教育的设计、组织与指导能力	17 760	42.49	10 846	43.77
④对教材的理解与使用	41 799	100.00	4 171	16.83
⑤与幼儿交流、沟通与管理的能力	9 208	22.03	6 094	24.59
⑥对幼儿发展进行观察和评估的能力	11 830	28.30	6 596	26.62
⑦教育教研专业知识与能力	14 613	34.96	8 641	34.87
⑧专项技能或专项教学法	11 517	27.55	7 186	29.00
⑨家校共育	10 153	24.29	5 766	23.27

第三章 中国农村学前教育发展现状调查研究

根据以上分析可知,农村学前教师队伍在学历、专业、职称、专业技能等方面均不同程度地低于城市学前教师队伍。究其原因,主要有四点。

首先,农村学前师资建设面临着一系列新问题、新挑战:在一些偏远农村,由于条件相对艰苦,大多数学前教育专业毕业生不愿到农村就业;虽有不少中小学教师转岗补充到学前教师队伍中,农村师资依然缺乏,科班出身的专业教师更是相对偏少;骨干学前教师队伍更是尚未真正形成;乡镇公立幼儿园发展相对滞后,不能真正起到示范辐射作用;特别是农村幼儿园开展园本教研和其他教研活动的频率较低。这些都导致农村幼儿园教师整体素质偏低。在问卷调查中,当问到"贵园开展教研活动的频率"时,农村幼儿园园长选择"每周1次"的仅占31.58%(表3-30),农村学前教师选择"每周1次"的仅占48.91%(表3-31),均明显低于相应的城市数据。这些城乡之间的数据对比说明,农村幼儿园开展教研活动的频率相对较低,与城市幼儿园开展教研活动的频率差距较大。

表3-30 幼儿园开展教研活动的频率(园长)

选项	城市/人	占比/%	农村/人	占比/%
①每周1次	2 056	52.94	1 186	31.58
②每月2—3次	1 112	28.64	985	26.23
③每月1次	398	10.25	829	22.08
④每学期2—3次	224	5.77	419	11.16
⑤每年2—3次	67	1.73	188	5.01
⑥未能有效开展相关活动	26	0.67	148	3.94

表3-31 幼儿园开展园本教研或其他教研活动的频率(教师)

选项	城市/人	占比/%	农村/人	占比/%
①每周1次	25 661	61.39	12 116	48.91
②每月2—3次	10 256	24.54	6 166	24.88
③每月1次	3 103	7.42	2 979	12.02
④每学期2—3次	1 991	4.76	2 265	9.14
⑤每年2—3次	451	1.08	659	2.66
⑥未能有效开展相关活动	337	0.81	593	2.39

其次，农村学前师资管理方面尚未引起地方政府的高度重视，管理体制、方式、手段等方面均存在不少漏洞和短板。比如，农村学前教育师资队伍管理的规章制度不够健全，学前教师参加在职培训的机会相对较少，园长对教师的管理以行政命令为主，人文关怀和心理疏导不足。

在学前教师问卷调查中，当问到"您在正式进入工作岗位前是否参加过幼儿园或当地教育部门举办的职前培训"时，农村学前教师"参加过"的比例低于城市学前教师 3.11 个百分点，"没有参加过"的比例高于城市学前教师 3.11 个百分点（表 3-32）。从这两组数据对比可以看出，农村学前教师职前培训的覆盖面不及城市。

当问到"教师在职培训机会"时，回答"每年 10 次以上"的农村幼儿园园长的比例低于城市幼儿园园长 10.58 个百分点（表 3-33）。这说明，农村幼儿园教师在职培训的机会相对较少，与城市幼儿园教师的在职培训机会差距较大。

当问到"教师在职培训机会"时，仅有 46.86%的农村学前教师认为"非常多"和"比较多"（表 3-34），远低于选择这两类选项的城市学前教师占比之和 60.07%。这说明，农村学前教师在职培训的机会相对较少，不能满足教师的职业生涯发展需求。

再次，农村学前教师数量普遍紧缺，在岗教师的工作任务过重，无暇提升自身的教研能力。教师们每天把主要精力都用于教育保育工作上，很难有充裕

表 3-32　教师参加过幼儿园或当地教育部门举办的职前培训情况（教师）

选项	城市/人	占比/%	农村/人	占比/%
①参加过	34 670	82.94	19 781	79.83
②没有参加过	7 129	17.06	4 997	20.17

表 3-33　幼儿园为教师提供在职培训的机会（园长）

选项	城市/人	占比/%	农村/人	占比/%
①每年 10 次以上	744	19.16	322	8.58
②每年 6—9 次	720	18.54	415	11.05
③每年 3—5 次	1 584	40.80	1 617	43.06
④每年不足 3 次	701	18.05	1 064	28.34
⑤基本没有	134	3.45	337	8.97

第三章 中国农村学前教育发展现状调查研究

表 3-34 幼儿园为教师提供在职培训的机会(教师)

选项	城市/人	占比/%	农村/人	占比/%
①非常多	7 542	18.04	2 815	11.36
②比较多	17 563	42.03	8 771	35.40
③一般	12 708	30.40	9 565	38.60
④比较少	3 424	8.19	2 907	11.73
⑤几乎没有	562	1.34	720	2.91

时间去研究新生代幼儿的代际特征和发展规律,以及幼儿群体中存在的突出问题(如特殊儿童的心理问题及其矫治方法等),这也是制约当前农村学前教师素质提升的客观原因。这实际上就形成了农村学前教育的全部内容就是"看管孩子"的工作,没有形成育儿与研究协调发展、相互促进的"科研促进教育、教育支撑科研"的良性互动局面。

在幼儿园园长问卷调查中,当问到"您认为阻碍您的幼儿园开展园本教研或其他教研活动的主要原因是什么"时,农村幼儿园园长选择最多的三个选项依次是"教师工作繁忙""教师专业基础薄弱""教研活动缺乏对外交流和指导"(表 3-35)。这就从幼儿园的领导层面上说明,不少农村幼儿园教师的工作任务过重,难以抽出一定时间进行教研活动;也在一定程度上说明,一些农村幼儿园教师的专业技能还比较薄弱,亟须巩固专业基础知识和提高职业技能。

表 3-35 阻碍您的幼儿园开展园本教研或其他教研活动的主要原因(园长)

选项	城市/人	占比/%	农村/人	占比/%
①教师工作繁忙	2 419	62.30	2 213	58.93
②场地受限	390	10.04	405	10.79
③教师专业基础薄弱	1 575	40.56	1 949	51.90
④实效性不高,影响开展教研活动的积极性	910	23.44	950	25.30
⑤园长及教师思想保守,没有意识地去开展教研活动	155	3.99	198	5.27
⑥教研活动缺乏对外交流和指导	1 999	51.48	1 909	50.84
⑦其他	463	11.92	478	12.73

最后，农村学前师资培训实效性不高。目前，大多数地方的农村学前师资培养主要依靠"国培计划"等培训来提高专业素质，出现了一些不良现象：农村学前教师培训脱离了"农村"场景，培训"城市化"趋向严重，培训学习缺乏针对性和有效性；培训者缺乏对农村学前教育的研究和体验，导致培训内容脱离农村学前教师的实际需求；培训中对乡镇中心幼儿园的基层引领作用重视不够。

在学前教师问卷调查中，当问到"您所参加的教师培训对您的专业能力提升产生的效果"时，农村学前教师中认为"非常大"和"比较大"的人数占比共有62.89%，明显低于选择这两类选项的城市学前教师占比之和67.28%（表3-36）。由此看出，农村学前教师的培训效果与城市学前教师还有一定距离，农村学前师资培训的内容和形式都亟须改进、改善。

表3-36 培训对教师的专业能力提升产生的效果（教师）

选项	城市/人	占比/%	农村/人	占比/%
①非常大	8 448	20.21	4 392	17.73
②比较大	19 671	47.07	11 192	45.16
③一般	11 989	28.68	7 834	31.62
④没什么效果	990	2.37	580	2.34
⑤完全没效果	89	0.21	67	0.27
⑥没有参加过培训	612	1.46	713	2.88

总体而言，我国农村学前教师队伍发展的现实问题凸显为"数量不足"和"质量不高"。结合这两大方面的成因分析，建议从四个方面加强新时代农村学前教师队伍建设：一是加大经费投入，大力提高农村学前教师工资待遇；二是增强人文关怀，切实提高农村学前教师社会地位；三是重视职前培养，充分增强农村学前教师人才供给；四是强化在职培训，不断增强农村学前教师职业技能。

（5）幼儿园硬件设施尚无法满足现实需要

硬件设施及玩教具配置是开展幼儿园保育教育活动的基础和前提。在对"幼儿园硬件设施及玩教具、游戏材料、图书等的配备"的调查中，有16.99%的园长和8.56%的教师反映"非常缺乏"或"比较缺乏"；仅有47.27%的园长和65.07%的教师认为本园"非常丰富"或"比较丰富"，能够满足日常教育教学活动的开展,或实施较高质量的教育教学活动（图 3-25、图 3-26）。园长和教师的反馈意见的差异反映了园长对本园硬件设施及玩教具等的需求更有全局性、前瞻性，从幼儿园未来发展规划和幼儿身心发展的视角提出了更高要求。

在对"目前幼儿园继续丰富和补充哪些玩教具、游戏材料等"的调查中，47.26%的教师认为最需要增加"科学类玩教具及材料"；其次是"户外大中型玩具"和"音乐类玩教具及材料"，教师选择比例分别约四成（图 3-27）。即便是选择比例最低的"图书"，也仍有一成农村幼儿园教师认为本园还需继续补充。可见，农村幼儿园现有的硬件设施、玩教具及其他教学材料等，还无法满足现实的发展需求。由于种种原因，一些农村幼儿园在改扩建、配备玩教具等日常管理中采取了低标准、低要求，限制了保育教育活动的丰富性和多样性，与城区幼儿园的硬件设施及玩教具配备也有较大差距，因此还有很大的改进和完善的空间。

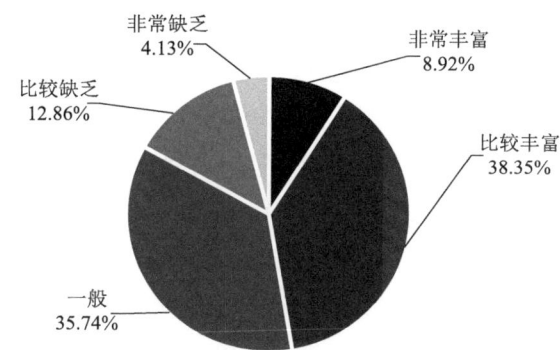

图 3-25　园长对硬件设施及玩教具等配备的反馈

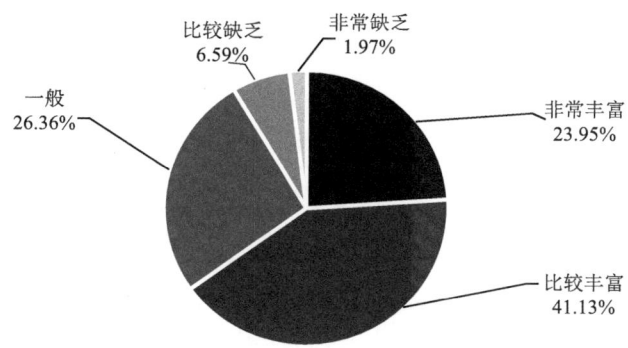

图 3-26　教师对硬件设施及玩教具等配备的反馈

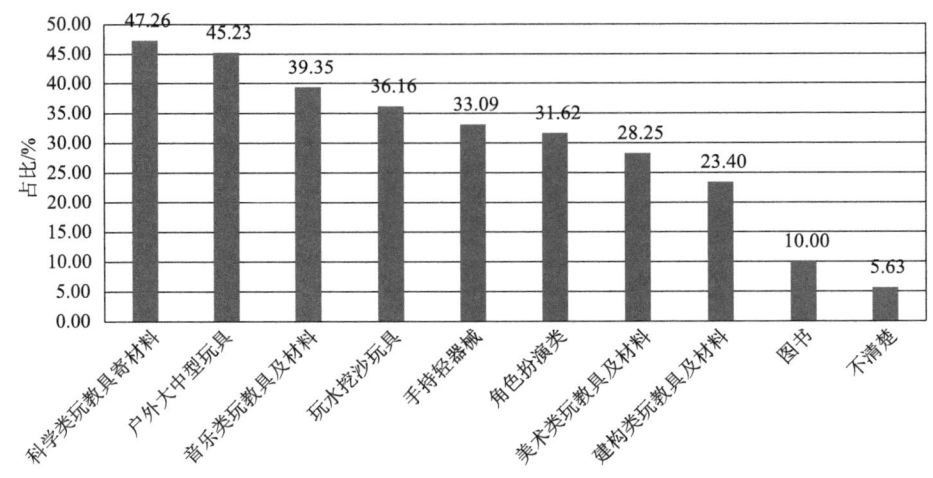

图 3-27 教师认为急需补充的玩教具及游戏材料选择比例

（6）农村幼儿园保育教育活动实效性相对较低

1）农村幼儿园班级课程计划的确定和执行有待规范

幼儿园园长和学前教师问卷调查数据均显示，农村幼儿园班级课程计划的确定过程和执行情况整体不如城市幼儿园规范，特别是户外活动时间相对较少。

第一，农村幼儿园班级课程计划的确定，教师主观随意性较大，对区县幼教管理部门的依赖性也较大，而幼儿园和年级组层面的积极作用发挥不够充分。在问卷调查中，当问到"每班的课程计划是如何确定"时，选择"教师本人自行确定"的农村幼儿园园长和农村学前教师占比分别高于相应的城市幼儿园数据的 8.14 和 3.99 个百分点（表 3-37，表 3-38）。从数据对比可以看出，农村幼儿园班级课程计划确定的规范性和积极性整体弱于城市幼儿园。

表 3-37　幼儿园每班的课程计划的确定方式（园长）

选项	城市/人	占比/%	农村/人	占比/%
①教师本人自行确定	201	5.18	500	13.32
②本班教师协商确定	725	18.67	884	23.54
③幼儿园年级组主要确定	1 824	46.97	1 243	33.10
④幼儿园主要确定	980	25.24	836	22.26
⑤区县幼教管理部门主要确定	104	2.68	208	5.54
⑥不清楚	44	1.13	69	1.84
⑦没有课程计划	5	0.13	15	0.40

第三章 中国农村学前教育发展现状调查研究

表 3-38 班级课程计划的确定方式（教师）

选项	城市/人	占比/%	农村/人	占比/%
①教师本人自行确定	2 518	6.02	2 480	10.01
②本班教师协商确定	10 494	25.11	7 087	28.60
③幼儿园年级组主要确定	21 523	51.49	10 611	42.83
④幼儿园主要确定	5 388	12.89	3 086	12.45
⑤区县幼教管理部门主要确定	970	2.32	888	3.58
⑥不清楚	849	2.03	557	2.25
⑦没有课程计划	57	0.14	69	0.28

第二，农村幼儿园班级课程计划的执行和落实有待增强系统性和规范性。当问到"班级每日的课程计划执行情况如何"时，回答"每班均能有计划安排整日的教育活动、游戏与生活环节"的农村幼儿园园长和农村学前教师占比分别低于相应的城市幼儿园数据的 12.34 和 6.71 个百分点（表 3-39，表 3-40）。这从幼儿园园长的领导层面和学前教师的实践层面均说明，农村幼儿园班级课程计划执行的系统性和规范性在一定程度上低于城市幼儿园。

表 3-39 班级每日的课程计划执行情况（园长）

选项	城市/人	占比/%	农村/人	占比/%
①每班均能有计划安排整日的教育活动、游戏与生活环节	3 148	81.08	2 581	68.74
②每班均能有计划安排半日的教育活动、游戏与生活环节	654	16.84	956	25.46
③没有固定的课程计划，随机活动为主	28	0.72	130	3.46
④其他	53	1.36	88	2.34

表 3-40 班级每日的课程计划执行情况（教师）

选项	城市/人	占比/%	农村/人	占比/%
①能够有计划安排整日的教育活动、游戏与生活环节	33 870	81.03	18 416	74.32
②能够有计划安排半日的教育活动、游戏与生活环节	6 609	15.81	5 067	20.45
③没有固定的课程计划，随机活动为主	324	0.78	465	1.88
④其他	996	2.38	830	3.35

当问到"您班级的课程计划在以下哪些方面尚未达到每周一次的游戏或生活活动"时，回答"以上内容每周基本达到两次以上"的农村幼儿园园长的比例低于城市幼儿园园长 5.29 个百分点（表 3-41）。这从幼儿园的综合主题、健康领域、语言领域、社会领域、科学领域、艺术领域等的教育活动层面再次印证，农村幼儿园班级课程计划执行的系统性和规范性整体弱于城市幼儿园。

第三，农村幼儿园每天户外活动时间相对较少。在学前教师问卷调查中，当问到"您班级的幼儿每天户外活动时间属于以下哪种情况"时，回答"远超过 2 小时"和"基本达到 2 小时"的农村学前教师占比共计 68.04%，低于城市幼儿园园长的 71.19%（表 3-42）。在接下来的四个选项"在 1—2 小时之间""不足 1 小时""户外活动时间很少""其他"上，农村学前教师的占比总和为 31.96%，高于城市幼儿园园长的 28.81%。由此可见，与城市幼儿园相比，农村幼儿园每

表 3-41　课程计划在五大领域未达到每周一次的游戏或生活活动情况（园长）

选项	城市/人	占比/%	农村/人	占比/%
①综合主题教育活动	10 483	25.08	6 889	27.80
②健康领域教育活动	4 931	11.80	3 311	13.36
③语言领域教育活动	3 311	7.92	2 375	9.59
④社会领域教育活动	3 825	9.15	2 566	10.36
⑤科学领域教育活动	5 671	13.57	3 785	15.28
⑥艺术领域教育活动	3 659	8.75	2 831	11.43
⑦以上内容每周基本达到两次以上	24 131	57.73	12 994	52.44
⑧没有固定的课程计划，随机活动为主	1 617	3.87	1 351	5.45
⑨不清楚	3 269	7.82	1955	7.89

表 3-42　幼儿每天户外活动时间情况（教师）

选项	城市/人	占比/%	农村/人	占比/%
①远超过 2 小时	7 952	19.02	4 407	17.79
②基本达到 2 小时	21 803	52.17	12 452	50.25
③在 1—2 小时之间	9 973	23.86	6 291	25.39
④不足 1 小时	1 061	2.54	811	3.27
⑤户外活动时间很少	374	0.89	258	1.04
⑥其他	636	1.52	559	2.26

第三章　中国农村学前教育发展现状调查研究

天户外活动时间相对较少，一些户外教育活动也就开展较少。

2）农村幼儿园幼儿自主选择性和情感交流相对不够充分

对幼儿园园长和学前教师的问卷调查数据均显示，农村幼儿园中教师为幼儿提供自主选择的机会相对较少，师生有效互动相对不足，鼓励孩子交流和表达情感相对不多。

在针对幼儿园园长的问卷调查中，当问到"贵园每班每天的室内区域活动及户外活动中，教师为幼儿提供自主选择的情况"时，有53.74%的农村幼儿园园长回答"基本没有自由选择的机会，主要安排的是统一的集体活动或游戏"和"幼儿在区域及户外活动中能够有1—2次自由选择玩具、材料、游戏或者同伴的机会"，明显高于城市幼儿园园长的41.20%，详见表3-43。这说明农村幼儿园的幼儿在室内区域活动及户外活动中自主选择的机会在很大程度上少于城市幼儿园。

表3-43　教师为幼儿提供自主选择的情况（园长）

选项	城市/人	占比/%	农村/人	占比/%
①基本没有自由选择的机会，主要安排的是统一的集体活动或游戏	237	6.10	368	9.80
②幼儿在区域及户外活动中能够有1—2次自由选择玩具、材料、游戏或者同伴的机会	1 363	35.10	1 650	43.94
③幼儿在区域及户外活动中能够有3次以上自由选择玩具、材料、游戏或者同伴的机会	778	20.04	649	17.28
④幼儿在区域及户外活动中能够完全自主地选择玩具、材料、游戏或者同伴	1 449	37.32	1 010	26.90
⑤不清楚	56	1.44	78	2.08

在对学前教师的问卷调查中，当问到"您在班级每天的室内区域活动及户外活动中为幼儿提供自主选择机会的情况"时，有49.48%的农村学前教师回答"基本没有自由选择的机会，主要安排的是统一的集体活动或游戏"和"幼儿在区域及户外活动中能够有1—2次自由选择玩具、材料、游戏或者同伴的机会"，远高于选择同类选项的城市学前教师占比之和43.76%（表3-44）。这也再次说明，农村幼儿园的幼儿在室内区域活动及户外活动中自主选择的机会相对城市幼儿园偏少。

当问到"您能够与您班级的大部分孩子进行有效互动，鼓励孩子交流和表达情感"时,回答"非常符合"的农村学前教师的比例低于城市学前教师 8.40 个百分点(表 3-45)。这从学前教师的自我评价上也说明,农村幼儿园师生互动的有效性和对孩子交流和表达情感的鼓励力度整体低于城市幼儿园。

表 3-44 教师为幼儿提供自主选择机会的情况(教师)

选项	城市/人	占比/%	农村/人	占比/%
①基本没有自由选择的机会,主要安排的是统一的集体活动或游戏	2 959	7.08	2 286	9.23
②幼儿在区域及户外活动中能够有1—2次自由选择玩具、材料、游戏或者同伴的机会	15 331	36.68	9 974	40.25
③幼儿在区域及户外活动中能够有3次以上自由选择玩具、材料、游戏或者同伴的机会	6 799	16.27	3 700	14.93
④幼儿在区域及户外活动中能够完全自主地选择玩具、材料、游戏或者同伴	15 409	36.86	7 938	32.04
⑤不清楚	1 301	3.11	880	3.55

表 3-45 教师与班级大部分孩子的有效互动情况(教师)

选项	城市/人	占比/%	农村/人	占比/%
①非常符合	21 359	51.10	10 579	42.70
②比较符合	17 622	42.16	11 592	46.77
③一般	2 601	6.22	2 450	9.89
④比较不符合	137	0.33	91	0.37
⑤非常不符合	80	0.19	66	0.27

3)农村幼儿园幼小衔接工作方式落后于城市幼儿园

在对幼儿园园长的问卷调查中,当问到"贵园幼小衔接工作主要通过以下哪种方式开展"时,有33.13%的农村幼儿园园长回答"主要通过集中方式实施读写训练"和"主要通过游戏形式适当学习拼音、识字、算数、英语等",高于城市幼儿园园长的23.97%;而在"组织孩子到小学参观,适应小学环境等活动"这个选项上,农村幼儿园园长占比低于选择同类选项的城市幼儿园园长占比7.99 个百分点(表 3-46)。这些数据折射出,农村幼儿园幼小衔接的工作方式相比城市幼儿园还有一定差距。

第三章　中国农村学前教育发展现状调查研究

表 3-46　幼小衔接工作的开展方式（园长）

选项	城市/人	占比/%	农村/人	占比/%
①主要通过集中方式实施读写训练	209	5.38	322	8.58
②主要通过游戏形式适当学习拼音、识字、算数、英语等	722	18.59	922	24.55
③组织孩子到小学参观，适应小学环境等活动	2 438	62.79	2058	54.80
④尚未开展幼小衔接相关工作	186	4.79	194	5.17
⑤其他	328	8.45	259	6.90

在学前教师问卷调查中，当问到同样问题时，有30.98%的农村学前教师回答"主要通过集中方式实施读写训练"和"主要通过游戏形式适当学习拼音、识字、算数、英语等"，明显高于城市学前教师的27.59%；而在"组织孩子到小学参观，适应小学环境等活动"这个选项上，农村学前教师的占比低于选择同类选项的城市学前教师的占比2.34个百分点（表3-47）。这从一线教师实践层面也说明，农村幼儿园幼小衔接工作有待加强。

表 3-47　幼小衔接工作的主要开展方式（教师）

选项	城市/人	占比/%	农村/人	占比/%
①主要通过集中方式实施读写训练	3 561	8.52	2 330	9.40
②主要通过游戏的形式适当学习拼音、识字、算数、英语等	7 970	19.07	5 348	21.58
③组织孩子到小学参观，适应小学环境等活动	23 624	56.51	13 421	54.17
④尚未开展幼小衔接相关工作	2 415	5.78	1 275	5.15
⑤其他	4 229	10.12	2 404	9.70

从以上调查结果来看，目前农村地区的保育教育活动在一定程度上仍然以集体教学为主，以知识讲授为中心；对幼儿的心理特点、兴趣爱好和成长需求重视不够，只有一部分农村幼儿园开始注重课程整合和"五育启蒙"。出现这种局面的原因主要有四个方面：首先，家长教子心切，追求即时、显性的知识成效，导致一些幼儿园偶尔出现"小学化倾向"，特别是有些农村民办幼儿园为了招生、逐利而过度迎合家长期望；其次，一些农村学前教师专业素质不高，育儿理念落后，缺乏科学、有效的职业技能；再次，幼教主管部门对农村幼儿园监管、督导、督查不严，对农村幼儿园教师培训不到位；最后，一些农村幼儿

园直接购置现成教材，未能结合当地农村幼儿的成长实际和心理需求进行保育教育活动。

因此，建议幼教主管部门加强对农村幼儿园的监管和督查，切实加强对农村幼儿园园长和学前教师的业务培训和专业指导，引导和帮助他们树立先进的保育教育理念，科学识别和有效满足幼儿的心理状况和成长需求，正确认知和科学实施幼小衔接工作。同时，对农村幼儿园的硬件设施和玩教具、教材、教研参考书目等进行规范管理，建立农村幼儿园玩教具、教材及教研参考书目的审查和推荐制度。

另外，在全社会加大学前教育宣传力度，利用各种媒体对农村家长进行科学育儿理念和儿童心理学的普及宣传，纠正家长的错误教育观念，提高家长对学前教育的认识水平，进一步密切家园联系，并不断增强家园育人合力，共同促进农村幼儿的健康成长和全面发展。

（7）家园共育的效果有待进一步提升

家园共育是幼儿园和家长双方相互支持和配合的教育活动。从考察家长参与幼儿园活动的角度，在对"近三年您园家长平均每学年到幼儿园参加保育教育活动的频率"的调查中，园长、教师和家长均从不同角度做出了相对一致的回答。其中，认为"每学年2—3次"的占主体，分别有58.35%、51.90%和47.62%的选择比例（表3-48）。

表3-48 家长每学年到幼儿园参加保育教育活动的频率

项目	园长	教师	家长
①每学年4次以上	834（22.21%）	5 483（22.13%）	23 562（16.73%）
②每学年2—3次	2 191（58.35%）	12 860（51.90%）	67 091（47.62%）
③每学年1次	517（13.77%）	5 140（20.74%）	37 128（26.36%）
④不足1次	213（5.67%）	1 295（5.23%）	13 090（9.29%）

相关调研数据显示，七成左右的家长在家园共育环节中发挥了一定作用，但也有相当比例的家长在参与幼儿园保育教育活动中处于被动消极状态。分别有19.44%的园长、25.97%的教师和35.65%的家长反映，每学年的家长入园活动频率仅为1次或不足1次。这既与农村幼儿园举行家长开放日等活动的频率有关，也与农村家长的家园共育合作理念和能力有关。特别是对于农村留守幼

儿家庭而言，祖辈家园共育的意识不足，知识与能力有限，或因身体欠佳等，造成农村幼儿园家园合作难以推进。

此外，建设家长委员会对于充分发展家长作用、促进家校合作、完善幼儿园管理制度具有重要意义。九成多的农村幼儿园根据《教育部关于建立中小学幼儿园家长委员会的指导意见》要求均建立了家长委员会，但家长委员会在参与幼儿园管理和日常教育工作中发挥的作用不一。仅有41.12%的园长和56.08%的教师认为本园家长委员会在日常管理和活动组织中发挥的作用"非常大"或"比较大"，有12.78%的园长和6.62%的教师认为"作用比较小"或"基本没作用"。

家长委员会在现代学校制度的建设和完善过程中承担了重要职责，有必要进一步发挥农村幼儿家长在学前教育改革发展中的积极作用，促进农村普惠性幼儿园实现依法办学、自主管理，同时加强民主监督和社会参与，形成学校、家庭和社会的育人合力。

五、农村学前教育发展的典型案例——基于一所乡镇中心幼儿园的调研[①]

在调研全国农村学前教育的基础上，为了深入了解农村学前教育的现状，课题组运用精准思维，在××市选取了一所位于乡镇的中心幼儿园（简称"中心园"）进行深度访谈，将其作为典型案例进行研究和分析，力求体现"以点带面"的研究效果。

（一）中心园的基本情况及其历史渊源

中心园所在的镇位于××市中西部，总面积119.26平方千米，辖4个居民委，14个行政村，总人口5.4万。全镇学前教育主要依靠中心园和永丰分园两所幼儿园。两所幼儿园共有教职工73人，其中专任教师50人，本科学历35人，专科学历15人，全部取得教师资格证，平均年龄33岁。

中心园成立于1979年，占地面积6 200平方米，建筑面积2 400平方米，户外活动场地3 657平方米；现有大、中、小3个班型，13个教学班，在园幼

[①] 如无特殊标明，本小节相关资料来自2020年10月课题组到该市教育局的实地调研。

儿 530 多人；教职工 40 人，其中专任教师 29 人，教师队伍中有 23 人是本科学历，6 人是专科学历，全部拥有教师资格证书。

（二）中心园的主要经验及其理论价值

通过实地调研和深度访谈幼儿园园长和教师，课题组总结和提炼出中心园办学的主要经验，其中一些经验能够进一步验证和充实学前教育理论。

1. *不断提高教师待遇，有效稳定教师队伍*

办好教育，关键在教师。在调研过程中，我们明显发现：学前教师队伍的稳定性与工资水平成正比。在幼儿园教师座谈中，一些教师获得感和幸福感较强，她们通过幼儿园之间的对比、行业之间的对比，对目前的教师岗位"虽然不是特别满意，但是比较满意"。由于该园教师工资在当地农村幼儿园教师工资中处于最高水平，教师队伍稳定性也最好，连续多年没有教师辞职或是调离，只有少数教师到龄退休。同时，提高教师工资待遇也是座谈中教师呼声最高的问题。因此，在学前教师队伍建设中，不断提高工资水平是有效稳定教师队伍的关键因素。

2. *深度关怀教师生活，切实满足师生需求*

在提高物质待遇的同时，幼儿园的精神文化环境对学前教师的工作主动性和育人积极性也有重大影响。中心园建立健全了各项规章制度，各类工作人员岗位职责明确，制度健全。把"团结严谨、勤奋求实、热情奉献、开拓创新"作为园风，做到热爱幼儿园、热爱孩子，树立敬业精神、创新精神、奉献精神。在访谈中，无论是教育行政部门还是幼儿园教师，对幼儿园的精神文化环境都非常关注；一所先进的幼儿园，必然有一个优秀的园长，能够营造温馨舒适的精神文化环境，懂得对每位教师进行人文关怀和心理疏导。因此，开展幼儿园精神文明创建活动，增强对学前教师的人文关怀，也是加强学前教师队伍建设的重要环节。

在关怀教师的同时，更要关心关爱在园儿童。幼儿园在每天的晨检中检查幼儿随身携带物品，及时消除隐患。幼儿园还与公安部门、居委会经常进行联系，给保安配备了警棍等警备器材，确保能够及时处理突发事件，从各方面努力为幼儿创设安全的生活和学习环境。同时，幼儿园厨房配有大型生物醇油灶、消毒柜、热水器、不锈钢厨具等设施，这些设施均经卫生管理监督局检查合格，获得"卫生许可证"。幼儿园内部还建立了食堂食品卫生检查管理制度、食品安全制度，食品、餐具、厨具均按规定消毒。炊事员每年体检合格方可上岗，并与老师一起研究确定营养食谱。教师、幼儿每年体检一次，体检率达100%。幼儿园还根据国家规定，建立健全了合理的幼儿作息制度，确保幼儿身体健康发展。

3. 重视学前教育研究，切实提高教师素质

在教师保育教育任务繁重的情况下，中心园坚持每周以年组为单位开展一次小教研，主要是针对下一周的教育教学活动进行集体梳理，帮助教师理清思路、解决困惑。这种小单位的学习研讨，人员容易集中，解决现实问题的效果明显。

在教师外出学习研修机会极少的情况下，中心园每学期借助园本研修互助网开展两次研修活动。在市教育学院及市教师进修学校有关教师的思想引领和专业指导下，教师们积极更新专业理念，提高学前教育专业能力。市园本研修互助网的基地园为教师们提供宝贵的学习和研修机会。在园本研修互助网上，教师们真正实现了园级间联动、个体间交流学习，最大限度地共享了全市优质学前教育资源，全园教师的综合素养和专业技能得到了明显提升。

此外，中心园还结合园本研修互助网的研修主题和本园教师在教学过程中遇到的实际问题，每月以园为单位开展园本教研活动，一课多研，同课异构，着力提升全体教师的教研水平和专业技能。

4. 做好幼小衔接工作，稳步提高保教质量

在全社会高度重视学前教育的形势下，在家长们普遍期待幼儿提早学习小学知识的错误观念下，中心园能坚持正确的保教方向，努力做好幼小衔接工作。

第一，坚持正确的办园理念，认真贯彻《幼儿园教育指导纲要（试行）》《幼儿园工作规程》《3—6岁儿童学习与发展指南》的要求，以"面向未来、服务家长、以人为本、全面育人"为办园宗旨，坚持保教结合，既面向全体幼儿，又注重个体差异性，对幼儿实施体智德美全面发展的教育，使每个幼儿身心和谐发展。在心理方面的幼小衔接中，通过组织大班幼儿参观小学，请小学老师、小学生来园介绍小学的生活等活动，让幼儿了解小学生活，渴望成为小学生，

对小学生活充满向往。同时，让幼儿意识到自己已经长大了，要学习更多的知识、本领，渴望进入小学，做好入学心理准备。

第二，在日常生活和教育教学活动中，坚持以游戏为基本形式，尊重幼儿的兴趣，开展区域活动，为孩子提供可操作、易变化的开放性材料，给孩子提供积极探索的余地和欲望，使他们体验活动的快乐。通过故事、情境等形式，注重培养幼儿良好的行为习惯，提高幼儿的生活自理能力、人际交往能力，注重培养幼儿良好的常规习惯和学习习惯、学习品质，培养幼儿多方面的兴趣。同时，坚决反对"小学化"倾向，不讲解小学知识。

第三，幼儿园遵循孩子的身心发展规律，制定一日作息制度，合理安排游戏活动、户外活动和各保育教育环节的活动时间，充分体现动静交替、保教结合的原则，逐步引导幼儿养成良好的行为习惯。在各项能力的幼小衔接中，通过开展独立夜、毕业典礼、亲子阅读等活动，提高幼儿的独立自主的能力、语言表达能力，培养幼儿责任感和任务意识。

第四，针对家长普遍期望幼儿学习小学知识的错误观念，耐心做好解释工作，帮助家长纠正错误教育观念。通过微信群、召开家长会等形式的宣传和教育，让家长了解幼儿的在园生活，看到幼儿的成长与进步，也让家长意识到培养好的行为习惯和学习品质的重要性，指导家长怎样做好衔接，让家长们能够主动、积极地参与到此项工作中来，帮助孩子做好上小学的各项准备。

经过三年的幼儿园生活，幼儿普遍具有良好的行为习惯。据小学老师反馈，中心园幼儿进入小学后，普遍上课注意力集中，认真听讲，学习习惯很好。

5. 重视做好家长工作，加大家园育人合力

中心园积极做好家长工作，除班级门口建立"家长园地"外，还建立了班级 QQ 群、微信家长群等，不定期开展家长会、家长伙委会、家长代表大会、家长开放日、亲子游戏活动等，引导家长克服幼儿"小学化"的"短时期待"，正确认知幼小衔接；每周发放"本周学习内容"让家长随时了解幼儿园教学进度，通过这些多层次、多途径的交流沟通，让家长全面了解幼儿园动态，参与幼儿园的课程互动，达到家园共育的目的。尤其是在安全工作中经常与家长保持联系，共同重视安全工作。例如，坚持确认接送的幼儿家长，确保幼儿安全离园。

由于卓有成效的工作，中心园连年荣获市里"教育教学先进单位""安全管

理先进单位""幼儿园管理先进单位""教师基本功大赛优秀组织奖""幼儿园活动区游戏专题活动先进单位"等称号，2015年还被评为三星级幼儿园。

（三）中心园的主要问题及其原因分析

近几年，中心园虽然取得了很大的成绩，但发现和查找到的问题依然不容忽视。这些问题主要表现为以下四个方面：办学条件较差，经费投入有待加大；教师数量不足，师资队伍有待充实；教师教研不多，教研能力有待提升；家园联系松散，育人合力有待增强。

1. 办学条件与城区差距较大，经费投入有待加大

近几年，中心园的办学条件取得了长足发展，在当地农村幼儿园中也处于领先水平：两所幼儿园均配室外大型玩具、塑胶场地、塑胶跑道，每个班还配有液晶电视、电脑、数码相机、电子琴、VCD、饮水机、消毒柜等，幼儿每人一巾一杯，有适合幼儿年龄特点的课桌椅、床等，有桌面玩具若干，幼儿图书人均6册以上，这些设备设施在很大程度上满足了幼儿学习、生活的需要。但是，与城市幼儿园相比，仍然属于"办学条件较差"。特别是与城市众多成熟、先进、优质的幼儿园相比，中心园在基础设施、科技装备、图书资料、教具玩具、教师待遇等办园条件方面依然存在较大差距，这是很现实的问题且很难快速追赶并超越。在调研座谈中，中心园园长李密老师也明确表示："硬件设施基本齐全，但是按照生均标准不够。"究其原因，主要有三点：

第一，农村幼儿园经费投入较低的根本原因是当地经济发展水平较低。自学前教育三年行动计划实行以来，党和国家高度重视农村学前教育的发展，为了大力发展我国农村学前教育，增强农村学前教育的普惠性，国家财政在资金投入上不断向农村倾斜，也取得了明显成效。但在访谈中，农村幼儿园园长、基层教育局学前教育主管人员都基本认为资金不足依然是目前阻碍当前农村学前教育发展的主要因素。相对于城市经济发展现状来说，农村经济发展依然处于相对的劣势地位，这个客观现实从根本上制约着农村学前教育的经费投入。在调研座谈会上，市教育局相关负责人说，"因为现在财政状况紧张，让乡镇拿出资金专门去建公办园，确实很难。在乡镇财政季度困难的情况下，我们就得想办法克服困难，尽量利用中小学的闲置资源，想办法把这些闲置资源转变成学前教育资源"。市教育局相关负责人表示，"为了扶持贫困乡镇发展学前教育，

市相关部门曾出台政策，对农村建设幼儿园给予80%的财政支持。例如，建设费用1 000万，市里负责800万，市级以下政府负责200万，然而一些县区和乡镇政府连200万都拿不出来"。教育部门一线工作人员的"创新"和"无奈"，都反映出经济发展对学前教育的基础性支撑作用。

第二，现行法律体系对农村学前教育的经费投入缺少保障性法律规定。《中华人民共和国教育法》虽然从宏观上规定了教育投入和保障问题，但对学前教育的投入尚未明确规定，更没有针对农村学前教育的经费投入保障性法律规定；同时，社会普遍期待的学前教育法尚未出台。因此，学前教育的经费投入长期处于"无法可依"的状态，农村学前教育的投入更是得不到有效的法律保障。《国务院关于学前教育事业改革和发展情况的报告》也明确指出当前我国学前教育领域依然存在立法缺失问题。尤其当前农村学前教育还比较落后，其发展建设需要大量财政经费的投入和严格、合理的制度保障及领导监管，但目前尚无合理、完善的相关法律法规的支持，很多政策落实到基层就成效不明显，政府部门对于农村幼儿园的管理和评估还缺少有效的规范和依据。在这种情况下，以中心园为典型代表的一大批农村幼儿园的经费就很难得到有效保障。这对于农村学前教育的进一步发展带来一定的阻力，对于我们实现建设教育强国的目标也不利。

第三，地方政府对学前教育重视程度偏低，这也是导致学前教育投入较少的一个直接原因。《纲要》虽然明确提出大力发展农村学前教育的办学方向，但是农村地区学前教育基础薄弱，农村学前教育的发展迫切需要基层政府的参与和支持。座谈中，多名农村幼儿园园长反应，本地幼儿园尚不具备独立法人资格，没有独立的财务部门，这在很大程度上制约了幼儿园的专业自主发展。一些乡镇政府工作人员对农村学前教育重视程度不够，其中的一个重要表现就是办学过程中的日常经费在乡镇政府财务机构报账不畅通。多方面因素导致了农村幼儿园在软硬件建设上缺乏必要的经费支持。

我国目前的学前教育实行的是地方负责、分级管理和有关部门分工负责的管理体制，农村幼儿园的发展责任部分属于当地乡镇政府。然而，由于学前教育发展成效尚未纳入基层乡镇政府绩效考核范围，学前教育经费投入也缺少明确的法律和政策规定，因而乡镇政府主管人员往往认为学前教育应属于市县等上级教育主管部门直接管理的范畴。因此，实践中就容易出现乡镇政府管理人员对相关政策落实不到位，对学前教育的监管不严、关注度不够、管理意识淡薄等问题。

2. 教师数量不足，师资队伍有待充实

目前，中心园教职工数量不够，基本的"两教师一保育员"没有配齐。由于教师数量不足，每位教师的工作任务都很繁重。在与幼儿园教师的座谈中，教师们普遍感觉工作强度很大：一是从早上 7：00 到园开始上班，一般是到下午 5：00 才能忙完下班离园，值班老师甚至要到晚上六七点才能下班离园，在园工作时间较长，中午也不能休息；二是思想压力较大，生怕孩子们未能得到精心看护，而且对媒体上经常报道的学前教师负面新闻也心存加勉和过度敬畏；三是新一代幼儿的新情况、新问题对教师的专业技能提出了很大的挑战，社会各界对学前教师的要求也越来越高。为此，以中心园为典型代表的农村幼儿园急需扩充和配齐"两教师一保育员"的教师队伍。

课题组以系统思维深入调研，发现造成农村学前教师数量不足的原因主要有两点。首先，农村生活条件相对艰苦、待遇较低，难以吸引学前教育专业的高校毕业生。中心园及其周边农村幼儿园的园长们均表示，由于条件艰苦、待遇不高，农村幼儿园很难吸引和留住一个专业对口的大学毕业生；为了引进专业人才，园长们建立联系，互通信息、资源共享，也会出现争夺人才方面的竞争。从当地农村幼儿园的教师收入水平来说，中心园的工资待遇相对较高，教师月收入大约 3 000 元，而周边大部分农村幼儿园的教师月收入达不到 2 000 元，所以中心园相比周边农村幼儿园容易吸引学前教师。但与城市幼儿园相比，中心园的教师收入水平明显较低，在师资引进竞争中也就相应处于不利地位。其次，农村幼儿园教师队伍不稳定性强，流动频繁。随着经济社会的发展，城镇化进程的不断加快，越来越多的农村家长进入城镇，城镇幼儿园的幼儿数量不断增长，学前教育规模随之日益扩大，城镇幼儿园客观上需要更多的学前教师。城镇幼儿园不仅在优选学前专业的高校毕业生时占据优势，而且还从农村幼儿园选聘优秀教师，这就导致农村幼儿园队伍的不稳定性增强。在调研中，很多农村学前教师反映：一些家住城市的农村幼儿园教师由于上班路途遥远，交通不便，平日很难照顾到家庭和孩子。这些现实问题进一步加剧了农村幼儿园教师的流动性，很多教师都谋求从由农村幼园调入城市幼儿园。

3. 教师参与教研的深度不够，教研能力有待提升

在座谈中，学前教师纷纷表示，当前外出学习培训的机会很少，并表达了渴望外出学习研修、提高自身素质的强烈愿望。当问到教研情况时，教师们又都有畏难情绪，对教研的重要性认识不足，对教研的主要内容和方式方法定位不准。在进一步的深入了解中，课题组找到了农村学前教师教研能力薄弱的主要原因。

一是针对农村学前教师的科研培训资源供给不足，可应用性不高。农村学前教师培训主要通过"国培计划"等国家安排的方式对园长和教师进行统一培训，缺乏专门针对农村学前教师的教研培训。一些教师反映，外出学习培训的内容很多时候与当地农村学前教育现状和面临的问题联系不够紧密，实用性和可操作性差，未能实现培训的"初心"和"使命"。如果是到省级示范园里观摩、学习和培训，大多只能看到表面现象，短时间内很难发现事物的内在本质联系。同时，由于办园经费较少、农村学前教师流动性大等原因，农村学前教师外出培训学习、参加教育研修的比例极低。

二是农村学前教育高速发展，幼儿园建园率高，由此出现教师短缺的严重问题，为满足教学需要，幼儿园在教师学历和专业方面的招聘条件过于宽泛。这种宽泛的招聘条件，直接导致一些教师的学历和专业与学前保育教育并不能完全适应，只好"边干边学"。有的农村幼儿园甚至招聘了没有经过正规学前教育专业培训、学历偏低的小学教师进园任教，她们的保育教育能力、学前教育的专业知识和技能都需要通过在职培训和自我学习才能提升。很多教师缺乏学前教育研究的理论基础和科研能力，往往难以有效开展教研活动。

三是教师数量不足导致在园教师保育教育任务过重，无暇顾及自身教研能力的提升。教师们每天把主要精力都用于保育教育工作上，很难有充裕时间去进行教研活动，这也是阻碍当前农村学前教师素质提升的一个客观原因。这实际上就使农村学前教育还停留在单纯的保育教育工作，没有形成教育与教研并行发展、相互促进、相得益彰的可持续发展局面，未能发挥教研在学前教育中的引领性作用。

治穷先治愚。农村脱贫攻坚的胜利、国民素质的提高、社会主义新农村的建设，知识和人才是关键要素，而人才的培养和知识的传递都要靠教师。只有建立一支业务水平精湛、教研素质优良的教师队伍，才能培养出更多人才，而

人才培养要从娃娃抓起，所以农村学前教育还必须有效组织教师的教研活动，高度重视学前教师教研能力的提升。

4. 家园联系松散，育人合力不强

尽管中心园已经在家园联系方面取得了重大突破，但是受农村文化环境和固有观念的影响，家园之间的育人合力还不是很强。

首先，农村家长观念普遍落后。据了解，中心园所在镇及其周边的幼儿家长文化程度普遍不高，大多数家长学历为高中以下学历，他们受教育水平不高，高度重视中小学教育，而对学前教育不够重视，对科学育儿理念的理解和认识相对不足。甚至有的幼儿家长对学前教育的作用和价值存在认识误区，不少家长认为"幼儿园是解决自己务农或是外出打工时无法照看小孩的托儿所，学前教师就是照看孩子的保姆，游戏化教学就是哄孩子玩耍，孩子在幼儿园也学不到什么知识就是去玩"。

同时，还有很多农村家长认为教育的目的就是应试考大学，幼小衔接就是"小学化"教育。受"学而优则仕"的传统儒家思想影响，农村的家长普遍有"望子成龙、望女成凤"的强烈愿望，把教育子女读书学习当成是阶层上升的最有效途径。因此，很多家长认为幼儿园只有教授了小学知识，才能看到孩子的"学习成效"。比如，有的家长认为，"幼儿园应该在幼小衔接中教拼音、写字、算术，为孩子上好小学打打基础；音乐就是唱歌，科学、游戏等都是哄孩子玩，实际意义不大"。为此，有的家长不惜多缴费，放弃公办幼儿园，而把孩子送到私立幼儿园。因为私立幼儿园往往为了多招生而迎合家长的功利化心理，偷偷教授一些小学知识。可以说，家长们不能充分认识到学前教育系列课程的科学性，没有看到学前教育对儿童成长和良好生活习惯养成的重要意义，只关注孩子在幼儿园能学到多少"可视化"的知识。这种过度功利化的价值观不仅不符合儿童的生理和心理特征，也干扰了孩子的成长和进步，还给公立幼儿园的教师开展家园共育造成了很大的冲击和困扰。

其次，家园合力育人功能发挥不充分。《幼儿园教育指导纲要（试行）》明确要求："家庭是幼儿园重要的合作伙伴。应本着尊重、平等、合作的原则，争取家长的理解、支持和主动参与，并积极支持、帮助家长提高教育能力。"家园合力有利于幼儿园及其教师帮助家长更新教育理念，克服落后思想，提升家长的育儿水平，从而挖掘家庭教育中的智慧和潜能，也有利于丰富幼儿园教育资源。在家园联系中，引导和帮助家长终身学习和快速成长，也是提升幼儿园社会影响力的一种重要形式。

然而，在农村学前教育中，无论是学前教师还是幼儿家长，对家园合力育人的巨大功效都认识不够深入，思想上重视不够，对其定位也不甚准确。从幼儿园方面来说，有的教师把家园联系当成是一项附加工作应付交差，收效甚微；有的教师把家园联系作为一种确保幼儿安全、方便工作的工具或手段；有的教师只认为自己是幼儿的教师，不愿意去引导和影响家长。从家庭方面来说，有的家长忙于自己的农活或是外出打工，无法参加家园互动活动；有的家长认为教育孩子都是幼儿园的事，对参加家园互动活动的积极性和参与度不高；有的家庭把幼儿委托给祖父母或是外祖父母来带，老年人对家园深度互动更是缺乏认识基础和参与能力。这些现实问题都在一定程度上导致农村家园育人功能还不够充分，育人合力还不够强劲。

（四）若干启示

如前所述，××市按照国家要求实施三期学前教育三年行动计划以来，中心园在基础设施、教师队伍、保教内容、幼小衔接、家园共育等方面均取得了很大成效，也存在办学条件有待提高、经费投入有待加大、教师数量有待充实、教师教研能力有待提升、家园育人合力有待加强等突出问题，需要各方面共同研究并加以解决。可以说，该园的成功经验和突出问题，从经济建设、思想观念、教育政策、法治保障、师资队伍等五个维度带给我们许多重要启示。

1. 坚持以经济建设为中心，为农村学前教育奠定充裕的物质条件

物质条件是发展任何事业的首要前提和基本保障。虽然公益性是学前教育的重要特征之一，办园经费主要由国家财政来保障，但这并不意味着政府就要承担全部责任。由全球学前教育发展历程可知，学前教育发展的初始阶段往往由政府来主办。等学前教育不断加速发展以后，就很难满足人们多元化、多层次的日益增长的教育需求。同时，涉农基层政府的财政自由也十分有限，面对生育政策的调整，首当其冲出现的就是学前教育资源远不能满足现实需求。所以，各地各级政府要提前研判问题，坚持以经济建设为中心，创造性地贯彻落实创新、协调、绿色、开放、共享的发展理念，因地制宜，努力发展地方经济，从根本上为当地农村学前教育的发展提供资金支持和物质保障。

第三章 中国农村学前教育发展现状调查研究

2. 加大相关政策执行力度，为农村学前教育开辟多元资金投入渠道

在农村，无论是公立幼儿园还是民办幼儿园，无论是普惠性幼儿园还是非普惠性幼儿园，都存在经费紧张的问题。根据瓦房店市部分农村幼儿园园长和中心园部分教师在座谈中的反馈，这个问题主要是因为基层政府对学前教育政策的执行力偏弱。因此，各级政府要根据当地经济状况，综合考虑上级政府安排的扶贫项目、社会募集等资金款项，合理设定的学前教育收费标准，逐步实现学前教育成本在各级政府、家庭以及社会等多主体间的合理分担，并进一步解决农村幼儿园经费压力较大的突出问题，确保农村的学前教育条件从软硬件设施、教师待遇等各个方面都能逐步得到改善。

同时，各地政府教育主管部门还应积极发动当地的各类潜在社会力量，创造性地开拓学前教育发展的经费来源，通过社会资金的注入缓解政府财政压力，为学前教育的发展提供更多的资金保障，从而使当地的学龄前孩子享受更多更好的学前教育资源。

3. 推进农村学前教育治理，赋予农村幼儿园独立法人地位

与城市相比，农村学前教育发展的基础本来就很薄弱，故其稳步发展需要基层政府的强力支持。特别是一些地区的农村幼儿园还没有独立的法人地位，中心园就是其中的典型代表。尚不具有独立法人资格的农村幼儿园，乡镇政府对其的发展拥有很大的决定权。座谈中，一些园长说："乡镇政府主管人员表示，在财力有限的情况下，仅能保证教师工资。这种情况下，幼儿园的发展就无从谈起。"因而，各级党组织和政府部门应针对地方政府教育主管人员对学前教育不够重视、不甚了解这一现状积极展开宣传教育和督查督导工作。

一方面，积极引导地方政府教育主管人员不断学习和钻研党和国家的相关政策要求，明确自身的教育责任，结合本地情况，将相关政策落实、落细、落地；各级政府可以考虑每年举行定期的学前教育相关政策和知识的集中学习活动，有计划、有组织地提升他们的专业化知识水平，并将专业知识的考试纳入政绩考核范畴，有针对性地进行宏观调控，督促教育主管人员认真对待农村学前教育，不断推进乡村学前教育治理，特别是要尽快赋予农村幼儿园独立的法人地位，确保每一所幼儿园在法律上具有独立法律人格。

另一方面，在考评地方政府教育主管人员过程中，注重选树标杆和榜样，鼓励他们在工作中带头践行终身学习理念，不断提升自身业务素质，从思想上高度重视农村学前教育的发展。只有这样，农村学前教育才能切实得到地方政府的高度重视，从而得到有效治理，并发挥出应有功效。

4. 提升幼儿教师整体水平，为农村学前教育供给强大的师资力量

教育的关键在教师，农村学前教育的质量很大程度取决于农村学前教师队伍的整体素质水平。中心园的成功经验进一步证明，加强农村学前教师队伍建设，是农村学前教育稳步发展的关键环节。

首先，加大农村学前教师福利待遇倾斜，稳定现有师资队伍。正是因为中心园采取各种措施，建立了一支相对稳定的、较高素质的学前教师队伍，才有效保证了保教质量的稳步提升，在当地农村幼儿园处于领先水平。所以，各级政府教育主管部门必须坚持以人民为中心的发展理念，针对当地农村地区学前教师的生活和工作现状，设立农村学前教师阶梯式特殊岗位津贴，依据所处地方的偏远和贫困程度来决定津贴的高低；同时，尽快改善农村地区学前教师的住宿条件，并增加交通补助。此外，大力挖掘和广泛宣传农村学前教师的先进事迹，切实提升农村学前教师的社会地位，从精神和物质两个层面来保障农村学前教师的职业生涯发展。

其次，建立和完善相关机制，实现城乡学前教师的双向流动。针对当前学前教师从农村到城市的单向流动态势，农村学前教师队伍稳定性差、流动性强的现状，尽快创建科学合理的城乡教师双向流动机制。第一，地方政府可以依据相关法律，建立适合本地区的城乡之间学前教师定期流动机制，明确规定任职教师在农村任教的年限完成后才能调离，对超期在农村工作的教师在工资待遇、职称、评优等方面予以政策倾斜。第二，除了通过特岗教师招聘的渠道外，地方政府还应加大力度多渠道招录优秀人才充实到农村学前教师队伍中，并加强新进教师的入职培训，使新进教师能提前进入工作状态。第三，完善城市学前教师的下乡支教机制，对下乡支教的城市教师，在职称评定、外出学习、乡镇补贴、评优评先等方面加大倾斜力度。这样的机制设计可以增强学前教师从城市到乡村的流动倾向。

最后，健全学前师资培训体系，不断提高农村学前教师的整体素质。一般而言，教师素质的提升主要通过学习理论知识和掌握专业技能来实现，最便捷最有效的途径就是经常参加科学规范的业务学习和技能培训，如中心园每学期

都借助园本研修互助网开展两次研修活动。因此，各地政府教育主管部门要注重建立健全农村学前师资培训体系：一是就近联系高校或者教研机构，邀请相关专家利用周末或是节假日，对农村学前教师进行专业性、体系化的业务培训；二是借助移动网络和手机App，组织灵活多样网络学习交流；三是实施有计划、有组织的外出学习培训或是学术研讨，让每一位教师都有机会学习先进地区的科学教育观念；四是在培训内容上要注重结合当前农村学前教师的知识水平、教学环境和接受能力，来分层、分类设计多元化、可操作和可接受学前教育课程体系，增强培训的专业性、系统性和针对性。只有形式多样、丰富多彩的学前师资培训体系，才能促进培训工作取得最大实效，真正帮助每一位农村学前教师在培训中真正获益、如获珍宝。

六、农村学前教育发展的对策与立法建议

近年来，各级政府采取多种形式努力扩大农村学前教育资源，提高农村学前教育普及程度，建立健全农村学前教育财政投入机制，明确以普惠性公办幼儿园为主体促进农村学前教育发展。经过一系列的改革和帮扶措施，我国农村幼儿园在提质增量方面都有了较大进展，但与此同时，农村学前教育发展还存在一些不可忽视的问题。农村地区因其经济发展水平落后，学前教育的发展更加依赖政府的支持。为此，政府应继续完善农村学前教育发展的各项政策，以保障农村幼儿接受学前教育的权利，促进教育公平，切实提升农村人口素质。

（一）完善法治体系，为农村学前教育提供有力的法治保障

《纲要》要求相关部门履行各自职责，建立政府主导、社会参与、公民办并举的办园体制。教育投入是发展农村学前教育的重要保障，确保投入到位和有效使用是各级政府的重要职责之一。我国的学前教育经费投入主要是通过"国十条"和《关于加大财政投入支持学前教育发展的通知》等政策文件来规范和要求的。然而，这些文件没有明确规定责任后果，缺少执行力的强制性保障。在访谈中，一些教育行政主管人员表示，"现有条件还不太好的乡镇，我们通过政策和各种督导来督促他们提高积极性，从而改善现有的办学条件"。这实际反映出学前教育并未具备类似义务教育的健全法治保障体系，因而上级政府只好

通过政策和督导的办法来提高乡镇政府支持办好学前教育的积极性。

要解决这个问题，需要在法律上赋予农村幼儿园独立的法人地位，通过法治手段来明确农村幼儿园独立法人地位，保障每一所幼儿园能够独立自主发展，减少农村幼儿园对乡镇政府的"依附"。为此，我国应加快制定和颁布学前教育法，明确农村幼儿园独立法人地位，划清各级政府的学前教育财政责任，以解决目前条件下部分政府在财政责任方面推诿的问题，确保地方政府依法依规发展农村学前教育，确保农村学前教育稳步、健康发展，实现国家对农村学前教育提出的发展目标，满足农村群众日益增长的对高质量学前教育的需求。

（二）加大投入力度，为农村学前教育提供丰富的资源供给

虽然我国政府加大了对农村学前教育的各项扶持力度，但城乡差距仍然存在。各级政府需进一步加强对农村幼儿园的经费投入力度，完善各项扶持政策，切实改善农村学前教育落后状况。

1. 加强农村幼儿园经费投入的法律保障

调研中发现，农村学前教育仍存在经费投入不足的问题。在国家已颁布的宏观政策中多次明确提出要加大农村地区学前教育经费投入力度，如2018年《中共中央 国务院关于学前教育深化改革规范发展的若干意见》提出"国家进一步加大学前教育投入力度，逐步提高学前教育财政投入和支持水平"，要求"中央财政继续安排支持学前教育发展资金，支持地方多种形式扩大普惠性资源，深化体制机制改革，健全幼儿资助制度，重点向中西部农村地区和贫困地区倾斜"。可以从三个方面进一步加强农村幼儿园经费投入的法律保障：一是建议将《中华人民共和国学前教育法草案（征求意见稿）》第六十一条中提到的"国务院和地方各级人民政府应当逐步提高学前教育财政投入和支持水平，保证学前教育财政经费在同级教育财政经费中占合理比例"，修改为"保证学前教育财政经费在同级教育财政经费中占比不低于8%"，以稳固学前教育财政经费投入基本水平，确保学前教育优先发展地位。二是建议在拟颁布的学前教育法实施条例中规定，设立一定比例的专项基金等政府财政投入，重点向农村幼儿园倾斜供给，用于乡镇幼儿园、村（居）幼儿园的教具设施配备等标准化建设，鼓励并支持农村小学增设附属幼儿园，让城市和农村儿童都能享受到优质的同质的学前教育。三是鼓励有条件的地方通过地方立法，将贫困地区农村幼儿园纳入

义务教育营养餐保障范畴。

2. 提高政府分担学前教育成本的比例

学前教育是准公共产品，需要政府、家庭和其他利益相关者共同分担。从经济合作与发展组织成员学前教育财政经费占学前教育经费总收入比例的平均数和各成员的具体数据可以发现，这些国家和地区的学前教育成本主要由政府负担，近10年来政府负担的比例还在提高。2005年，经济合作与发展组织成员3岁以上学前教育总经费收入中财政经费的比例平均是80.2%，2010年提高到81.0%，2016年再提高到83.0%。[①]经济发展水平与财政学前教育投入水平有密切关系。同时，影响一个国家或地区学前教育投入水平的因素有很多，除经济发展水平外，适龄儿童占总人口的比例、学前教育的质量、成本分担方式和教师薪酬水平、学前教育在整个教育体系中的地位等因素都有重要影响。我国人口基数大，适龄儿童数量多，受经济发展水平所限，长期以来对学前教育的经费投入不足。尽管2010年以来我国学前教育投入有较大幅度的增加，但还远低于国际平均水平。特别是相对落后的农村地区，政府应承担起发展学前教育的主要责任。为此，应继续提高对农村学前教育的经费投入水平，提高政府分担学前教育成本的比例。提高农村学前教育财政经费占国内生产总值和教育财政总经费的比例。

3. 丰富农村学前教育资源多样化供给

政府财政投入的重点应从幼儿园基础设施建设转向教育资源多样化供给，丰富投入形式。研究发现，教师数量不足、教师专业化程度不高、教育教学资源缺乏、教育理念落后，是当前农村幼儿园质量低下的重要影响因素。政府对农村幼儿园教育资源的最有效扶持不仅体现在直接的现金投入，更重要的是幼儿教育资源的打包式免费供应。这种扶持措施的优点是技术附加值高且成本低，能够直接解决农村幼儿园教育资源不足的问题。适合由政府买单提供"打包式"免费供应的幼儿教育资源包括以下三类：①课程资源，包括明确且易执行的教师教学参考书、教学挂图、教学用品和幼儿操作材料等。②玩教具资源。基于寓教于乐的原则，应根据幼儿发展的不同需求，提供有教育价值的玩教具。此

[①] 赵嘉茵，袁连生. 2000年以来学前教育投入与成本分担的国际趋势. 教育经济评论，2020（05）：53-66.

外，还可提供一些制作玩教具的方法，由教师或儿童自己制作玩教具。③图书资源。选择适合幼儿阅读、能够丰富幼儿视野的图书，以班级或整个村庄幼儿园为单位，建设幼儿图书室。此外，应充分发挥现有高质量幼儿园的示范指导作用。借助实地交流的方式，开展城市或者县镇地区高质量幼儿园与乡村幼儿园的"手拉手"活动，可以向乡村幼儿园传播先进的办园理念，为乡村幼儿园教师提供到高质量幼儿园观摩学习的机会，同时鼓励优秀教师到乡村幼儿园进行现场指导等。

4. 对农村贫困家庭实施学前教育资助制度

建立经济贫困家庭幼儿入园资助制度。农村经济困难家庭儿童接受学前教育具有重要的意义，可以极大地降低贫困家庭幼儿的生活和环境中的不利影响，使他们获得基本的学习和良好的发展，保证他们顺利接受义务教育。对于农村的一些贫困家庭来说，幼儿入园费用会加重家庭的经济负担，从而导致幼儿不能正常入园。本次调研发现，仍有一定数量的农村幼儿家长认为幼儿园"学费太贵"，这些家长的收入水平明显低于被调查所有家庭的收入均值。为解决这些贫困家庭幼儿的学前教育问题，政府可建立切实可行的学前教育资助制度，如通过发放教育券等多种方式，使经济贫困家庭适龄学前儿童能够受到完全或部分的资助，为农村低收入家庭的幼儿平等接受学前教育提供政策保障。此外，还应重点保证留守儿童入园。农村留守儿童接受学前教育具有特殊意义，在留守儿童相对比较集中的村落改建或新建幼儿园，优先支持留守儿童进入学前机构接受补偿性教育，可以有效降低隔代养育给儿童在情感、行为和社会性发展等方面造成的不利影响。

（三）优化布局结构，因地制宜促进农村多种幼教形式的发展

近年来，农村学前教育在国家的大力扶持下快速发展，在数量和质量上均有显著提升。然而，仍然存在发展不平衡的问题。尽管中央财政已建立了农村学前教育发展的专项基金，但主要的受益地区是乡镇，村庄地区受益较小，大量村庄学前教育机构没有固定的资金来源，仅靠收费维持。农村学前教育的提质增量不能仅靠乡镇中心幼儿园来解决。尽管乡镇中心区域的人口密集程度较大，但多数农村人口仍分布在广大乡村之中。与城市儿童、乡镇儿童相比，生活在乡村的幼儿更可能面临处境不利的局面。他们家庭经济社会地位更低，家

庭所能够提供的高质量的早期教育资源非常有限。同时，在我国广大的中西部贫困地区，乡村儿童居住更为分散，若一个乡镇只提供一所高质量的乡镇中心幼儿园，那么很多儿童将因入园半径过大而丧失入园的机会，幼儿就近入园问题无法得到有效解决。此外，乡村地区缺乏发展幼教事业的各种资源，公办园和小学附属园较难举办，并且受居民收入水平较低的影响，乡村地区不具备高质量民办幼儿园的生存条件，在市场调节作用不能有效发挥的情况下，更需要政府公共资源的投入。因此，加强乡镇中心幼儿园的建设绝不是发展农村学前教育工作的终点，政府应将教育资源供给向乡村地区倾斜，从关注乡镇地区延伸到关注乡村地区。

根据乡村规模发展相应类型的幼儿园，是发展农村学前教育切实可行的途径。这不仅体现在无园村的幼儿园建设上，也体现在有园村的幼儿园布局调整上。应科学测算农村适龄幼儿人口数量，合理规划农村幼儿园布局，提高村幼儿园办园质量，方便幼儿就近入园。只有这样，才能保证农村学前教育少投入、高效率的发展。

首先，在适龄幼儿人数多的大规模无园村或距离较近的若干个村庄构成的村落建设公办园。一方面，这些村庄的适龄幼儿人数多，能够支撑公办园的存在及发展。而且，这种类型的村庄数量相对较少，国家也能够实现持续投资。另一方面，政府可缓解村庄建园压力，保证建园、办园质量，同时也便于这类公办园发挥示范辐射作用，引领、指导附近村庄其他类型幼儿园的发展。

其次，对于适龄幼儿数量较多的有园村，为实现资源的有效利用，建议在这些已有园的大村中扶持正规民办园或村小附属园发展，而非另行建设公办园。一方面，民办园和村小附属园是村幼儿教育的中坚力量；另一方面，民办园具有距离近、运营机制灵活的优势，村小附属园能够降低兴办幼儿园的成本，这有助于农村经济不发达地区学前教育的发展。其中，对于村民办园，政府应该扶持与监管并重，提高办园质量。如政府可以通过实施教育资源的免费供给、园长和教师培训财政补贴等措施，加强对村民办园的扶持。与此同时，政府可以通过开展定期考核、评级评优，加强对村民办园质量的监管。对于村小附属园，政府应该将小学附属园的管理纳入相应机构的工作职责范围之内，改变其有人办园、无人监管的状况。此外，还应建立村小附属园与乡镇中心幼儿园的联系，安排乡镇中心幼儿园的优秀教师到村小附属园支教或定期辅导，提升村小附属园教师的素质，丰富教学内容。

最后，在适龄幼儿较少的小规模村，应鼓励发展非正规的幼儿教育形式，如家庭作坊式幼儿园、家庭辅导站、大篷车流动园、游戏小组、亲子活动中心等。一方面，政府要看到家庭作坊式幼儿园在农村人口分散地区存在的必要性，考虑如何为它们提供硬件支持和教师培训；另一方面，对于那些幼儿人数较少，难以建设家庭作坊式幼儿园的村，政府需要借助高质量幼儿园或其他组织提供资助，由专业教师定期组织定点幼教活动，同时还需要兼顾对家长的教育和培训，由家长协助发展村庄学前教育。

（四）加强队伍建设，促进农村学前教育质量稳步提升

针对农村学前教师队伍"数量不足"和"质量不高"的两大难题，结合成因分析，建议从以下四个方面加强新时代的农村学前教师队伍建设。

1. 加大经费投入，提高农村学前教师工资待遇

充足的经费来源是师资队伍建设的基础和保证。调研发现，农村幼儿园教师的合法权益不能得到有效保障，主要表现为教师工资待遇平均数不高、民办幼儿园教师工资待遇较差、教师评定高级职称比例偏低等问题，这已成为严重影响农村幼儿园教师队伍发展的重要因素。从全球范围来看，发达国家对学前教育的高投入尤其是对师资队伍建设的高投入，提高了学前教育的质量，保证了学前教育的快速稳定发展。从发达国家的公共财政政策来看，中央与地方均大力支持学前教师队伍建设。

为缓解我国农村学前教育发展过程中师资流失、师资队伍稳定性较差等问题，可以参考发达国家的成功经验，加大公共财政对农村学前教师队伍建设的倾斜力度，为农村学前教师设立专门的经费补贴计划，并建议将幼师工资、福利待遇、社会保险、职前培训和继续教育学习等的费用纳入财政专项预算。参照公务员工资水平划定学前教师的最低工资标准，切实提高幼师的工资待遇和"五险一金"等社会保障水平。多措并举，吸引更多优秀人才从事农村学前教育工作，建立一支稳定的、高素质的农村学前教师队伍。

2. 重视职前培养，增强农村学前教师人才供给

为尽快解决农村学前教师数量不足的问题，并提高职前培养效果，建议我

国师范院校在学前教育专业的人才培养模式上参考美国"驻校模式",即:师范生被录取进入学前教育专业后,作为师资紧缺幼儿园的教师开始工作,并领取薪金;师范生在工作日到附近农村幼儿园做实习教师,晚上和假期在学校上课学习,攻读相应的学位。当然,这种培养方式在课程设计上要经过专门论证和严格评估,有机整合理论学习和实践经验,特别是要为实习教师配备实习导师,提供实习和学业的精准指导。

同时,从长远来看,还要参考北欧国家学前教育的成功经验,即建立高水平的师资。北欧国家选拔优秀学生就读学前教育专业,并对这些学生实行免费教育。在芬兰,受过高等教育并通过教师资格考试,才有资格申请从事学前教师职业。芬兰学前教育类大学入学门槛较高,只有非常优秀的学生才能入读学前教育专业,严格的入学选拔从"源头"上有力地保障了学前教育的质量。冰岛于2008年对学前教师职前培养制度进行了改革,规定从2011年起,要获得教育学学士学位必须进行5年的学习,其中有1年要在冰岛学前教育教师学院或者阿库雷里大学进行教育实践。延长学习年限在一定程度上有利于准教师深切体悟教师专业的专业性,增强专业能力,提高师资队伍的质量。这些免费学前教育、严格入学选拔、教师持证上岗、延长教育学制等举措,都值得我国师范院校参考和借鉴,特别是应面向农村实行这些改革举措,以极大地提高农村学前教师队伍的整体素质。

3. 强化在职培训,增强农村学前教师职业技能

在职后培养方面,针对我国农村学前教师素质参差不齐、专业多样的现状,建议拓宽农村学前教师在职培训的多元化途径,从而促进农村学前教师的专业化发展。

根据现代教育理论和国际通行做法,建议我国农村学前教师在职培养主要采取五种形式:一是师范院校与地方教师进修学校联合设立学前教师专业发展小组,为农村学前教师提供专门培训,通过配备专业导师,针对农村学前教育从业人员进行各种内容的培训;二是以县、区为单位,结合本地农村学前教育的发展水平和突出问题,设立不同的小组开展专项培训;三是全国性师范院校通过网络形式提供专门针对农村学前教师的培训课程,以满足农村学前教师导向的专业发展为主,特别是为未取得学士学位的在职学前教师提供培训和课程,使其最终能达到本科以上学历的水平;四是观察与评价模式,通过现场督察、

同行指导和教师评价等方式，为农村学前教师专业发展提供支持，评价人员包括园长或校长、同行专家以及学前教育科研人员等；五是探究培训模式，如教师合作小组开展的协作探究等，由在职学前教师就自身保育教育中的一些问题开展探究性和实验性研究。通过多元化的培养培训方式，切实提高农村学前教师队伍的整体职业技能。

（五）转变思想观念，深化农村对学前教育的价值认识

要为农村学前教育营造良好的社会舆论环境，深化社会各界对农村学前教育的价值认识，还要加强思想宣传工作，特别是要引导乡村人民积极转变思想观念。

1. 更新农村幼儿园的育人理念

虽然幼儿园管理者和教师都能够明确办学理念的应然性，但是在保育教育实践中依然存在与科学育儿理念不符的情况。例如，有的教师对学前教育的科学研究不够重视；有的教师对学前教育的"五项技能"（唱歌，跳舞，弹钢琴，画画，讲故事）的认识和体悟不到位；有的教师对"五大领域"（健康教育，语言教育，社会教育，科学教育，艺术教育）的认知水平欠缺。这些问题都需要学前教师多参加业务培训与专业学习，接受先进理念的熏陶和浸润，不断更新育人理念，加大对国家政策和专业理论的解读和应用。比如，应当经常性地学习和研讨《3—6岁儿童学习与发展指南》《幼儿园教育指导纲要（试行）》等与专业相关的理论知识和要求。

2. 帮助和引导家长树立正确的教育观

我国著名儿童教育家陈鹤琴深刻指出：学前教育的成果不是幼儿园一己之力可为，学龄前儿童在生理和心理水平的发展上水平还比较低，需要家园携手才能发挥其充分功效，它的成效是一个家园合力的结果。[①]教育领域的"5+2=？"疑问也尖锐地提出了幼儿园教育和家庭教育的辩证关系。在一周时间里，五天的幼儿园教育对幼儿所培养的良好生活习惯和学习习惯，是被周末两天的家庭生活所负向消解直至为零，还是正向赋能直至发挥到极致？由此可见，家庭教

---

① 陈鹤琴. "活教育"：幼儿园教师使用手册. 南京：南京师范大学出版社，2017.

育在幼儿教育中极其重要。

调研显示，多数农村家长的文化水平不是很高，思想观念相对落后，没有形成科学、先进的家庭教育理念。针对这种现状，各级政府要积极调动多方面的力量，借助多种途径开展宣传活动，向家长们积极传播科学育儿理念，引导和帮助家长逐步树立正确的育儿价值观，从而也获取家长对于当地农村学前教育工作的理解、认可和支持，最终实现家园携手共进，充分将家园育人合力发挥到最大。要有效发挥农村幼儿园的辐射作用。幼儿园是传达学前教育观念的重要基地，幼儿园要组织丰富多彩的家园互动活动，如每学期至少召开两次家长会，引导家长了解幼儿身心发展规律，提升自身育儿能力，纠正错误的育儿观念，改变"小学化"教育要求；定期举办学前教育专业知识讲座，向幼儿家长普及育儿必备的常识和方法；农闲时间多举办家长开放日，邀请家长参与家园共建活动，增强家长与教师、与幼儿的情感互动，用先进的学前教育氛围影响和感染家长；将家长委员会的功效切实激发出来，在幼儿健康成长等与家长有密切关联的事情上虚心听取家长意见，让家长参与其中，家园共同为幼儿健康成长做好教育服务和保育保障工作。

除了幼儿园自身外，各级政府教育部门要利用网络、电视、公众平台等媒介传播先进的育儿理论，将先进科学的学前教育理念，以通俗易懂的方式普及给社会大众，提高广大社会成员对学前教育的认识水平，切实改变落后、传统的学前教育观，并引领形成全社会共同关注农村学前教育的良好氛围。

第四章

国外农村学前教育发展比较研究[①]

当前，世界上很多国家在规划和发展学前教育时都以普及为基本方向，并确立了农村或弱势群体优先发展的战略地位，通过立法、补偿项目等方式保障弱势儿童群体享有公平的学前教育权利，积累了丰富的经验。例如，各国普遍将学前教育尤其是弱势儿童群体的学前教育放在国家教育优先发展的战略位置；通过立法从法律层面保障农村地区的学前教育基本权利是国际社会的普遍做法；各国通过补偿项目形式，由政府引导地方推动农村地区或弱势儿童群体学前教育发展；各国在农村地区或弱势儿童群体学前教育领域均给予了大量的财政拨款，地方层面也积极配合国家政策提供配套经费，用于推进学前教育发展和教育公平；重视农村地区或弱势儿童群体学前教育师资培养，并建立相应的农村学前教师准入和培训制度，提高学前教师的福利待遇；建立多部门协同工作机制，把学前教育事业作为国家战略方针调动多领域资源共同发展；确立公立学前教育为主的农村学前教育体系，充分发挥政府在对农村地区学龄前儿童或弱势儿童群体帮扶工作的主体地位和主导作用，等等。这些经验对我国农村学前教育的发展有重要的启发和借鉴意义。

通过研究美国、加拿大、日本和印度四国学前教育总体发展情况，尤其是分析其弱势儿童群体或农村学前教育相关的政策和法律法规，结合重大政策或典型案例，能够总结国外弱势儿童群体学前教育发展的经验，为我国发现和解决农村学前教育存在的问题、突破重点难点并做好未来农村学前教育的规划提供借鉴。

---

① 由于各国对农村的界定内涵并不一致，结合我国农村学前教育处于相对弱势的现实情况，本章重点选择各国与促进学前教育公平和推动学前教育高质量发展相关的、具有代表性的学前教育项目或发展现状加以分析和比较。

一、推动学前教育公平发展：美国"提前开端计划"的经验与启示

学前教育在美国的教育体系中处于重要位置，得到了联邦政府和州政府在政策、法律、资金等方面的多项扶持，其学前教育的发展也一直处于世界领先水平。同时，美国政府通过多项补偿教育项目对弱势儿童群体的学前教育进行指导、调控和间接干预。提前开端计划（Head Start Program）主要为包括农村地区在内的低收入家庭和儿童提供综合性服务和免费的学前教育，是美国迄今为止规模最大、历时最长的联邦学前教育补偿项目。该项目旨在为来自低收入家庭的 5 岁及以下儿童提供入学准备服务，包括教育、保健和营养、家庭参与和其他社会服务。[①]该项目的根本出发点是通过政府的努力最大限度地降低由于社会、经济、地域等差异造成的贫困对教育的影响，让每个学龄前儿童都能接受公平、优质的学前教育。

（一）提前开端计划的实施背景

1. 现实背景

美国现行教育体制包括初等教育、中等教育和高等教育（图 4-1），学前教育通常在分类上被划分到初等教育中。学前教育包括幼儿园教育和入园前教育。从举办机构上看，幼儿园教育的举办机构为幼儿园，入园前教育的举办机构为保育学校，主要为儿童进入幼儿园学习阶段做准备。[②]

从招生年龄上来看，美国各州规定的入学年龄有所不同，因此学前教育的起止年龄也稍有差异，但总体来说,美国的学前教育覆盖了 0—5 岁的所有儿童。提前开端计划从 1965 年开始实施到现在已经历了 50 多年，这项计划几十年来不断地实施、投入和发展基于以下几点现实背景。

首先，经济水平差异造成了学前教育不均衡。20 世纪 60 年代，1/5 的美国家庭处于贫困状态,社会经济地位的差距直接导致了他们在获得高质量的教育、

---

① U.S. Department of Education. WWC Intervention Report—Head Start. (2015-07)[2020-12-02]. https://ies.ed.gov/ncee/wwc/Docs/InterventionReports/wwc_headstart_042517.pdf.
② Snyder T D, de Brey C, Dillow S A. Digest of Education Statistics 2018. (2019-12-24)[2020-12-03]. https://nces.ed.gov/pubs2020/2020009.pdf.

第四章　国外农村学前教育发展比较研究

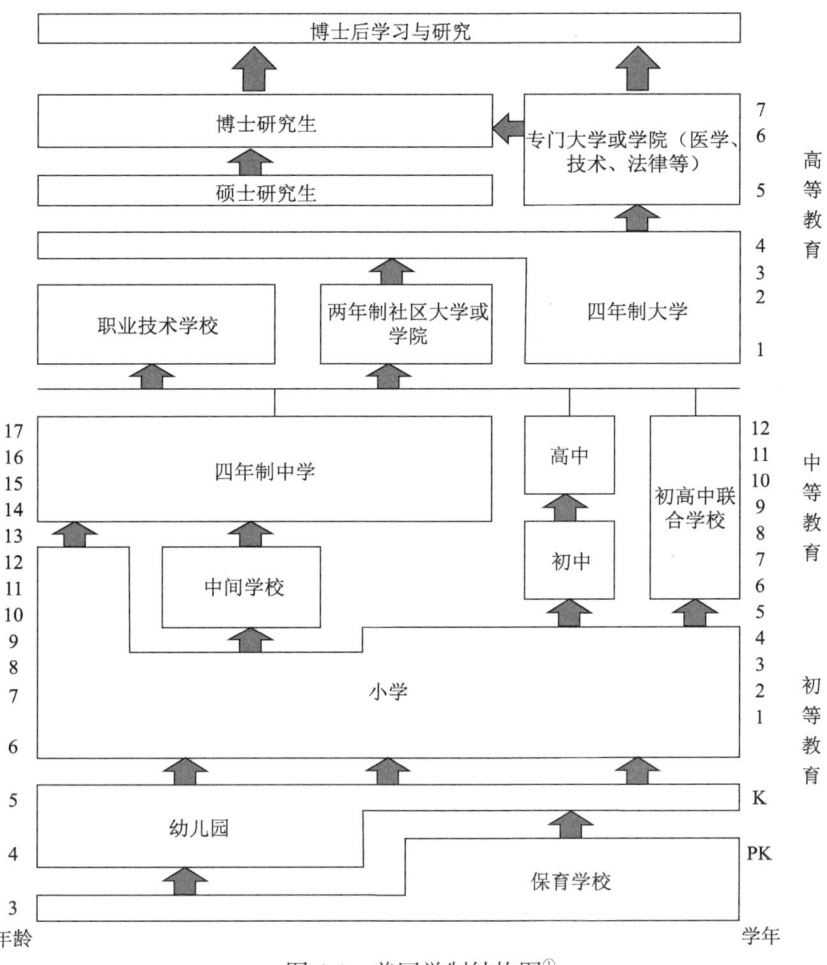

图 4-1　美国学制结构图①

工作、卫生、保健等社会服务方面受到不公平待遇。②贫困家庭的孩子通常也比家境相对优越的孩子入学晚一些。③根据美国国家教育统计中心的数据显示，2017 年，美国有 420.3 万名儿童生活在贫困或临近贫困家庭，有 345.2 万名儿

---

① Snyder T D, de Brey C, Dillow S A. Digest of Education Statistics 2018. (2019-12-24)[2020-12-03]. https://nces.ed.gov/pubs2020/2020009.pdf.
② 傅林. 当代美国教育改革的社会机制研究：20 世纪 60 年代美国教育改革运动的形成. 北京：教育科学出版社，2006：159.
③ Office of the Assistant Secretary for Planning and Evaluation. Strengthening Head Start: What the Evidence Shows. (2020-01-06)[2021-01-05]. https://aspe.hhs.gov/report/strengthening-head-start-what-evidence-shows#Introduction.

童生活在农村地区。①弱势儿童群体学前教育的可得性和所接受学前教育的质量都相对处于不利处境。

其次,弱势儿童群体学前教育发展相对滞后。美国的学前教育由于历史、政治、经济和社会等原因从20世纪开始逐渐形成和完善。在美国,贫困家庭的儿童或处境不利儿童通常面临着入学困难或入学后相比其他儿童表现出学习困难或适应困难等问题。这些儿童由于没有接受良好的学前教育,缺乏基本的知识和技能,入学后不仅在学业水平上表现不如其他儿童,在之后多年的学习过程中其认知发展也常常落后于其他同学。20世纪60年代,这类问题被归因为儿童所生活的家庭无法提供他们所需的早期教育,以致他们因基础薄弱在此后的学习过程中存在障碍和困难。②

最后,60年代以后,农村地区儿童或贫困儿童的教育问题得到美国联邦政府越来越多的关注和支持,扶持力度逐年加强。一方面,政府出台一系列学前教育相关法案,其中许多法案都规定学前教育必须保障弱势儿童群体接受学前教育的基本权利。如《2000年目标:美国教育法》(Goals 2000: Educate America Act)中明确规定"保障所有儿童都接受学前教育",这里的"所有儿童"便包含了"处境不利儿童,不同种族、民族、文化背景儿童,少数族裔儿童,残疾儿童,英文水平有限的儿童,中途辍学的学龄儿童,移民家庭的儿童以及学业优秀的儿童或学生",充分照顾到了不同群体儿童,也优先强调了弱势儿童群体。

2. 政策背景

20世纪80年代末90年代初开始,美国联邦政府开始逐渐重视学前教育,并在法律法规、经费、师资等方面给予充分的支持和保障。由于美国 K-12 教育首要管理权责在各州和地方政府,因此要在联邦层面出台全国的综合性学前教育和保育政策存在一定困难和障碍。但值得一提的是,美国一些重要的公共资助学前教育项目的出台均是起步于联邦层面。③联邦政府致力于针对解决不

---

① Snyder T D, de Brey C, Dillow S A. Digest of Education Statistics 2018. (2019-12-24) [2020-12-03]. https://nces.ed.gov/pubs2020/2020009.pdf.

② Burger K. How does early childhood care and education affect cognitive development? An international review of the effects of early interventions for children from different social backgrounds. Early Childhood Research Quarterly, 2010, 25(2): 140-165.

③ Hustedt J T, Barnett W S. Financing early childhood education programs: State, federal, and local issues. Educational Policy, 2011, 25(1): 167-192.

同具体教育问题而创设独立的教育项目,如残疾儿童教育问题、已生育妇女的就业问题等,而非建立完整、统一的全国性学前教育和保育体系。[①]联邦政府仍以发挥引领和推动地方政府发展学前教育的作用为主。在促进弱势儿童群体学前教育的途径上,美国主要以颁布相关法案和开展补偿项目的方式进行。

(1)立法保障弱势儿童群体受教育权

从法律法规方面看,美国的学前教育相关法律均照顾到了弱势儿童群体。1965年的《初等和中等教育法案》(Elementary and Secondary Education Act)向服务于低收入学生的社区提供补助金,同时为教科书和图书馆、特殊教育中心提供资金,还为低收入家庭的大学生提供奖学金。此外,该法案还向州教育机构提供联邦补助金,用于提高初等和高等教育质量。2002年的《不让一个孩子掉队法案》(No Child Left Behind Act)指出,不论种族、收入、区域、残疾、语言或背景情况如何,要为所有美国儿童指出进步和发展的方向。2015年的《让每个学生成功法案》(Every Student Succeeds Act),重新授权了拥有50年历史的《初等和中等教育法案》,是国家对所有学生获得公平教育机会的重要承诺。《让每个学生成功法案》是2002年颁布的《不让一个孩子掉队法案》的修订版。法案重点关注了弱势儿童群体,提出要通过对美国弱势和急需帮助的儿童群体提供保护措施来进一步推进教育公平。[②]

美国的一些学前教育成文法同时也兼具了拨款功能,一些法案直接以拨款命名,在对相关学前教育事务或问题做出规定和要求的同时,也对拨款相关事宜包括预算额度、拨款程序和使用方式等一并做出规定。如《儿童保育和发展固定拨款法》(Child Care and Development Block Grant Act)规定,2006—2010年联邦政府每财年拨款29.17亿美元;《儿童保育法案》(Child Care for Children Act)规定2005财年首次拨款21亿美元,此后每年增加2亿美元,2010年达到31亿美元。2009年,《美国复苏与再投资法案》(American Recovery and Reinvestment Act)投入50亿美元用于其教育项目,包括提前开端计划、早期提前开端计划、儿童保育及有特殊需要的儿童的项目。[③]此外,美国政府还十分重视残疾儿童的受教

[①] Kamerman S B, Gatenio-Gabel S. Early childhood education and care in the united states: An overview of the current policy picture. International Journal of Child Care and Education Policy, 2007(01): 23-34.

[②] U.S. Department of Education. Every Student Succeeds Act(ESSA). (2015-12-10)[2020-12-01]. https://www.ed.gov/essa.

[③] 霍力岩等. 美、英、日、印四国学前教育体制的比较研究(上). 北京:北京师范大学出版社,2013:119.

育问题，2004 年修订的《残疾人教育法》（Individuals with Disabilities Education Act）规定为 3—21 岁残障人群提供特殊教育和相关服务。[1]1990 年，美国联邦政府颁布《儿童早期教育法》（Early Childhood and Education Act），学前教育被纳入正规的国民教育体系。《美国 2000 年教育战略》（American 2000: An Education Strategy）提出，"应当让所有儿童都享受高质量且适宜其发展的学前教育，以帮助儿童做好入学准备"[2]。

（2）通过补偿项目支持弱势儿童群体学前教育

在补偿项目方面，20 世纪 60 年代开始，美国逐渐提高对学前教育的重视程度，通过多项大型的学前教育补偿项目加大经费投入、扩大补偿范围、提高师资建设，加大对弱势儿童群体学前教育的支持和保障力度。这些学前教育项目为儿童早期学习和发展提供支持，帮助儿童为更好地适应小学阶段学习做好准备。此外，这些项目还为一些家庭和儿童提供保育服务。根据美国国家学前教育研究中心的调查，自 2002 年第一次调研以来，美国学前教育已经得到了显著发展。截至 2019 年，美国各州新增了累计 93 万个学前教育学位。[3]

奥巴马在任期间提出了"高质量早期教育计划"（High-Quality Early Childhood Education）[4]，旨在为婴幼儿提供高质量的早期教育，为其今后的学业和工作做好准备。项目采取联邦政府与 50 个州建立成本分担伙伴关系的模式，经费由各州和总统预算全额支付，从而扩大联邦基金的规模，提高学前教育质量并扩大学前教育的普及程度，进一步推进学前教育的普及和教育公平。项目包含了多个行动计划，如"全民学前教育"（Preschool for All）计划，联邦政府将根据各州来自中低收入家庭的 4 岁儿童的比例给各州拨款。[5]例如，亚

---

[1] U.S. Department of Education. Individuals with Disabilities Education Act. [2020-12-20]. https://sites.ed.gov/idea/about-idea/.

[2] Department of Education. America 2000: An Education Strategy. (1991-04-18)[2020-12-20]. https://files.eric.ed.gov/fulltext/ED332380.pdf

[3] The National Institute for Early Education Research. The State of Preschool 2019. (2020-05)[2020-12-21]. https://nieer.org/wp-content/uploads/2020/04/YB2019_Executive_Summary.pdf

[4] The White House, Office of the Press Secretary. Increasing Access to High-Quality Early Childhood Education in Alabama. (2013-06-04)[2020-12-01]. https://www2.ed.gov/about/inits/ed/earlylearning/increasing-access/al.pdf.

[5] Office of the Press Secretary, the White House. Fact Sheet President Obama's Plan for Early Education for All Americans. (2013-02-13)[2020-12-01]. https://obamawhitehouse.archives.gov/the-press-office/2013/02/13/fact-sheet-president-obama-s-plan-early-education-all-americans.

拉巴马第一年获得 4.3 亿美元的联邦资助，州政府配套 430 万美元，为 5 257 名中低收入家庭的儿童提供服务①；伊利诺伊第一年获得 1.023 亿美元的联邦政府资助，州政府提供 1 020 万美元的配套经费，共为 12 497 名来自中低收入家庭的儿童提供服务②。该项目的经费将分配给当地学区，同时政府还鼓励各州进一步扩大项目的覆盖范围。全美 50 个州均在联邦政府的倡议下制定了各自的配套项目计划。③2009—2015 年，全美各州学前班的入学人数增加了 4.8 万余名 4 岁儿童。④

在此项目背景下，政府提出了一系列新的投资计划来建立 0—5 岁儿童高质量早期教育体系。内容包括：①为每个孩子提供高质量的学前教育。通过建立新的联邦州伙伴关系，为所有中低收入家庭的 4 岁儿童提供高质量学前教育，还将这些计划扩展到其他中产阶级家庭并鼓励全日制幼儿园的发展。②增加为儿童提供高效早期教育的机会。为次，政府提出了对早期提前开端儿童保育（Early Head Start Child Care）伙伴关系加大投资的提议。竞争性补助金将为扩大"早期提前开端计划"帮扶范围的社区，以及满足 0—3 岁婴幼儿保育服务最高标准的儿童保育服务提供者。③扩大基于证据的自愿家访范围。自愿家访计划使护士、社工和其他专业人员能够将家庭与服务和教育支持联系起来，从而改善儿童的健康、发展和学习能力。政府将投入 15 亿美元，将家访扩大到 50 个州数十万美国最脆弱的儿童和家庭。⑤

此外，联邦政府还实施了"学前发展补助金"（Preschool Development Grants）

---

① The White House, Office of the Press Secretary. Increasing Access to High-Quality Early Childhood Education in Alabama. (2013-06-04)[2020-12-01]. https://www2.ed.gov/about/inits/ed/earlylearning/increasing-access/al.pdf.

② The White House, Office of the Press Secretary. Increasing Access to High-Quality Early Childhood Education in Illinois. (2013-06-04)[2020-12-01]. https://www2.ed.gov/about/inits/ed/earlylearning/increasing-access/il.pdf.

③ U.S. Department of Education. Increasing Access to High-Quality Early Childhood Education. (2013-06-06)[2020-12-01]. https://www2.ed.gov/about/inits/ed/earlylearning/increasing-access/index.html.

④ U.S. Department of Education. Obama Administration Investments in Early Learning Have Led to Thousands More Children Enrolled in High-Quality Preschool. （2016-09-15）[2020-12-01]. https://www.ed.gov/news/press-releases/obama-administration-investments-early-learning-have-led-thousands-more-children-enrolled-high-quality-preschool.

⑤ Office of the Press Secretary, the White House. Fact Sheet President Obama's Plan for Early Education for all Americans. (2013-02-13)[2020-12-02]. https://obamawhitehouse.archives.gov/the-press-office/2013/02/13/fact-sheet-president-obama-s-plan-early-education-all-americans.

计划,该项计划由美国教育部、卫生和公共服务部共同管理,项目第一年惠及 2.8 万多名儿童(表 4-1),为 230 个需求高的社区提供全面服务。2016 年,第二批投入的资金为约 3.5 万名来自低收入家庭的 4 岁儿童提供服务,帮助他们获得更好的人生起点。该项目计划通过 4 年的资助帮助约 15 万名来自中低收入家庭的儿童获得高质量的学前教育。①

表 4-1 受学龄前儿童发展补助金资助的学龄前儿童数

序号	州	参与计划的儿童数/人
1	亚拉巴马	2 036
2	亚利桑那	1 252
3	阿肯色	2 638
4	康涅狄格	625
5	夏威夷	75
6	伊利诺伊	3 110
7	路易斯安那	1 087
8	缅因	479
9	马里兰	2 732
10	马萨诸塞	702
11	蒙大拿	286
12	内华达	782
13	新泽西	1 636
14	纽约	2 385
15	罗得岛	260
16	田纳西	4 778
17	佛蒙特	359
18	维吉尼亚	2 804
	总计	28 026

---

① U.S. Department of Education. Obama Administration Investments in Early Learning Have Led to Thousands More Children Enrolled in High-Quality Preschool.(2016-09-15)[2020-12-01]. https://www.ed.gov/news/press-releases/obama-administration-investments-early-learning-have-led-thousands-more-children-enrolled-high-quality-preschool.

此外，由美国教育部、卫生和公共服务部共同运营的"向顶级学习竞赛"经费补助计划（Race to the Top-Early Learning Challenge）获得了联邦政府超过10亿美元的资助，用于支持美国20个州规划和实施一项5岁以下婴幼儿的优质早期学习项目。2016年的一份报告显示，在"早期学习挑战赛"中，有近7万个早期学习项目参加了质量评估系统，并有超过2.1万个被评为质量最高，是五年前的两倍。参与"向顶级学习竞赛"经费补助计划的州报告称，有近26.7万名儿童，特别是那些有高需求和来自低收入家庭的儿童进入到了那些达到州质量评估和体系改善标准的学前班。①

尽管各州和联邦政府已对早期教育进行了投资，但政府认为还需要做更多工作以确保每个父母和家庭都能接触到并让他们的孩子参加高质量的学前教育计划。美国国家早期教育研究院的2016年数据显示，在美国，只有41%的4岁儿童和16%的3岁儿童通过州立计划、提前开端计划或特殊教育进入了公立学前教育系统，参加最高质量课程的儿童还更少。联邦政府认为加大对高质量早期教育的支持力度是政府最明智的投资。

为扩大高质量学前教育的普及程度，美国2017年的预算提案包括：为"全民学前教育"项目提供为期10年高达750亿美元的资助，用于为中低收入家庭所有4岁儿童提供高质量学前教育计划；为学前教育发展补助金（Preschool Development Grants）项目提供3.5亿美元经费资助（比2016年增加1亿美元），用于帮助各州为普及公共学前教育奠定基础；未来10年为儿童保育和发展基金（Child Care and Development Fund）追加820亿美元的资助，为所有中低收入家庭的儿童提供高质量的儿童保育服务；为提前开端计划追加4.34亿美元资金，用于延长项目的服务期限和保证项目质量和入学率。②

（二）提前开端计划

提前开端计划由美国联邦政府于1965年开始实施，是一个由联邦政府资助

---

① U.S. Department of Education. Race to The Top—Early Learning Challenge 2016 Annul Performance Report. (2017-09-11)[2020-12-01]. https://www2.ed.gov/programs/racetothetop-earlylearningchallenge/performance.html.
② U.S. Department of Education. Obama Administration Investments in Early Learning Have Led to Thousands More Children Enrolled in High-Quality Preschool. (2016-09-15)[2020-12-01]. https://www.ed.gov/news/press-releases/obama-administration-investments-early-learning-have-led-thousands-more-children-enrolled-high-quality-preschool.

的全国性项目，主要为包括农村地区在内的低收入家庭和儿童提供综合性服务和免费的学前教育，是美国迄今为止规模最大、历时最长的联邦学前教育补偿项目。①参加该项目的孩子们除了可以参加项目组织的各种各样的教育活动外，还可以享受免费的医疗、牙科和心理健康检查，健康的膳食和辅食，以及在安全的室内外活动环境。②

1. 基本内容

根据服务的主体对象，提前开端计划主要划分为两类：一类是主要服务于3—4岁儿童的学前儿童提前开端计划；另一类是主要服务于婴幼儿和孕妇的早期提前开端计划（Early Head Start Program）。此外，提前开端计划还覆盖了印第安人和阿拉斯加原住民居民家庭、移民和季节性居民家庭。③

从服务内容上看，提前开端计划包括三大部分。

第一，儿童早期学习与发展。个性化的学习体验有利于儿童更好地应对入学和今后的学习。通过与成人建立情感关系、做游戏，进行有计划的或自发的引导，儿童能够在多方面得到良好的成长和发展，包括社交技能、情感健康、语言和读写技能、数学和科学概念。父母，包括祖父母、养父母等其他儿童主要照看者，是孩子第一位也是影响最深远的老师。项目通过联合家长和社区，共同促进孩子们平稳且顺利地过渡到幼儿园学习。

第二，健康。儿童的身体健康和发育对于儿童早期学习过程中对未知世界的探索和体验至关重要。提前开端计划为孩子们提供包括室内和室外的健康、安全的学习环境及体验。所有的儿童均接受健康检查并享有营养餐，项目还为这些孩子的家庭提供医疗、牙科以及心理健康服务，确保他们得到所需的照顾。此外，考虑到孩子们的心理健康，项目还为儿童提供心理咨询服务，以应对部分儿童因心理创伤所带来的不利影响。

第三，家庭福祉。提前开端计划为孩子父母和家庭提供例如稳定住房、继续教育和财务安全等服务。同时还支持加强亲子关系，营造更加利于儿童学习

---

① 霍力岩，余海军. 从《国家中长期教育改革和发展规划纲要（2010—2020年）》看农村学前教育的发展. 幼儿教育（教育科学），2010（10）：97-102.
② U.S. Department of Education. WWC Intervention Report—Head Start. (2015-07)[2020-12-02]. https://ies.ed.gov/ncee/wwc/Docs/InterventionReports/wwc_headstart_042517.pdf.
③ U.S. Department of Health & Human Services. Head Start Program. (2020-07-23)[2021-1-04]. https://eclkc.ohs.acf.hhs.gov/programs/article/head-start-programs.

和发展的家庭氛围。①

此外，提前开端计划的管理者可以灵活地结合当地社区文化、语言和其他背景设计项目内容。启蒙服务也因家庭需要而异，例如，儿童和家庭可以通过中心式或家庭儿童保育、家访或每年 8—12 个月全天或半天组合方式为儿童和家庭提供服务。②

2. 管理机制

在管理体制上，提前开端计划是全美最大的联邦学前教育项目，由美国卫生和公共服务部（Department of Health and Human Services，HHS）的儿童和家庭管理局（Administration for Children and Families，ACF）管理，美国国会每年授权联邦政府为提前开端计划提供财政资金支持。③

ACF 下设提前开端计划办公室（Head Start Office），负责管理各地方提前开端计划区域办公室（Regional Office）。在区域办公室下设有三个机构，包括指导委员会（Board of Director）、地区监督（Local Grantee）和政策委员会（Policy Council），具体负责各社区的提前开端计划。④

3. 经费保障

在经费投入方面，提前开端计划是美国联邦政府投入最大的学前教育项目，政府拨款占总投入的 80%，其余 20% 由州政府负担。为保证经费使用的有效性，联邦政府对该计划的补助金采取直接拨款到提供服务的相关项目或项目代理处，越过州和地方政府，以避免中间环节对财政拨款的滥用和挪用。

根据提前开端计划办公室 2019 财年报告显示，联邦政府 2019 年共为提前开端计划提供 100 多亿美元资金（表 4-2），各州/区共得到联邦政府的项目资助经费 9 967 094 750 美元，873 019 名儿童受到资助（表 4-3）。⑤

---

① U.S. Department of Health & Human Services, Office of Head Start. Head Start Services. (2020-11-03)[2021-01-04]. https://www.acf.hhs.gov/ohs/about/head-start.
② National Center for Education Evaluation and Regional Assistance. Head Start—Evidence Snapshot. (2015-07)[2020-12-02]. https://ies.ed.gov/ncee/wwc/EvidenceSnapshot/636.
③ Office of Head Start. Head Start Program Facts Fiscal Year 2019. (2020-09-23)[2020-12-02]. https://eclkc.ohs.acf.hhs.gov/sites/default/files/pdf/no-search/hs-program-fact-sheet-2019.pdf.
④ 周采. 美国先行计划的现状与趋势. 比较教育研究，2001（10）：49-53.
⑤ Office of Head Start. Head Start Program Facts Fiscal Year 2019. (2020-09-23)[2020-12-02]. https://eclkc.ohs.acf.hhs.gov/sites/default/files/pdf/no-search/hs-program-fact-sheet-2019.pdf.

表 4-2　提前开端计划资金投入（2019 财年）

活动	金额/美元
提前开端计划，包括早期提前开端计划	9 658 096 317
培训和技术支持	239 679 418
研究、展示和评估	21 695 911
监测支持	41 994 808
项目支持	41 994 256
系统更新转换支持	24 999 980
总计	10 028 460 690

表 4-3　2019 财年联邦政府经费和资助儿童情况

州/区	提前开端计划（不含美属印第安人和阿拉斯加原住民）			美属印第安人和阿拉斯加原住民	
	联邦政府资助/美元	受资助儿童数/人	生均经费/美元	联邦政府资助/美元	受资助儿童数/人
亚拉巴马	146 609 797	14 285	10 263		
阿拉斯加	20 243 229	1 474	13 734	38 417 013	1 924
亚利桑那	173 969 609	13 376	13 006	38 345 454	3 198
阿肯色	102 417 442	9 597	10 672		
加利福尼亚	1 265 359 776	89 211	14 184	14 055 836	801
科罗拉多	112 877 319	9 631	11 720	2 564 882	183
康涅狄格	69 178 458	5 755	12 021		
特拉华	20 776 828	2 147	9 677		
华盛顿特区	36 771 010	3 727	9 866		
佛罗里达	416 038 192	40 632	10 239		
佐治亚	243 412 108	24 088	10 105		
夏威夷	29 519 230	2 941	10 037		
爱达荷	41 710 002	2 944	14 168	5 176 608	319
伊利诺伊	386 044 040	34 803	11 092		
印第安纳	152 941 851	13 973	10 946		
艾奥瓦	79 245 564	7 273	10 896		
堪萨斯	78 907 931	7 060	11 177	2 238 450	109
肯塔基	182 663 585	15 167	12 043		

第四章 国外农村学前教育发展比较研究

续表

州/区	提前开端计划（不含美属印第安人和阿拉斯加原住民）			美属印第安人和阿拉斯加原住民	
	联邦政府资助/美元	受资助儿童数/人	生均经费/美元	联邦政府资助/美元	受资助儿童数/人
路易斯安那	197 650 528	20 819	9 494		
缅因	43 450 433	3 027	14 354	845 254	60
马里兰	116 690 113	9 483	12 305		
马萨诸塞	154 250 347	11 771	13 104		
密歇根	360 603 806	29 394	12 268	7 763 228	566
明尼苏达	127 808 660	11 173	11 439	15 494 569	1 004
密西西比	210 014 339	22 540	9 317	2 297 640	268
密苏里	180 326 154	14 663	12 298		
蒙大拿	36 775 718	3 051	12 054	20 841 764	1 790
内布拉斯加	59 017 652	4 912	12 015	5 612 114	349
内华达	41 018 761	3 021	13 578	4 373 076	362
新罕布什尔	20 472 038	1 563	13 098		
新泽西	178 712 857	15 464	11 557		
新墨西哥	73 767 106	7 055	10 456	28 273 120	2 452
纽约	592 046 929	47 947	12 348	1 531 472	143
北卡罗来纳	226 397 225	21 078	10 741	2 857 859	230
北达科他	24 074 470	1 954	12 321	12 342 131	969
俄亥俄	368 199 563	34 004	10 828		
俄克拉何马	129 916 951	14 377	9 036	36 060 470	3 007
俄勒冈	107 056 750	12 724	8 414	4 314 780	396
宾夕法尼亚	343 775 074	35 979	9 555		
罗得岛	33 774 515	2 682	12 593		
南卡罗来纳	125 025 938	11 882	10 522	1 717 029	112
南达科他	27 809 998	2 759	10 080	25 534 394	1 820
田纳西	178 917 777	16 716	10 703		
得克萨斯	675 896 889	70 265	9 619	450 170	34
犹他	76 788 664	5 624	13 654	6 057 812	242

续表

州/区	提前开端计划（不含美属印第安人和阿拉斯加原住民）			美属印第安人和阿拉斯加原住民	
	联邦政府资助/美元	受资助儿童数/人	生均经费/美元	联邦政府资助/美元	受资助儿童数/人
佛蒙特	24 995 665	1 447	17 274		
弗吉尼亚	141 690 923	14 029	10 100		
华盛顿	173 888 939	11 360	15 307	26 864 529	1 486
西弗吉尼亚	72 413 335	7 849	9 226		
威斯康星	151 144 315	13 372	11 303	13 565 175	1 089
怀俄明	21 439 385	1 590	13 484	2 896 335	295
其他	333 331 007	35 733	9 328		
小计	9 187 828 795	819 391		320 491 164	23 208
移民和季节性流动居民	458 774 791	30 420			

注：原表中有些数据缺失，生均经费根据公开数据测算所得

可见，美国在提前开端计划上的经费投入力度相当大，范围几乎覆盖了全美。根据提前开端计划办公室公开的数据进行测算，结果发现，该计划在各州投入金额差距较大，排名前五的州为加利福尼亚（$1 265 359 776）、得克萨斯（$675 896 889）、纽约（$592 046 929）、佛罗里达（$416 038 192）和伊利诺伊（$386 044 040）；排名最后的五个州分别是阿拉斯加（$20 243 229）、新罕布什尔（$20 472 038）、特拉华（$20 776 828）、怀俄明（$21 439 385）和北达科他（$24 074 470）（表4-3）。

从生均资助经费来看，50个州的生均经费从8 000多美元（俄勒冈，$8 414）到1.7万多美元（佛蒙特，$17 274）不等，后者是前者的两倍多，各州存在一定差距（表4-3）。从地区差异上看，东西部相比较，除俄勒冈外，西部各州生均经费相对较高，如华盛顿、爱达荷、加利福尼亚和犹他等；南北部相比较，北部各州生均经费相对较高，如北达科他、佛蒙特、密歇根、内布拉斯加等。可见，高达百亿美元的资助是保证项目顺利进行的根本性保障，也是提前开端计划成为美国影响力最大、成效最显著的学前教育补偿项目的最重要原因之一。

4. 评估监测

在项目评价与监测方面，提前开端计划包括项目本身的自我评估和联邦政府层面的监测。项目（包括早期提前开端计划）每年开展至少一次内部的自我评估，自行检查工作的完成情况和是否达到提前开端计划的实施标准和其他规章制度。自我评估由家长政策委员会、行政主管、家长、工作人员和社区等多方参与。评估主要以儿童成果表现框架为工具，收集包括语言发展、读写识字、数学、科学、艺术创造、社会和情感发展、学习方法、身体健康和发展等8个方面，27个发展领域要素，100个关于技能、知识、能力和行为方面的指标。联邦政府层面的监测由提前开端计划办公室通过"系统监测的项目审查工具"（Program Review Instrument for System Monitoring，PRISM）对提前开端计划的代理人进行监测。每年由联邦儿童与家庭管理处地区办公室和中心办公室组成专家小组，对500个项目做现场检查。①

5. 基本特征与主要成效②

提前开端计划作为全美历时最长、影响范围最广、资助力度最大的学前教育补偿项目，通过几十年的不断发展，为美国数以百万计包括处于农村地区的弱势儿童群体和家庭提供服务，有效推动了美国学前教育的整体发展。提前开端计划办公室从项目结构、参与群体结构等方面对提前开端计划2019年的开展情况进行了总结。

第一，多数项目同时提供提前开端服务和早期提前开端服务。从项目结构上看，大多数接受政府补助金的机构既提供提前开端服务，也提供早期提前开端服务。29%的机构只提供早期提前开端服务，13%的机构只提供提前开端服务，58%的机构同时提供提前开端和早期提前开端服务。大多数提前开端学前服务在以活动中心为基础的环境中提供，相对地方化一些，各地开展活动每周的天数和每天的课时均有不同（图4-2）。超过一半的早期提前开端服务也是在以活动中心为基础的环境中提供，不到一半是在家庭式环境中（图4-3）。

---

① 霍力岩等. 美、英、日、印四国学前教育体制的比较研究（上）. 北京：北京师范大学出版社，2013：141.
② 本小节中，无特殊注明的数据来源均为：Office of Head Start. Head Start Program Facts Fiscal Year 2019. (2020-09-23)[2020-12-02]. https://eclkc.ohs.acf.hhs.gov/sites/default/files/pdf/no-search/hs-program-fact-sheet-2019.pdf.

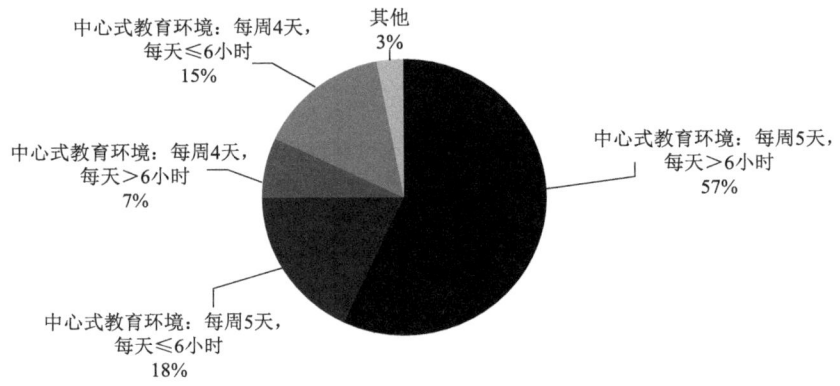

图 4-2　提前开端学前服务中心式机构活动开展情况

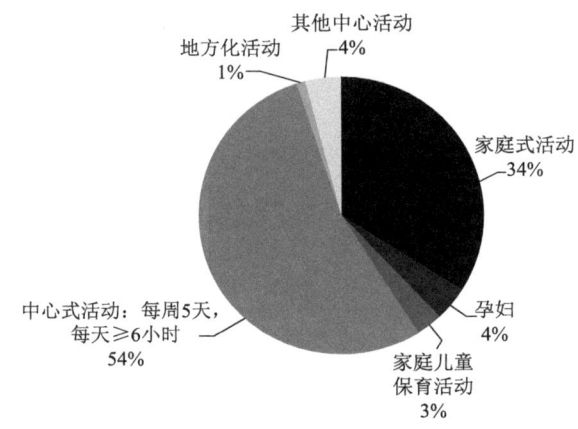

图 4-3　早期提前开端计划结构

第二，项目覆盖范围广，服务对象包含不同种族、不同年龄、不同人种。从参与儿童的年龄结构上来看，提前开端计划 2018—2019 年累计资助了 1 047 000 名儿童（0—5 岁）和孕妇，其中，绝大多数为 0—5 岁儿童，3 岁儿童占 35%，4 岁儿童占 38%（图 4-4）。从参与项目人群的人种（race）结构上看，43% 的参与者为白人，30% 的参与者为黑人或非裔美国人（图 4-5）；在种族（ethinicity）结构上看，37% 的人为西班牙或拉丁裔（图 4-6）。此外，28% 的参与者在家主要讲英语以外的语言；22% 的参与者来自西班牙语家庭。

第三，医疗帮扶系统完善。从参与项目的儿童接受的健康服务方面看，接受免疫接种的儿童数在 2018—2019 年年度结束时比开始时有所增加，也有更多的家庭的子女享受了医疗保险、家庭医疗和家庭牙科服务（图 4-7）。

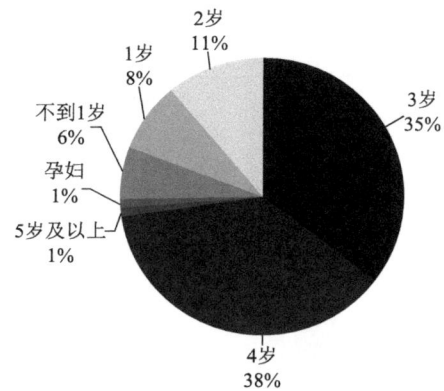

图 4-4　2018—2019 年受资助对象年龄结构

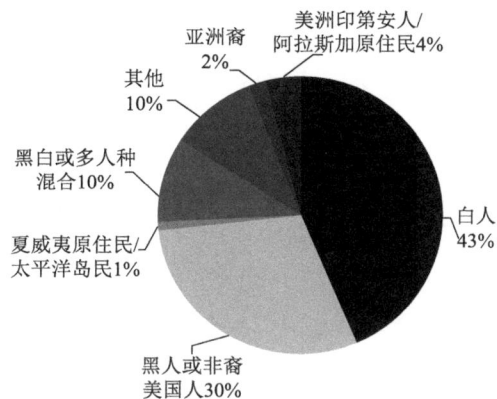

图 4-5　2018—2019 年受资助儿童人种结构

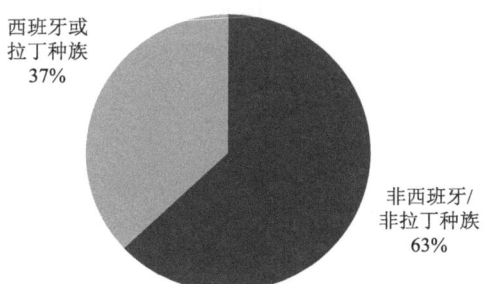

图 4-6　2018—2019 年受资助儿童种族结构

第四，项目成效显著。2019 年项目结束时，90%的受资助儿童参与了医疗资助计划、儿童健康保险项目或其他国家资助的儿童健康保险计划；13%的受资助儿童是残疾儿童，相比全国平均数（3%的婴幼儿和 6%的学龄前儿童），提

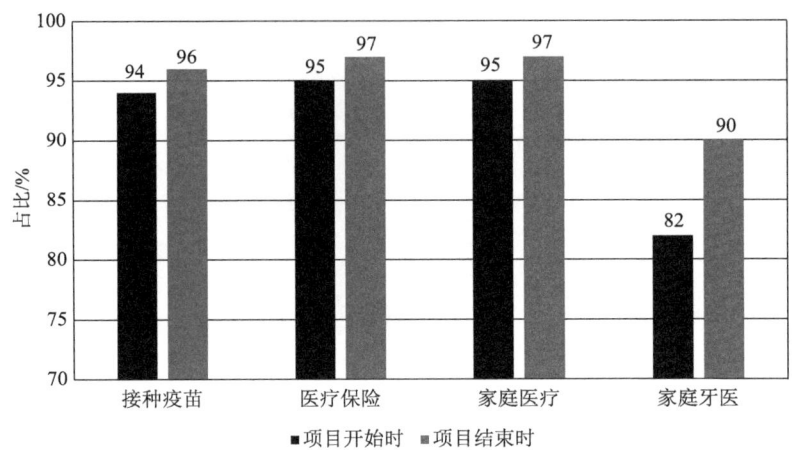

图 4-7　2018—2019 年受资助儿童的健康服务

前开端计划覆盖的残疾儿童比例要更高；参加早期提前开端计划的孕妇中，约 79% 接受了关于胎儿发育方面的产前教育；在整个提前开端计划中，项目共累计为 947 000 个家庭提供服务；2019 年度项目开始时约有 59 000 个家庭无家可归，这些家庭中有 27% 的家庭在年度项目结束时找到了固定住房；约 69 000 个家庭获得了住房补贴，如生活津贴、水电费和修理费等；约有 151 000 个家庭即 16% 的项目资助家庭接受了职业培训或成人教育相关服务，如普通同等学力文凭（General Equivalency Diploma，GED）。

从创立之初到 2019 年底，提前开端计划已经累计为美国 3 700 万 5 岁以下儿童及其所在家庭提供服务。2019 年该项目又为全国近 100 万名儿童和城市、郊区及农村社区的孕妇中心、家庭中心和家庭式儿童保育中心提供服务。

6. 存在的问题

尽管提前开端计划取得了显著成效，但该项目仍存在保教质量较低、服务效率不高等问题，如参与该项目的儿童在语言、阅读、算数方面的预备知识与技能仍低于全国平均水平。

首先，大多数孩子完成提前开端计划时，知识和技能水平仍低于全国平均水平。家庭和儿童体验调查（Family and Child Experiences Survey，FACES）结果显示，儿童在参与项目之初和结束时在词汇、识词、简单写作和算数方面未得到明显发展，仍远低于全国平均水平。①其次，分散式服务方式阻碍了项目的进展。美国儿童保育项目和学前教育项目是互相独立的，分别由不同的联邦机构和部门管理，各管理机构不同的发展目标与运行方式导致各类学前教育项目出现一定程度的重复，各州服务质量也不均衡，再加上保育和教育的协调与衔接问题，导致项目的实施效率不高，阻碍了项目的发展。②最后，提前开端计划本身与各州公立学校之间的沟通协调不足，导致各个学前教育机构所采用的教学方法和项目实施模式均有不同，缺乏统一的教学模式，不利于项目的整体规划与发展。③

（三）对我国发展农村学前教育的启示与借鉴

近年来，学前教育作为儿童未来发展的开端和基础，逐渐开始受到国家、社会和舆论的关注和重视，政策和财政支持保障力度也不断得到完善和加强。2020年，《中华人民共和国学前教育法草案（征求意见稿）》发布，学前教育法将是我国首部学前教育法律，将进一步完善我国教育法律体系，将对学前教育的健康良好发展、保障儿童权益发挥重要保障作用。

根据第六次人口普查结果显示，我国农村人口占总人口的一半（50.32%）。教育部2018年统计数据显示，我国农村在园幼儿占全国在园幼儿总数的61.91%，农村地区的教育问题对于我国整体教育质量的保证和提升至关重要。我国农村地区的学前教育因为历史和经济等原因，发展缓慢，一直处于相对落后甚至缺失状态，农村学龄前儿童的教育状况亟待改善。美国在对于处境不利儿童或弱势儿童群体的学前教育极为重视，政府通过立法、专项计划等方式给予了资金、人力等方面的支持，值得我们参考和借鉴。

1. 立法和补偿项目双重保障弱势儿童群体的学前教育基本权利

美国政府主要通过两大渠道保障贫困儿童或处境不利儿童的包括学前教育权益在内的其他基本权益。

---

① Administration for Children and Families, U.S. Department of Health and Human. Head Start FACES: Longitudinal Findings on Program Performance—Third Progress Report. (2001-01)[2021-01-05]. https://files.eric.ed.gov/fulltext/ED453969.pdf
② U.S Department of Health and Human Services. Strengthening Head Start—What the Evidence Shows. (2002-01)[2021-01-05]. https://aspe.hhs.gov/report/strengthening-head-start-what-evidence-shows#Introduction.
③ 姚艳杰，许明. 美国提前开端计划的发展、问题与走向. 学前教育研究，2008（04）：55-59

首先,立法渠道。美国是典型的法治化程度很高的国家,通过立法保障学前教育事业的健康发展,维护师生的合法权益,尤其是对弱势儿童群体的高度关注对于美国提升教育法治化水平和促进教育公平具有重要的积极作用。在法律层面上,美国先后出台了一系列针对或包括农村儿童在内的学前教育相关法案,包括《儿童保育法案》《早期儿童教育法》《儿童保育和发展固定拨款法》《2000年目标:美国教育法》《不让一个孩子掉队法案》等。

其次,专项渠道。除法律层面外,美国政府还出台了多项保护学龄前儿童尤其是农村偏远地区、家庭贫困或残障儿童等方面的教育项目,包括提前开端计划、早期提前开端计划、早期儿童特殊教育(Early Childhood Special Education)、一号学前教育倡议(Title Ⅰ Preschool Initiative)等。

美国政府从法律法规和补偿项目两条路径出发,为从整体上促进学前教育公平和营造良好的学前教育发展环境提供了强有力的双重保障。当前我国学前教育正处在立法的关键时期,在立法时要充分考量包括农村儿童在内的贫困家庭儿童;此外,从国家层面支持弱势儿童群体里学前教育补助专项计划,在立项时优先那些针对农村儿童群体的补偿计划,对于成效显著的专项计划进行广泛宣传和推广,形成专项计划实施模式,扩大积极影响。

2. 政府投入优先重点保障弱势儿童群体接受学前教育

美国通过建立以政府财政投入为主的弱势儿童群体学前教育普及和保障机制,推进农村地区或贫困儿童学前教育的普及和发展,充分重视学前教育在个体和社会发展中的价值和意义。

值得注意的是,美国的学前教育投入财政预算和分配中,弱势儿童群体始终享有优先权,绝大多数学前教育相关法案和项目均提到要优先关注弱势群体,对于弱势群体的拨款计划和专项法案也不在少数,充分体现了美国对于弱势儿童群体学前教育的重视和保障力度,事实也证明了美国的这一观念和做法有效推动了处境不利的农村地区或贫困儿童学前教育的长足发展,把促进优质学前教育的普及和发展做到了实处。

我国农村教育尤其是农村学前教育落后于城市的现状是进一步促进教育公平所面临的重要挑战。因此,要抓住当前学前教育法出台的重要历史契机,强调农村地区学前教育的重要性,明确各级政府的财政投入责任,优先保证农村地区的学前教育经费来源的稳定性和持续性。

3. 充足且稳定的国家财政投入

无论是政策的落实还是项目的执行，持续且充足的政府财政投入是美国发展弱势儿童群体学前教育的根本保证。美国对弱势儿童群体学前教育的经费来源主要是联邦政府、州和地方政府。在经费投入方式上，主要以依托大型学前教育补偿项目为弱势儿童群体提供帮助，包括提前开端计划"儿童保育与发展固定拨款"（Child Care Development Block Grant）、"贫困家庭临时援助计划"（Temporary Assistance for Needy Family）、"残疾婴幼儿早期干预计划"（The Early Intervention Program for Infants and Toddlers with Disabilities）等。

根据提前开端计划办公室发布的 2019 财年经费报告，美国 2019 年共在提前开端计划上投入达 100 多亿美元，巨额的资金投入对于项目的顺利进行提供了根本性保障。从经费管理方式上，美国十分重视经费的使用效率，通过简单有效且透明的拨款方式和管理方式，避免了中间环节经费滥用或挪用的情况，最大限度地保证了经费的使用效率。如提前开端计划就是联邦政府直接拨款给相关项目或项目代理处，尽可能减少拨款的中间环节，实现经费使用效率的最大化。因此，我国在促进农村地区学前教育发展时，要为其提供稳定且充足的财政投入，提高经费的使用效能，同时更多地设立农村地区学前教育资助专项计划，优先保证农村地区学前教育的发展。

4. 高效完善的管理体制

美国在支持弱势儿童群体相关事务中建立了以联邦政府为主体、包括州政府在内的多级管理体制。联邦政府在弱势儿童群体相关学前教育法律、法规、政策、项目等的启动和实施方面，起到了引领和规划作用。同时联邦政府层面首先投入大量的资金，尽可能缓解地方政府的财政困难。州政府在联邦政府的指导和政策、经费支持下，负责项目的具体实施和落实，结合当地的社会经济发展情况，制定符合国家层面政策的下位政策，同时也积极响应联邦政府的号召，提供配套经费和人员。在责权划分上，尤其是国家重大学前教育补偿项目上，层层划分行政管理级别，设置专门的相应业务办公室负责具体事务，避免了职权含糊不清，责任主体不明。

管理体制上的顺畅和责权清晰有利于国家补偿性项目的落实和推进，尤其是推动了涉及巨大金额资助项目的有效实施。鉴于此，要进一步理顺我国农村地区学前教育管理体系，从国家、省、市、县、乡等行政级别上分别捋顺纵向管理的内容，横向上教育部门、卫生部门、商务部门等分清职责权限，明确责任主体，提高管理效率。

5. 多样化的学前教育保育形式

通过对美国学前教育尤其是农村地区或贫困家庭儿童等弱势儿童群体学前教育情况的了解，我们发现美国在0—6岁儿童的保育和教育方式上充分发挥了地方优势，在资源紧张的情况下，利用一切可利用的资源为儿童提供接受学前教育的环境，如日托中心、学前班、保育中心等，也会采用依托社区和家庭式托育中心等方式解决婴幼儿的看护问题。这些学前教育机构既有公立的也有私立的机构，能够满足不同条件家庭的需求。在看护形式和时间上也相对灵活，不仅符合大部分家庭的需要，也能够满足0—6岁不同年龄儿童不同阶段的学习需求。

我国当前开展学前教育活动的机构基本上是幼儿园，公立园和私立园均以招收3—6岁学龄前儿童为主。农村地区学前教育资源尤为紧张，尽管公办园和普惠园近年来发展势头迅猛，短期内仍无法快速满足需求。可以参考美国针对弱势儿童群体学前教育的做法，充分开发社区资源，鼓励以多种形式开展学前教育，另外建议将0—3岁幼儿也纳入学前教育覆盖范围，以日托班、托育中心等形式缓解家庭看护负担。

6. 多部门协同保障学前教育健康发展

学前教育不仅仅是教育部门的事情，是一个需要多部门共同治理的复杂的综合性教育事业。从美国学前教育发展的情况可以看出，弱势群体的学前教育被提高到国家高度，由不同部门共同治理共同发展。很多弱势儿童群体的补偿项目参与者不仅仅是教育部门，还包括卫生和公共服务部、儿童和家庭管理局等其他相关部门。我国发展农村地区学前教育，也要进一步加强教育部与其他部门的协同联系，探索建立多部门协同、多级联动的发展体系。

二、满足多元需求：加拿大农村学前教育发展的经验与启示

加拿大是北美联邦制国家，也是学前教育比较发达的国家之一。加拿大学

前教育发展至今,已具有较为完整的学前教育体系和较为全面的学前教育政策保障体系。各省(区)政府在促进和发展学前教育事业中起着关键性的作用。

在农村学前教育领域,加拿大丰富多样的学前教育机构非常具有特色,基本满足了不同家庭不同时节的个性化需求。完善的幼儿福利制度、明确的各级政府职责、灵活多样的机构形式等都为加拿大的农村学前教育发展提供了有力的保障。

(一)加拿大农村学前教育的背景

1. 加拿大学前教育发展概况

加拿大联邦政府未设教育部,学前教育主要由各省(区)政府负责建立各自的幼儿保育体系和公立幼儿园体系。联邦政府主要负责特殊群体(如印第安人、因纽特人等)的学前教育及省(区)之间政策协调和财政辅助工作。加拿大学前教育的划定范围为0—5岁的学前儿童。[1]学前教育体系分两个阶段:第一个阶段是0—2岁保育体系,由社区福利部门管辖;第二个阶段是3—5岁公办幼儿园教育体系,由教育部门管辖。保育(daycare)通常以全日制的形式存在,孩子4岁起接受免费学前教育,并把招收的幼儿细分为婴儿、学步幼儿、学龄前儿童,根据幼儿年龄特点和成长需求提供与之匹配的生活环境。学前教育主要在幼儿园进行,大部分实行半日制教学(通常每天两个半小时)。[2]随着保育需求和幼儿教育的不断扩大,保教分离模式的弊端开始显现。由此,加拿大开始从保教分离、保教协调、保教合作向保教一体化转变,在立法上着手制定融合学前保育与教育的综合性学前教育政策。

在加拿大,每个辖区都提供强制性或自愿性的全日制或半日制幼儿园计划。八个司法管辖区为所有5岁及以上儿童提供全日制幼儿园。2014年,加拿大教育部部长理事会(Council of Ministers of Education)发布了早期学习和发展框架,提出了泛加拿大的早期学习愿景,可以适应每个省(区)的独特需求和情况。[3]

课程方面,加拿大幼儿园课程分为艺术、体育、智育、德育和科学五大领域,

---

[1] Council of Ministers of Education, Canada. Education in Canada. (2019-07)[2020-12-20]. https://www.cmec.ca/299/Education-in-Canada-An-Overview/index.html.
[2] 王凌燕. 加拿大学前教育与学前保育现状对比——以安大略省为例. 中华少年,2016(23):252-253.
[3] Council of Ministers of Education, Canada. Education in Canada. (2019-07)[2020-12-20]. https://www.cmec.ca/299/Education-in-Canada-An-Overview/index.html.

强调围绕同一主题组织活动，培养孩子主动参与、乐于研究、勤于动手的意识，关注孩子的学习兴趣和经验。[①]学前教育教学主要倡导三种模式，即从"选择"中学，从"互动"中学，从"研究"中学。[②]以最具有代表性的安大略省为例，该省于 2014 年颁布了《早期教育教学法》，提出基于学前儿童生活需要而非学科课程逻辑，将学前儿童的学习与发展分为归属、健康、专注与表达四个领域，关注儿童内在学习品质的培养，强调儿童的完整发展，突出幼儿教师的观察与反思能力的提升，要求教师为儿童营造具有意义感和幸福感的教育环境。[③]

2. 加拿大农村地区概况

加拿大是农业大国，经济发展依赖农场、森林、渔业、矿业、石油、天然气等资源。因此，在加拿大农村社区生活着大量从事农场、渔业、矿产、森林方面的农业人口。农业的发展及农业人口的存在意味着农村家庭与农村儿童的存在，这必然提升了对农村学前教育的需求。在加拿大，由于农村儿童活动的空间包括一些危险的因素，如大型的设备、车辆和大型的动物与大片水域，使得农场儿童的安全事故高发。根据加拿大农业伤害调查委员会的调查，1990—2003 年有 274 名 1—19 岁的孩子在农业伤害事故中失去生命，平均年龄为 7 岁。主要原因是农村机械导致的伤害与死亡，且年龄越小的孩子危险越大。近一半的死亡事故与三分之一的伤害事件发生在 1—6 岁儿童身上。[④]为了避免农场安全事故发生，需要建立相应的学前教育机构，为儿童提供安全、舒适的活动场地，同时也为促进儿童身心健康的发展提供保障。

3. 促进加拿大农村学前教育发展的法律与政策

加拿大属于联邦制国家，根据 1867 年联邦宪法，教育事务属于各省的立法权限。因此，加拿大 10 个省和 3 个地区依据其本地的教育法案和相关法规实施各类教育。加拿大教育部部长理事会曾于 2008 年 4 月发布题为《学习型加拿大 2020》（Learn Canada 2020）的指导性文件，提出学前教育是终身教育的四大支柱之一，所有儿童都有权获得高质量的早期教育，以保障其顺利开始学校生活。

[①] 何跃萍. 多元文化背景下的加拿大学前教育[J]. 河南教育学院学报（哲学社会科学版），2013，32（01）：54-56.
[②] 张丹枫. 加拿大学前教育的环境要求与教学模式. 校园纵横，2009（06）：63-64.
[③] 刘晓燕. 加拿大安大略省《早期教育教学法》述评. 教育导刊（下半月），2019（06）：88-91.
[④] 严仲连. 加拿大发展农村学前教育的经验. 外国中小学教育，2014（05）：14-18.

此文件可以被视为联邦政府发展学前教育的战略思想。加拿大人力资源与社会发展部也积极关注并推动各省（区）学前教育发展。2002年，该部就向国会提出报告，指出加拿大的学前教育落后于许多经济合作与发展组织成员，从而促使联邦政府加大对农村学前教育的推动和支持力度。[①]

第一，各省（区）自行制定学前教育法案。以安大略省为例，2000年以来，安大略省政府先后通过了多部影响重大的法案，如2003年《幼儿早期学习指导框架》（Early Learning for Every Child Today: A Framework for Ontario Early Childhood Settings），2006年《综合儿童保育津贴》（Universal Child Care Benefit），2007年《学前教师法案》（The Early Childhood Educators Act）。2010年，安大略省政府颁布《教育法案》（The Education Act）修正案，调整学前教育相关政策；2014年又通过《幼儿保育与早期发展法案》（The Child Care and Early Years Act）等。[②]系列政策法案不仅体现出安大略省建设高质量、普及化学前教育体系的决心，更折射出安大略省以健全法律促进学前教育的价值追求。

第二，联邦政府的学前教育政策主要是以"资助项目"的形式实施。较为重要的类型包括：一是"牛奶金计划"（Canada Child Tax Benefit）。在孩子18岁之前，中低收入家庭可以按月领取福利金，俗称"牛奶金"。二是"国家儿童福利补充计划"（National Child Benefit Supplement），作为针对低收入家庭的有力的补充。三是联邦政府还与省政府合作，共同推行"早期儿童发展计划"（Early Childhood Development Initiative）。四是为缓解工薪阶层经济压力，联邦政府推行"统一儿童看护福利计划"（Universal Child Care Benefit），规定凡育有小于6岁儿童的父母均可以申请每月100加元的"托儿津贴"（child care allowance）。五是"儿童看护场所计划"（Child Care Spaces Initiative），通过该计划给予企业税收方面的优惠，鼓励其为员工或社区创办、提供更多的儿童早教场所。另外，加拿大资助原住民儿童专项学前教育项目。加拿大原住民的社会服务主要由联邦政府资助，省政府负责，社区直接提供服务，学前教育是其服务内容之一。近年来，联邦政府推出一系列原住民儿童专项学前教育项目，主要包括：①以儿童为中心，如原住民开端计划、特殊教育计划；②以儿童父母为中心，如第一民族与因纽特儿童保育计划、父母参与计划、产前营养计划；③以支持社区

[①] 中国驻加拿大大使馆教育处.加拿大学前教育发展现状及趋势调研.基础教育参考，2016（17）：73-75.
[②] 金淑洁.2000年以来加拿大安大略省学前教育政策研究.西南大学，2016.

为中心，如光明未来计划。每个项目都有特定的服务对象、管理单位和服务内容。以原住民开端计划为例，该计划分为保留地原住民开端计划、城市及北方社区原住民开端计划两种，接受联邦政府资助，由原住民非营利性组织具体实施，为6岁以下的原住民儿童提供原住民文化和语言、教育和入学准备度、父母和家庭参与、健康保健、社会支持等综合服务。对原住民开端计划的纵向研究显示，参加过该计划的儿童入学准备度更好，留级比例更低。[1] 由此可见，加拿大已经建立起一套完整的儿童福利制度。

第三，各省（区）政府均设专门机构具体负责本省（区）学前教育事业发展。各省负责学前教育的政府部门不尽相同，但对学前教育普遍较为重视。各省都有专门负责儿童发展的机构，如不列颠哥伦比亚省设有"儿童及家庭发展部"（Ministry of Children & Family Development），新布伦瑞克省设有"教育及早期儿童发展部"（Department of Education & Early Childhood Development）。[2] 总的来说，加拿大通过各省（区）教育立法保证幼儿教育质量，提供与幼儿年龄特点相适应的课程设置和教学方法，注重幼教机构教育与家庭教育和社区教育相结合。[3]

（二）满足多元需求的加拿大农村学前教育

1. 农村学前教育机构设置多样

（1）农村学前教育机构设置概况

20世纪70年代，加拿大部分省（区）就开始筹建农村幼托机构。如1969年，在加拿大联邦政府的支持下，农业大省爱德华王子岛筹建了幼儿看护中心。但加拿大较大规模地发展农村学前教育主要是在90年代后。1997—1998年，为维护儿童权益，健康发展委员会筹款220万加元用于支持托儿中心、家庭托儿所、农村托儿所和早期儿童干预项目。1995年，政府筹资发展农村与萨斯喀彻温省北部的早期项目，建立有资质的托儿中心，每个中心可以看管12个孩子。由于农村家长的需要不同，现实中就存在多种服务形式，以满足家长的多元化需要，具体形式主要有以下五种。

---

[1] 吴小平, 赵景辉. 加拿大学前教育政策：历史、经验与走向. 外国教育研究, 2015, 42（04）: 55-65.
[2] 金淑洁. 2000年以来加拿大安大略省学前教育政策研究. 西南大学, 2016.
[3] 姜勇. 加拿大早期幼儿教育模式（ECE）之印象. 教育导刊（幼儿教育）, 2000（02）: 40-41.

一是正规家庭托儿所。在安大略省的农村地区，有许多正规的家庭托儿机构，与城市托儿机构一样提供正规的私人家庭教养服务。正规的家庭托儿所在课程、师资方面与正规幼儿园一样，具有同等服务与质量。

二是家庭小组保育服务。通常在举办者家里，由两个保教人员给一组孩子提供看护服务，这一组孩子的数量比通常规定的数量要多一些。近年来，由于社会需要，安大略省农村开办了数家这种提供保育服务的家庭小组。

三是临时家庭托儿服务。这种服务属于临时性质，主要是家长在照看自身孩子的同时，也为其他家长提供临时的看管服务。安大略省和魁北克省已经有几个机构提出了类似的申请。安大略省早期设计的方案中也涉及为农场家庭提供临时的或季节性的家庭托儿服务。提供家庭托儿服务对家庭环境有安全和健康方面的特殊要求。父母需要与服务者签订相关的协议。由于母亲的工作不是永久性的，临时性看护服务就应运而生。

四是有资质的儿童资源中心。这种服务儿童的资源中心能提供包括小组活动、正规的私人家庭托儿服务、玩具租借服务、流动的儿童保育项目、信息咨询与医疗诊治。在安大略省部分农村已经开办了多家正规的儿童资源中心。

五是季节性的儿童保育服务。这类服务主要是在收割季节为家长和儿童提供日工作时间较长的儿童保育。这类服务通常是在夏季七八月份的时候进行，每周一至周五从早上七点到晚上七点照看12岁以下的孩子，主要采用复合混龄的形式。每个夏季，这样的一个项目一般容纳20个儿童。[①]

（2）个案研究：帕克兰地区和卑诗省地区

加拿大发展农村学前教育的最大特点即是为了满足家长多元需求，发展了多种类型幼儿机构。由于家庭经济、人口结构、工作性质等因素的不同，加拿大农村家庭对学前教育的需求是不同的。父母长期工作繁忙的家庭，对学前教育的需求是长期的；从事季节性工作的父母，对学前教育的需求则是季节性的；有亲属（如爷爷、奶奶）的家庭更倾向于由亲属来带孩子；经济条件不是太好的家庭对学前教育的要求则相对较低。加拿大农村地区的学前教育提供了多元化服务，满足了农村家长的需求。

根据加拿大农村生产活动的不同情况，农村幼儿机构也不同，主要存在以下两种情况，分别以帕克兰地区和卑诗省地区为例。

---

① 严仲连. 加拿大发展农村学前教育的经验. 外国中小学教育，2014（05）：14-18.

一种是全年忙碌,如帕克兰农村(隶属于马尼托巴),对学前教育的需要是经常性的。马尼托巴是一个农业省,农村是其基础产业;超过28%的马尼托巴人生活在农村,农村就业人口占有一定的比重,每11个工作岗位中就有1个岗位依赖农业。帕克兰地区比较典型,在农村工作的妇女中,35—44岁的妇女比同年龄的加拿大妇女每天要多工作2.5小时。农村家庭工作时间长,男性与女性每天工作都在11小时以上,一周工作7天,全年如此。[①]由于缺少幼儿看护方面的服务,农村家庭面临很大的压力,兼顾家庭与农场工作对妇女影响很大。儿童看护服务则能在很大程度上缓解其压力。从效果来看,这种全托形式的学前教育也刺激了当地经济发展。在市场经济的影响下,儿童托儿服务形成产业,并通过多方面作用影响着当地的经济。据报道,在帕克兰,每1加元的儿童看护投资可产生1.58加元的回报。[②]因此,加拿大农村学前教育与社会福利联系很紧密,在帮助父母平衡工作与家庭责任,提供儿童丰富的发展环境外,儿童看护或托儿服务对地区经济也有重要作用。

另一种只是季节性的忙碌,如卑诗省的相关农场。季节性忙碌对学前教育的需要就只是季节性的,季节性需要是针对农场特定季节需要的,特别是播种、收割、产犊等时期,农场家庭需要灵活的、日服务时间较长的看护,以适合农村生活。一般家庭中不少于75%的来自农场的收入依赖托儿服务。[③]卑诗省的农村学前教育服务是为了满足移民与农场工人的儿童保育要求。在收获季节,许多农场工人工作时间长,许多常规托儿机构并不提供这些工人所需要的延时服务。如果没有儿童保育,许多家庭不得不随身带着小孩,或者不得不放弃这些季节性工作机会。由于农场和果园要用很多的农药、除草剂,以及各种工具和机器设备,这对孩子来说就存在着很大的危险。对儿童来说,如果得不到较好的看护,家长也不能很好地工作。此外,农村妇女从事生产劳动,也刺激了当地农村学前教育的市场需求。对农村学前教育的关注,引起了社会对学前教育的整体重视,从而也间接推动了学前教育的整体发展。卑诗省的农村学前教育项目带动了相关地区的学前教育整体发展。在筹划农村学前教育项目时,奥

---

① Child Care Coalition of Manitoba. Rural Childcare: Childcare as Economic and Social Development in Parkland. (2007-09-17)[2012-12-20]. http://www.childcaremanitoba.ca.
② Child Care Coalition of Manitoba. Rural Childcare: Childcare as Economic and Social Development in Parkland. (2007-09-17)[2012-12-20]. http://www.childcaremanitoba.ca.
③ 严仲连. 加拿大发展农村学前教育的经验. 外国中小学教育,2014(05):14-18.

索尤斯社区有178所有资质的托儿中心,在农村学前教育项目推广期间增至258所,五六月份甚至可达273所。也就是说,奥索尤斯每年都有几十所季节性的托儿所招收12岁以下的孩子。

制约加拿大农村地区学前教育发展的因素主要有:学前教育需求受幼儿父母季节性工作类型的变化;学前教育服务较难满足人口分散和受教育总量少的地区的要求;公共交通不足使远距离上学困难。对此,加拿大部分省份采取了相应的措施,安大略省提出根据家长需求变化灵活地提供学前教育服务的主张,例如只开放夏季,多开设家庭托幼中心,通过获得社区部门和社会服务工作人员的大力支持来推行创新型的学前教育方法等。[①]同时,农村学前教育项目促进了对农村学前教育的关注。例如,彭蒂克顿农村学前项目组为整个地区提供服务。又如,奥索尤斯的农村学前教育项目办公室为全职员工提供了宿舍,并为员工培训提供场地,参与信息发布,广告与招募活动,以提升举办者对托儿教育的关注,吸引举办者参与相关培训。项目办公室还为农村托儿所提供传真、电话、复印等服务,如办公室可以办理资格证、提供技能培训、联系教育部、提供儿童社区服务等。

2. 实施及保障

(1)农村学前教育的政策保障

20世纪60年代,加拿大首先出台了《加拿大援助计划》(The Canada Assistance Plan)。根据该计划,联邦政府与省(区)政府通过协议共同分担包括儿童保育在内的社会福利成本,服务对象为贫困或接近贫困的家庭的孩子。《所得税法》(The Income Tax Act)提出为自费接受保育服务的家庭减免税费。《儿童保育费用减免政策》(Child Care Expenses Deduction)细化了《所得税法》的儿童政策,使得更多幼儿能够借助政府的福利政策享受保育服务。同时,这一时期几乎每个省(区)都建立了公立幼儿园,幼儿园教育成为幼儿的基本权利,多数5岁儿童可以就读半日制公立幼儿园。这一时期,幼儿教育与保育在概念、管理和主要功能等各方面完全分化,幼儿园纳入学校体系,幼儿保育则作为社会福利体系的一部分,开始受到联邦政府的关注,但政府的干预仅局限

---

① Ontario Ministry of Education. Choosing a Child Care Centre for Your Child. (2015-08-14)[2012-12-20]. https://www.childcare li-nk,gov,sg/ccls/uploads/Child Care Centre.

于对儿童家庭的保育费用补贴。

20世纪90年代,加拿大联邦政府开始向省(区)政府提供转移支付,支持地方发展学前教育。1993年,《儿童社区行动项目》(Community Action Program For Children 1993)提出联邦政府向省(区)政府及原住民社区提供转移支付支持。1996年,《加拿大卫生与社会转移支付》(Canada Health and Social Transfer)提出的资助范围包括幼儿发展与学习。此后,联邦政府还制定了《国家儿童议程》(National Children's Agenda)、《国家儿童福利计划》(National Child Benefit)和《幼儿发展协议》(Early Childhood Development Agreement),向地方儿童项目投入新的资金。这一时期,联邦政府对学前教育的干预从资助儿童家庭扩展到支持省(区)政府发展学前教育。在联邦政府的支持下,省(区)政府逐渐成为发展学前教育的主力。

(2)农村学前教育的管理与财政保障

加拿大一直没有统一的、完整的关于学前教育发展的国家战略,各省(区)对幼儿保育机构和幼儿园进行分类管理。大部分幼儿保育机构都由各省(区)的社会服务部或人力资源部管理,该机构负责各阶段学前教育发展标准的制定、颁发学前教育机构资格执照和规范建设标准等。各省(区)政府制定"保育"和"教育"项目,各省(区)立法机构通过"教育(或学校)法令法规"规定校董事会或教育部的权力或责任。[①]联邦政府层面,确保每年投给各省(区)和原住民社区用于建设和维护学前教育系统的资金支持,省(区)政府层面则有稳定的运营资金支持学前教育机构日常运转。

3. 加拿大农村学前教育发展过程中存在的不足

加拿大农村学前教育相比城市学前教育来说,还存在较为明显的劣势,主要表现在三个方面。

首先,幼儿教育机构数量偏少是加拿大农村地区幼托机构面临的主要问题。从整体来看,加拿大农村幼儿教育机构还是偏少。帕克兰地区362所有资质的幼托机构仅仅只能满足14%的0—12岁儿童的入园需要,要满足使50%的幼儿接受全日保育服务则至少需要1 116所幼托机构。[②]

[①] Ontario Ministry of Education. Full-day Kindergarten and Childcare in Ontario. (2015-04-19) [2012-12-20]. http://www.edu.gov.on.ca/kindergarten/what will my child learn and do.html.
[②] 严仲连. 加拿大发展农村学前教育的经验. 外国中小学教育,2014(05):14-18.

其次，家庭负担仍旧较重，部分低收入家庭并不能轻易地获得政府补贴。加拿大马尼托巴省的婴儿保育费每年约 7 000 加元，这笔开支对所有低收入家庭以及多数中等收入家庭来说是巨大挑战。卑诗省某幼儿中心的收费标准为每年 1 万加元，对农村地区低收入家庭来说负担很重。[①]低收入家庭的补贴有时也难以获取。

再次，教师数量、教师素质达不到相关要求，教师工资偏低导致师资力量严重短缺。幼教师师资短缺问题在农村学前阶段较为严重。在帕克兰，近一半的员工没有接受过培训，在接受过培训的教师中只有 8%的教师接受过 4 年大学教育。[②]受过培训的员工或园长比例低，专业师资达不到要求，直接影响幼托机构的质量。且由于教师工资相对较低，聘用教师相对困难。许多受过专业培训的人员纷纷离开了幼儿教育领域。幼托机构只好聘用部分没有受过培训的师资，保育服务质量无疑受到影响。[③]

针对加拿大农村和北部学前教育中所面临的困难，加拿大联邦政府建议省（区）政府增加农村和北部地区幼儿获得有效学前教育服务的机会，确保教育公平；为学前教育教师制定和提供合适的、高标准的培训项目和机会，提高教师队伍的整体质量；将社区纳入幼儿早期服务供给和评估的各个阶段。安大略省还提出，对在学前机构工作的学前教育专业的学生减免学费。与学前教育相关的业务主要由省（区）政府来承担。

究其原因，一是教育管理体制自身的教育分权管理体制弊端凸显，即强地方、弱中央的管理导致学前教育发展的地方分化严重，在各个地区无法得到均衡发展。二是学前教育财政投入不高。尽管加拿大实行了一系列儿童福利制度和针对处境不利儿童的扶持政策，但仍旧存在保教学位不足、保教费用高昂、教师待遇差等问题，根本原因在于学前教育财政投入仍旧不高，直接导致学前教育发展的速度缓慢且不稳定。三是保教一体化程度还有待加强。各级政府还需要通过统一幼儿教育与保育的管理、增强幼儿园的保育功能、加强保育机构的教育功能等措施大力度推动加拿大幼儿教育与保育的整合。

---

① Wehner J, Kelly B, Prentice S. Rural and Northern Childcare—A Summary of Economic and Social Evidence from Manitoba. Early Child Development and Care, 2008(04): 9-23.
② Wehner J, Kelly B, Prentice S. Rural and Northern Childcare—A Summary of Economic and Social Evidence from Manitoba. Early Child Development and Care, 2008(04): 9-23.
③ 严仲连. 加拿大发展农村学前教育的经验. 外国中小学教育，2014（05）：14-18.

(三)加拿大农村学前教育发展的经验与启示

总体来看,加拿大较为完善的幼儿福利制度,各级政府重视学前教育,专业团体与非政府组织的支持,家长多元需求的传统,使加拿大农村学前教育有了持续和良好发展的可能。

1. 提供灵活多样且高质量的学前教育服务

加拿大农村地区根据农场工作的安排和父母的需求,设立了包括全日制、半日制、正规家庭托管、临时托管等多种形式的幼儿保育和教育机构,使幼儿家长可以根据自己的需要在方便的时间就近选择学前教育服务。这种灵活多样的学前教育服务尊重了家长的需求,切实解决了农村地区学前儿童的受教育问题。我国在发展农村学前教育进程中,应汲取加拿大的经验,在农村地区举办灵活多样的幼儿教育服务形式,满足农村地区不同家庭不同时节的个性化需要和群体化需要,能够将农村学前教育办"实"、办"经济"、办"高效",充分保障农村地区学前儿童的受教育权利。

2. 较为完善的幼儿福利制度

加拿大重视福利制度,为了促进学前教育的发展,提高儿童成长的质量和水平,加拿大政府制定了一整套针对儿童的福利政策,满足他们的生活和学习需求。这些儿童福利为儿童接受学前教育提供了一定的经济基础,对儿童接受学前教育起到了鼓励和积极作用。虽然这些福利在不同的省可能会在金额及类别上有所不同,但在各省内部,城市儿童和农村儿童享受的福利是平等的,处于弱势地位的儿童甚至享受到更多的福利。这些儿童福利政策,可以保证农村儿童接受相关的儿童教养服务,这很大程度上促进了学前教育的发展。基于我国经济社会发展水平和儿童福利现状,不能完全照搬加拿大的幼儿福利制度,应有选择性地借鉴其适合我国儿童福利制度发展的经验,并结合自身发展状况扩大儿童福利范围,探索与我国经济社会发展状况相适应、与儿童发展需要相匹配、与社会福利制度相衔接的适度普惠型儿童福利供给路径。

3. 各级政府职责协调明确

虽然加拿大没有国家统一的幼托政策或者国家保育法律,幼托服务方面的责任主要依靠各省(区),但各级政府都在不同层次上发挥作用。根据加拿大的宪制惯例，省政府与地方政府承担发展学前教育的主要责任，如制定托儿法律和法规、颁发资格证书、制定托儿服务政策、负责管理与培训教师等。地方政府还进行适当的成本分担，主要通过为低收入家庭提供补贴或通过税收减免帮助家长分担部分成本。联邦政府则承担特殊人群的服务，如原住民、军队、移民（难民）及低收入家庭子女的早期教育问题。联邦政府提供了通过筹资机制建立幼托机构的可行性方案，还对接受托儿培训的培训者提供津贴。借鉴加拿大的经验，我国在发展学前教育事业过程中，政府要将学前教育纳入教育事业发展总体规划，充分发挥政府在学前教育发展中的职责，明确各部门职责及各级政府的主要责任，如对托育机构质量监测的责任等。首先，中央和各级政府要将发展和普及学前教育纳入经济发展和教育事业发展的总体规划，纳入城镇和新农村建设规划。其次，各级政府在总体规划的指导下，应明确各个阶段的目标和任务，坚持统一规划，循序渐进。

4. 专业团体与非政府组织发挥了支持作用

在加拿大学前教育中，非政府组织、社会团体和志愿者也扮演了重要角色。主要包括启动、发展、提供早期教育服务，为政府提供政府咨询，提供多种服务与设施服务来支持早期教育。一些教育协会、幼儿教育团体、社会政策的非政府组织，则从事着研究和支持等工作。在关注农村地区学前教育的过程中，一些志愿者，特别是从事农业研究的科研者提供了相关的专题报告，引起了较为广泛的社会关注。在我国，专业团体和非政府组织参与学前教育的程度还比较低，在农村地区就更少了。因此，要重视社会团体、专业团体、民间组织的作用，鼓励它们在扶持农村学前教育发展中提供智力支持和人员支持。通过其自身的公益性和非营利性来净化整个学前教育领域。目前，非政府组织促进社会发展的作用已越来越突出，我国政府也应该充分利用非政府组织的力量，促进学前教育的多元化发展。

5. 顺应保教一体化的发展趋势

加拿大在经历了保教分离后，现逐渐向保教一体的趋势发展。其实当前，保教一体化是世界学前教育发展与改革的主流趋势。在联合国可持续发展目标（sustainable development goals，SDGs）第4项的最新指标界定中，指标"学前教育毛入园率"进行进一步区分为学前教育和早期儿童教育发展，即增加了"早期儿童教育发展"这一指标，它对应了联合国教科文组织制定的"国际教育标准分类"（International Standard Classification of Education，ISCED）中的 01 级，即指 0—2 岁。我国在发展学前教育时，也要顺应当今世界保教一体化的发展趋势，加强 0—3 岁和 3—6 岁学前儿童教育的衔接。同时，要加强在立法上的保障，将 0—3 岁年龄段儿童纳入学前教育法。

三、致力于高水平发展：日本农村学前教育质量保障体系的经验与启示

日本学前教育历史悠久、发展成熟、特色明显，为日本教育发展奠定了坚实基础，是日本发展进步和社会民生保障的重要环节。农村学前教育是日本学前教育的精华，其办园模式和经验一直是各国研究学习的对象，很有借鉴意义。

（一）日本农村学前教育的背景

日本农村学前教育是其学前教育体系的一部分，故需在日本整个学前教育发展的背景和历程中考察农村学前教育。

1. 环境教育已经成为日本学前教育的核心理念

日本学前教育发展至今已有 100 多年了，从举办幼儿园的开端，就按照西方教育理念开展育儿活动。1876 年，日本政府仿照德国教育家福禄贝尔开办的学前教育机构开设了一批真正意义的近代幼儿园。当时的幼儿园开设有物品科、美丽科、知识科三门课程，也包括了体操、游戏、唱歌等内容，但大部分时间是利用福禄贝尔设计的"恩物"进行手工游戏。

20 世纪初，受儿童中心主义教育思潮影响，与西方教育相呼应的自由主义保育思想在日本传播开来，并形成了其环境教育理念。环境教育理念的核心是以儿童为中心。1907 年，日本教育家谷本富提出儿童是独立体，有独立意志、独立人格，不应由成人随意摆布，因而幼儿园的保育工作者必须以"遵循自然"为原则开展教育活动。[①]这一思想对日本学前教育影响深远，日本幼儿园教育遵循的"尊重个体发展""遵循自然"的原则和"以儿童为中心"的环境教育理

---

① 周采，杨汉麟. 外国学前教育史（第 2 版）. 北京：北京师范大学出版社，2012：189.

念一直延续至今。1948年文部省颁布《保育要领》,明确规定了"以儿童为中心"的教育理念,不仅是当时幼稚园、保育所、家庭教育通用的儿童教育指南,更是通过规范的形式确认了环境教育为学前教育的核心理念。

2. 日本高质量的学前教育已经较为普及

发展之初,日本就非常重视通过立法立规促进学前教育发展和保障学前教育质量。起初关于幼儿园的法律规定写在《小学校令》中。大正时期,因幼儿园逐步发展,需要有专门的法规规范进行调整。1926年,文部省制定了日本第一部《幼儿园令》。该法令规定幼儿园教育为学校教育中的一环,首次明确了幼儿园在日本教育体制中的位置。此后几十年,日本不断通过立修《学校教育法》《儿童福利法》《幼儿保育教育免费法案》等法律法规、制定幼儿教育振兴计划、修订实施《幼儿园教育要领》(前身为《保育要领》)等途径促进幼儿园教育质量提升。20世纪60—90年代,日本为了适应社会形势的变化,满足幼儿教育需求,三次制定了幼儿教育振兴计划,鼓励增设幼儿园。

这些法规政策有力地促进了日本幼儿园的发展。20世纪60年代,日本3—6岁幼儿入园率为26.9%;1976年,2—6岁的幼儿的入园率达到63.5%;1981年,4—5岁的幼儿的入园率达到100%。[①]

在普及学前教育的同时,日本政府和社会共同致力于提高学前教育质量。在不断地探索克服幼儿教育小学化倾向、幼儿教育研究者与指导者的匮乏、幼儿教育的学术地位不被承认、教师培养机构教育内容的贫乏和教育效能低下等问题的过程中,终于形成了体系完整、政策规范、优质均衡的学前教育体系。现在日本学前教育质量之高已为世所公认,成为很多国家研究、学习的对象。

3. 少子化社会深刻影响日本学前教育

长期以来,年轻人失业率和非正规就业率在所有年龄段中均保持最高水平、育儿导致家庭降为低收入群体、养育或教育的成本太高三大问题降低了日本人的生子倾向,导致出现少子化社会。

少子化对日本学前教育影响极为深刻,表现在两方面:一是将学前教育提升到社会保障的高度。日本已经深刻认识到,保障子女的保育教育是少子化态

---

① 刘天娥. 现代日本学前教育的特点及其启示. 南昌航空大学学报(社会科学版),2012(2):103-108.

势下保障国家社会发展的根本对策。针对低生育率和少子化，日本相继制定了"天使计划"、"新天使计划"、《下一代发展支持措施促进法》、《降低出生率措施基本法》、《降低出生率措施纲要》、"支持日本儿童和家庭优先战略"、"消除待入园儿童计划"、《儿童及育儿援助新制度》等一系列法规政策，以强化子女教育保障，促进社会的生育意愿和行动。

二是保育园所的资源变得紧张。由于少子化，进入20世纪90年代，入园儿童不断减少，废园和合并的事例在各地陆续出现。①由于日本女性走入社会的步伐加快，工作的母亲不断增加，家庭收入多元化，年轻小家庭对保育园所的需求在不断增加。保育需求增加和保育园所减少的矛盾，使得保育园所相对不足，待入托的幼儿增加。针对此问题，日本开始大力推动"幼保一体化"，以满足儿童保育需求，解决工作女性的后顾之忧。

同时，幼儿很早就进入保育所或幼儿园，为了保证幼儿身心的健康发展，让母亲放心工作，也促使日本改革学前教育课程，为学前儿童提供更好的保育教育，进而促进了学前教育整体质量的提高。

（二）日本农村学前教育高质量保障体系

日本农村学前教育之所以能够拥有世界一流的教育质量，是由于日本已经建立了包括全面保教体系、减免费制度、教师资格制度、教育要领、立法体系等在内的系统的保障体系。

1. 全面保教体系：0—6岁儿童全部纳入保育教育的基础

全面保教体系是日本农村学前教育可以完全覆盖0—6岁儿童教育服务的主要原因之一。根据《学龄前儿童全面教育保育法》等法律规定，为6岁以下儿童提供学前教育的场所是幼儿园或保育所。日本幼儿园和保育所都有私立和公立两种。公立的一般由国家、地方公共团体、学校法人等设置。私立的则由各民营机构经县知事批准后自行设立。在非"幼保一体化"园所，幼儿园主要对象为3岁以上的学龄前儿童；保育所主要面向由于夫妻双方均上班或单（双）方生病或有亲属要照顾等无精力抚养孩子的家庭，对象是0—3岁幼儿。近年来，

---

① 白川蓉子. 偏航的日本教育. （2012-07-10）[2020-12-30]. https://www.crn.net.cn/research/201207105296736.html.

日本还设立了许多实施"幼保一体化"的园所，称之为"认定幼儿园"，为0—6岁的学龄前儿童提供一体化保育教育。认定幼儿园是日本针对人口出生率下降的少子化危机，由文部科学省和厚生劳动省联合推动的"幼保一体化"办园模式，即将幼儿园的教育功能和保育所的保育功能整合，使幼儿园和保育所都兼具教育和保育的功能，从而为社区和家庭提供育儿支持。

幼儿园与保育所有很多不同。一是教师资格不同。幼儿园的老师被称为教谕，属于学前教育教师，而保育园的老师则被称为保育士。教谕与保育士的区别在于所要求的资格不同，幼儿园教谕必须取得《教育职员许可法》规定的幼儿园教师资格证，而保育园的保育士则必须从厚生劳动省大臣指定的保育士培养院校毕业或通过保育士资格考试取得保育士资格证。[①]二是班额不同。幼儿园原则上班额不超过35人，设1名专任教谕。[②]而保育园则根据幼儿年龄段不同，设置不同的师资要求。三是入园程序不同。幼儿园只要达到年龄要求，即可去意向幼儿园申请入园。而保育园则对儿童年龄未有限制，但是要求出示父母双方的工作证明或就医等无力抚养孩子的证明。为了满足保育教育需求，日本设置了详细、周到的入园服务程序。

2. 减免费制度：日本学前教育的基本保障之一

日本农村学前教育普遍实行费用减免政策，大大减轻了家庭负担。虽然也受财政经费来源制约，但日本政府还是通过幼儿园就园奖励费补助等措施努力减轻多子家庭负担，不断推进免费的学前教育。一是补助低收入儿童家庭，减轻非课税对象家庭的负担。二是不断增加市町村的经费补助，由中央政府补助市町村的财政缺口，中央政府与市町村按比例对家庭负担较重的入园儿童予以无偿支持，确保入园。三是减轻多子家庭的负担。

日本农村免费学前教育机构分为三类。第一类是地方财政支持的农村学前教育机构。幼儿园时期，可以从满3岁开始免费。免费对象包括所有幼儿园、托儿所，经认证的儿童学校等的3—5岁儿童。每年4月1日入园，免费的期间是从满3岁后到小学入学前的3年间。幼儿园儿童每月费用上限为25 700日元。父母只负责交通费、食品材料支出和活动支出。但是，对于年收入未满360万

[①] 陈沁. 日本"幼保一体化"改革前后的幼儿园与保育所制度比较. 理论观察，2018（12）：142-145.
[②] 学校教育法. （2020-06-08）[2020-12-30]. https://elaws.e-gov.go.jp.

日元家庭的孩子们和所有家庭的第 3 个及以后的孩子们，可以免除副食（小菜、零食等）的费用。新加入的符合财政支持条件的幼儿园需要进行免费资格的认定，并与所在地区政府联系申请报销。免征居民税的 0—2 岁的儿童家庭免费。①

非常照顾多子女家庭。从减轻 2 个以上孩子家庭的负担出发，把保育所等教育机构在学的最年长的孩子算为第 1 个孩子，0—2 岁的第 2 个孩子费用减半，第 3 个及以后的孩子都免费。实施这项免费制度时，对于年收入低于 360 万日元的家庭，第一个孩子的年龄并不重要。②

除了幼儿园、托儿所和获得认证的儿童机构外，社区机构的儿童保育也是财政支持的免费教育。家长原则上通过孩子就读的幼儿园向居住的市町村进行申请，在获得"保育必要性认定"后，孩子就可享受免费保育。

第二类是企业主导型幼儿园。这类幼儿园一般是企业为员工提供的福利。企业主导型幼儿园对本企业员工需要保育的 3—5 岁儿童和免征税家庭的 0—2 岁幼儿提供免费教育。从 2019 年 10 月 1 日开始，企业主导型幼儿园认可的需要保育的孩子包括企业所有员工的子女和附近区域取得市町村保育认定的孩子。判定是否为非课税家庭时，4—8 月入园的孩子，根据其家庭上一年度居民税的课税情况来判断，9 月到次年 3 月入园的则根据其家庭该年度居民税的课税状况来判断。幼儿园接送费、饮食材料费、活动费等均由监护人承担。在提供免费保育的经费中，企业主导型幼儿园生均支出随着儿童年龄增大递减，按照 2019 年 10 月以后的标准，0 岁为 3.71 万日元，1—2 岁为 3.7 万日元，3 岁为 2.66 万日元，4 岁为 2.31 万日元。③

第三类是非认证保育机构。非认证儿童保育机构是一般指没认证过的儿童保育机构、地方政府独有的认证儿童保育设施、保姆和没有认证的现场儿童保育服务机构。这类机构的业务除了没有认证的保育服务，还包括临时监护业务、患病儿童保育业务和家庭支持中心等。此类保育机构一般 3—5 岁的儿童每月收费为 3.7 万日元，0—2 岁的儿童每月收费为 4.2 万日元。若要在此类保育机构享受免费保育，也需要向居住的市町村申请确认资格并获得"保育必要性认定"。

---

① 内閣府. 幼児教育・保育の無償化概要.（2020-07-06）[2020-12-30]. https://www8.cao.go.jp/shoushi/shinseido/musyouka/index.html.
② 内閣府. 幼児教育・保育の無償化概要.（2020-07-06）[2020-12-30]. https://www8.cao.go.jp/shoushi/shinseido/musyouka/index.html.
③ 内閣府. 幼児教育・保育の無償化概要.（2020-07-06）[2020-12-30]. https://www8.cao.go.jp/shoushi/shinseido/musyouka/index.html.

符合条件的非认证保育机构必须向都道府县等进行申报，达到政府规定的标准才能提供免费的服务。但是，即使不符合标准，也可有 5 年的免费宽限期。①

此外，日本还对学龄前残疾儿童提供发展经费，为 3—5 岁的残疾儿童提供免费的学前教育。

3. 教师资格制度：保障师资质量的依凭

日本实行统一严格的教师资格制度，日本农村幼儿园的教师资格认证也非常严格。农村幼儿园教师资格证分为普通资格证和临时资格证，普通资格证包括专修资格证、一级资格证和二级资格证。从业超过三年的保育员可以通过资格认证考试获得幼儿园教师二级资格证。

2012 年，日本修订了《教育职员许可法》，该法对幼儿园教师的资格认证做出了规定：符合相应的学历要求，且在大学或文部科学省大臣指定的养护教谕养成机关修得规定学分者，或由教育职员委员会考核合格者可授予普通资格证，有效期 10 年；仅限于当幼儿园录用不到拥有普通资格证的教师时，经教育职员委员会审定合格者，由都道府县委员会颁发临时资格证，有效期 3 年。②

每年四五月份，文部科学省发布幼儿园教师资格认证考试指南，每年的九十月份进行考试。申请考试者须提交申请书、体检证明等材料，审查符合条件者方可参加考试。然而，通过资格认证考试也不能立即成为幼儿园教师，必须再次通过县组织的考试，参加为期一年的"新教师研修"，试用期满考核合格后，才可成为正式教师。在日本，幼儿园教师岗位竞争激烈，一般录用比例为 5∶1。③

同时，为提高师资水平，日本实行了促进幼儿园教师研修的教师资格证更新制度。每 10 年更新教师资格证书，更新的条件之一是参加至少 30 小时的培训。为了满足幼儿园教师培训，相关大学也开办了有针对性的讲习课程。

分析日本幼儿园教师资格证制度，有三大特点：一是注重实践能力，从教师资格获得的各个环节都考察教师的实践能力，以确保教师入职前就具备一定的实践经验和良好的实践能力，能够胜任幼儿园工作，确保儿童获得良好的保育教育。二是以资格证书等级制度促进幼儿园教师发展，保育员可以考取幼儿

---

① 内閣府. 幼児教育・保育の無償化概要. （2020-07-06）[2020-12-30]. https://www8.cao.go.jp/shoushi/shinseido/musyouka/index.html.
② 教育職員免許法. （2020-06-08）[2020-12-30]. https://elaws.e-gov.go.jp/.
③ 姬振旗. 日本中小学教师资格证书制度概述. 教育实践与研究，2002（06）：8-9.

园教师二级资格证书，持有二级资格证书的教师可通过较长时间的在职进修获得一级资格证书，教育职员委员会和相关大学提供培训支持，从而不断促进幼儿园教师的专业发展。三是注重幼儿园教师知识的多元化、专业化，日本幼儿园教师资格认证考试的科目较为多元，既考查幼儿教育学、幼儿心理学、教育法规、保育内容指导、幼儿园管理等专业性知识，也考查人文科学、自然科学等方面的通识知识，确保教师知识的多元化及专业化。[①]

4. 教育要领：学前教育质量的要求

日本农村幼儿园教育的宗旨是以"环境教育"为基本理念，通过让幼儿以动态游戏为中心自发地活动达到学会生活的目的。日本政府围绕这个宗旨制定了《幼儿园教育要领》，对幼儿园教育内容和教育体系做出明确的规定和指导，以保障学前教育质量。

第一，建立以培养孩子的实际能力为基础的教育体系。在园长的领导下，全体教职员要参加教学计划管理并设计幼儿园特色活动，通过这种方式让每个教师都能找到更符合实际情况的幼儿教育课程实施方式。学前教育不编制教科书，而是把幼儿园所处的环境作为教育的出发点，因地制宜地开展保育、育儿等教育活动。各幼儿园要求根据幼儿的实际情况编排最合适的教育课程，家园一体化实施。从三方面充分发挥教学计划和管理的功能：一是以幼儿的和谐发展为目标，从幼儿期结束前的成长程度和为小学学习做准备出发，设置各个教学活动的具体目标和内容；二是根据幼儿的程度、入学后的状况、家庭和地区的现状等制定并实施教育课程，建立一系列的计划、执行、检查、处理的循环，以评估和改善教育内容，从而提高教育内容的质量；三是在充分利用家庭和地区外部资源的同时，有效组合教育内容和教育活动所需的人力、物力资源等。

第二，制定实施适合幼儿期的幼儿资质、能力的培养方式和评价方法。一是让幼儿在教育过程中有"看法、想法"，即以幼儿熟悉的具体东西为线索，形成印象，并以此为基础去感受和意识事物，在教师有针对性设计的游戏、生活扩展的过程中，感受与环境的关系方式和意义，在体验中获得"观点、想法"，为小学各科目学习做准备。二是培养幼儿的资质和能力以便于与小学衔接，幼儿在自发活动的游戏和生活中感知美，在通过对游戏进行综合性指导的过程中，

---

① 张满满，刘云艳. 日本幼儿园教师资格认证研究. 幼儿教育（教育科学），2015（03）：50-52.

将"知识、技能基础""思考力、判断力、表现力等基础""学习的能力、人性等"三方面的培养融为一体,使儿童在幼儿期结束之前拥有健康的身心,形成自立坚韧的品格,具有合作意识,初步形成道德和规范意识,了解与社会生活的关系,萌发思考力,了解与自然的关系并尊重生命,对文字图形数量有所感知,能进行良好的语言表达,有丰富感性的表现。三是完善适合幼儿的评价方式,即坚持在对每个幼儿的优点和发展可能性进行评价时,不通过与其他幼儿的比较或对一定标准的达成度来评价儿童,而应将日常记录、实践记录保存的照片或视频作为可视化文档,在把可视化文档作为幼儿评价参考的信息的同时,与监护人共享幼儿成长信息,与家庭一体化实施进行幼儿评价。

第三,不断调整保育教育内容。一是修改幼儿园教育要领的结构和内容,制定包括教育课程和托管保育在内的全体幼儿生活计划,并在幼儿园教育要领中予以明确。二是根据幼儿的资质和能力重新审视教育内容,以从幼儿教育到高中教育贯通的视角,前瞻性、系统性地重新审视幼儿教育内容。三是围绕孩子成长的环境变化等调整教育内容,根据环境培养其不同时期安全生活的能力、玩耍时获得各种运动的经验、在与人交往时的自信程度、在具体活动中表现出来的思考能力、使其体验学习语言的乐趣,以及培养其尊重多样性的态度和对国际理解意识的初步理解等,多方面调整个性化的培养活动。四是设置面向社会开放的教育课程,让有条件的幼儿园开放部分设施和功能,对社会开放育儿课程,发挥幼儿园作为地区幼儿期教育中心的作用。

第四,对特殊儿童的特别教育帮助。一是加强特殊教育,从共生社会出发,根据每个幼儿的特性进行保育教育,与家庭、医疗机构、福利设施等相关机构合作,制定特殊教育计划、目标、内容、关怀事项等内容并按照幼儿身体情况有计划地付诸行动。二是让幼儿在游戏中加强主体性、对话性和探究性学习,让幼儿对周围环境感兴趣、关心并积极互动,通过表现、传达自己的想法、交流、思考、合作等方式来扩展自己的想法,运用"看法、想法"来与对象共情,实现将生活视为有意义的"深刻学习"。三是研究教材,不使用教科书类的教材,通过持续研究促使幼儿主动活动的环境构成要素,针对幼儿经验增加所必需的游乐设施、用具、素材等的研究,形成活的教材。

第五,完整的幼儿教育科研体系。在各幼儿园中,包括教师和其他职员在内,需要相互交换关于日常实践的意见和基于主题的研究等,在持续、充实园内研修的同时,确保园外研修的机会。确保不同幼儿园不同立场的教师的交流机会。与开设幼儿园教师培养课程的本地大学、学部和幼儿教育研究团体等进行合作。以国立教育政策研究所新设置的幼儿教育研究中心为中心,继续进行有关政策效果的调查研究活动。

5. 立法体系:学前教育的法治保障

日本农村学前教育的发展得益于不断前进的法治化。从立法入手,不断制定完善相关法律法规,逐渐形成了较为完备的学前教育法治体系。从《小学校令》开始,一百多年来,日本先后制定了《幼儿园保育及设备规程》《幼儿园令》《幼儿园令实施规定》《教育基本法》《学校教育法》《儿童福利法》《幼儿园设置标准》《幼儿园教育要领》《下一代发展支持措施促进法》《学龄前儿童全面教育保育法》《教育职员许可法》《幼儿园教育指南》《幼儿保育教育免费法案》等法规,确立了幼儿园在日本的法律地位,切实保障了日本学前教育的稳定发展。以法规为依据管理学前教育,重视制定、修正法律法规,不折不扣地贯彻实施,持续完善学前教育的制度化、法治化进程,是日本幼儿教育跻身于世界前列的重要原因。

为了保障学前教育发展,特别是应对少子化社会,日本学前教育法规着重从以下几个方面进行规范。

(1) 规定了学前教育的目的和方向

由于幼儿教育和保育的重要性,日本在学前教育立法方面具有明确的目的性。日本认为学前教育为终生人格的形成奠定了基础,是小学入学前的重要准备。同时,日本也认识到教育和育儿的需求是多样化的。因此,日本学前教育立法的重要目的是根据地方特殊性采取措施为学龄前儿童提供全面的教育和育儿服务,并为父母提供育儿支持,从而使儿童在良好的教育环境中获得身心发展。基于此目的,日本用立法的形式确立了学前教育的目的和方向。

《学龄前儿童全面教育保育法》规定:学前教育的目的是对学龄前儿童进行教育、保育,为义务教育和后续教育培养基础,从而促进儿童身心发展和健康成长。为此,学前教育要实现六个目标:一是培养健康、安全、快乐生活所必需的基本习惯,促进各种身体机能的和谐发展;二是通过集体生活,加深家庭和熟悉者的信任,以培养参与、自愿、自治和合作的精神及规范意识;三是培养对社会、生活和自然的兴趣,并培养正确的理解、态度和思考能力;四是通过日常对话、图画书、童话故事等,学会单词的使用,并培养一种试图理解对方故事的态度;五是通过音乐、身体语言的训练培养丰富的情感和表现力;六是通过舒适的生活环境以及孩子与保育教师及其他职员建立信赖关系，确保及增进儿童身心健康。

基于《教育基本法》《学校教育法》等法规，日本明确了幼儿园课程建设的基本方向。一是灵活运用迄今为止积累的教育实践经验，进一步培养未来具有丰富创造性、成为可持续社会创造者的孩子们在急速变化、无法预测的未来社会中独立生存并参与社会建设的资质和能力。二是重视与社会共享孩子们所需要的资质和能力，并合作开发"面向社会开放的教育课程"。三是在保持现有学习指导要领的框架和教育内容的基础上，重视知识和技能的学习，平衡培养思考力、判断力、表现力等方面，进一步提高知识的理解质量，培养切实的学习能力。四是重视课程化的道德教育体验活动，充实与体育、健康相关的指导，培养丰富的心灵和健全的身体。[1]

（2）规定财政依法全面支持学前教育

为确保学前儿童都获得高质量的教育，日本近年来致力于社会保障与财税制度创新，不断推进学前教育发展。2012 年通过了社会保障与税制一体化改革相关法案，该法案中包括了对儿童及育儿有关的重要规定；2013 年和 2015 年分别制定了《加速消除待入园儿童计划》和《儿童及育儿援助新制度》，通过推动保教育一体化的认定幼儿园，着力解决待入园儿童问题，推进幼儿免费教育。日本通过实施法律法规，逐步形成了操作性较强的学前教育财税援助制度。

一是通过提高消费税税率增加学前教育经费，将学龄前儿童纳入社会保障。在社会保障与税制一体化改革相关法案中，将儿童及育儿新增为社会保障对象，要求较大比例提高消费税税率，增收额全部用于社会保障资金，其中的 5% 专门用于补充儿童及育儿经费。补充的学前教育专项经费主要用在两部分：一部分补充待入园儿童的育儿经费，按照优先等级依次作为认定幼儿园保育设施、保育所扩大保育规模、改善保育士工作环境和待遇等所需经费。另一部分主要用于急需实施的保育事业，主要是援助待入园儿童较多的市町村等的综合性保育事业，包括低龄儿童（0—2 岁）保育、临时托幼保育服务、婴幼儿健康支援服务、多功能保育所以及地区育儿援助中心、家庭援助中心等。[2]

---

[1] 户谷一夫. 学校教育法施行規則の一部を改正する省令の制定並びに幼稚園教育要領の全部を改正する告示,小学校学習指導要領の全部を改正する告示及び中学校学習指導要領の全部を改正する告示等の公示について（通知）.（2020-06-09）[2020-12-30]. https://www8.cao.go.jp/shoushi/shinseido/law/tsuuchi.html.

[2] 王福兰. 日本学前教育财税支持新政及借鉴. 税务研究，2016（06）：84-88.

二是明确政府的实施主体责任。明确财税政策支持的实施主体。社会保障与税制一体化改革相关法案规定市町村是援助制度及措施的实施主体。市町村负责根据地方需求制定计划、实施给付及其他事务，中央、都道府县对市町村给予支持。为了让社会有识之士、地方公共团体、企业主代表、职工代表、幼教人员等积极参与儿童、育儿援助政策的规划，各级政府还设置了儿童、育儿会议制度，定期研究促进儿童成长的政策建议，保障儿童及育儿援助贯彻落实。

三是对认定幼儿园提供财政支持。认定幼儿园办园过程中，政府一方面促进认可、指导、监督一体化，另一方面强化财政保障措施与设施给付一体化，确保学龄前儿童在接受学前教育方面应入尽入。各级地方政府负责尽快安排待入园儿童入园，同时通过财税支持确保儿童数量有减少倾向地区的保育事业能够健康发展。

四是扩大财政支出，改善育儿环境。为解决符合条件却无法立即入园的待入园儿童问题，帮助所有家庭都能安心养育孩子并享受育儿的快乐，日本实施了《儿童及育儿援助新制度》。其内容主要包括四方面：①推广普及认定幼儿园；②增加托幼场所设施，减少待入园儿童数；③提高保育质量，增加育儿援助措施；④要求各地区按照具体情况因地制宜地实施上述三项措施。为此，内阁专门成立了"儿童育儿总部"，职责是统筹协调育儿及少子化政策落实，避免部门扯皮。日本政府一方面加大学前教育机构供给，提高认定幼儿园的财政经费支出预算比例，给予城市和农村同等安排，努力改善育儿硬环境；另一方面通过增加人员配置、增加薪酬、增加研修机会等，提升育儿软环境。

（3）严格规范教师管理制度

《学龄前儿童全面教育保育法》对办园师资、教职人员职责和教师准入等方面进行了非常严格的规定。例如，该法规定幼儿园必须具备必要的师资。获得幼儿园办园许可的条件之一就是必须具备符合条件的师资，包括园长、副园长、教务主任、首席保育教谕、指导保育教谕、首席养护教谕、养护教谕、首席营养教谕、营养教谕、事务职员、养护助理教谕及其他必要的人员。

日本幼儿园的教职人员分工明确，各司其职。园长负责园务并监督工作人员。副园长协助园长管理园务。副园长在园长出事时代理其职务，当园长缺席时代为执行职务，有两位及以上副园长时应按园长事先规定的顺序代为执行该职务。教务主任是园长助理，在园长、副园长都出事时代理园长职务。首席养护教谕协助园长孩子完成部分园务工作,并负责幼儿园儿童的教育和保育工作。

指导保育教谕负责幼儿园儿童的教育和保育，并对保育教谕及其他职员改善教育保育活动进行指导和建议。保育教谕负责幼儿园儿童的教育和保育。首席养护教谕在接到命令后可协助园长安排部分园务并负责照看儿童。养护教谕负责幼儿园儿童的照料。首席营养教谕协助园长管理部分园务，并负责儿童营养的指导和管理。营养教谕负责幼儿园儿童的营养指导和管理。事务职员负责事务。养护助理教谕协助养护教谕。讲师是以保育教谕为基准辅助保育教谕的职务。在保育教谕遇到特殊情况时，可任命一名助理保育教谕或讲师代替该保育教谕。

为了保证教师质量，日本设置了严格的教师准入资格。首席保育教谕、指导保育教谕、保育教谕及讲师必须持有《教育职员许可法》规定的幼儿园教师普通资格证，并按照《儿童福利法》要求登记姓名、出生日期和《厚生劳动省条例》规定的其他事项。首席养护教谕和养护教谕必须具有养护教谕的普通资格证。首席营养教谕和营养教谕必须具有营养教谕的普通资格证。助理保育教谕和讲师须持有《教育职员许可法》规定的助理保育教谕的临时许可证，并且必须进行注册。助理养护教谕必须具有助理养护教谕的临时许可证。除此之外，相关人员资格的事项须按照主管部门的条例规定获取。

6. 高质量农村幼儿园的典型案例——实施环境教育的通山保育园[①]

日本农村幼儿园已经成为日本乃至世界优质学前教育的明珠，这很大程度上是由于日本推崇的环境教育更有利于在农村实施。利用环境开展游戏是日本农村幼儿园最具特色之处，非常值得研究。

在众多高质量的农村幼儿园中，位于日本九州岛南端鹿儿岛县的通山保育园堪称环境教育的典范。园长横峰吉文在实践中不断探究，创立了横峰幼儿教育法。介绍横峰幼儿教育法和该园办园经验的书籍是日本幼儿教育必看的畅销书，该园的教育活动也是媒体热衷报道的对象。很多国家的学者也前往考察研究。

（1）通山保育园的育儿理念

横峰幼儿教育法遵从环境教育的理念，即以人为本、以孩子为中心的教育理念。通过让幼儿回归自然，亲近自然，从而发挥自己的潜能，而不变成"成品"的奴隶。[②]他们主张利用环境进行基础教育，进而培养孩子的创新意识。

---

① 通山保育园的 yokomine 式教育. （2019-09-21）[2020-12-30]. https://www.sohu.com/a/342353622_100114178.
② 李煜. 以人为本 回归自然——日本幼儿教育见闻与启示. 早期教育（教师版），2013（09）：20-21.

一是以教育教学设施的简单激发儿童的生长。农村幼儿园的教室都颇为简朴，只有钢琴、电视和收录机是教学必备品。室内玩具中，购买的现成玩具很有限，且大多很简单。玩具多是一些硬纸皮、尺寸各不相同的包装纸箱、旧报纸、线绳、木块或木制筷子等，任凭小朋友们自由地堆砌、涂鸦、剪贴、玩弄，让孩子们充分发挥想象，不断获取快乐。日本幼儿园提供的游戏环境与材料具有简易、朴实、自然的特点，有利于激发幼儿兴趣，便于其操作和活动，创造性地运用。

二是让游戏成为幼儿的生活方式。日本幼儿园重视开展游戏，以游戏为基本活动早已成为孩子的生活方式，成为日本农村幼儿园的普遍特色。幼儿在园生活的游戏时间非常充分，幼儿大部分在园时间都在自由游戏，而不是进行集体活动。半日制的幼儿园，孩子每天在园生活都有足够的时间在大自然中进行自发自主的游戏，尽情玩耍。保育园实施全日教育，孩子的游戏时间更长。游戏场所可以在室内也可以在户外。天气好时，幼儿一般选择户外游戏。集体活动也是以游戏为主，如唱歌、音乐律动、绘画、手工制作等。集体活动密切结合幼儿生活经验，使之得到充分的情感体验。

三是让孩子在自然中获得经验的积累。日本农村幼儿园大多有较好的自然环境，因此特别注重引导幼儿进行活动性游戏、密切接触自然的游戏。孩子可以在贴近自然的场地上充分运动身体，体验惊险，感受克服困难后的愉悦和对自己能力的自信。自由活动中，一般班级界限不明显，教师较为放手，提供宽松、开放的环境。每个幼儿可以做他喜欢做的事情，不同年龄、班级的幼儿也可相互学习、相互影响。

幼儿四季都可以开展接触自然的活动。农村幼儿园的孩子们经常到自然中去寻找、捕捉昆虫，观察它们的不同形态、习性和生存状况。有些农村幼儿园有自己的种植园地并饲养小动物，幼儿直接参加种植与饲养，可认识、观察，更重要的是通过照料动植物学习完成工作任务，培养责任意识和对自然界热爱的情感。在与动植物的密切接触中，孩子们可以感受生命的历程，也完成了生命教育的启蒙。

（2）通山保育园的育儿模式

"把竞争当作游戏"是通山保育园的核心教育模式，在环境教育理念的影响下，教师致力于创造适合幼儿的竞争性趣味游戏，让竞争贯穿其中，在游戏竞争中锻炼幼儿的注意力，让他们尝试挑战自己，也培养凡事努力做到最好的习惯和坚忍不拔的性格。通过竞争性游戏活动，儿童 5 岁时，平均已阅读 2 000 多册书，能跳过 1 米左右的"山羊"，达到珠算 7 级，为后续成长奠定了良好的基础。

通山保育园的竞争游戏育儿模式包括下列三个方面。

1）尊重个体差异，培养幼儿超越自我的精神。

通山保育园的理念是，竞争精神应当从小培养，在幼儿时期就应该让孩子有一颗竞争的心。教育的目的是促进儿童发展，发展的过程是不断突破自我的过程，而竞争是促进幼儿在现有水平上自主提升并实现不断自我突破的手段。尊重幼儿的个体差异，让孩子在活动中获得超越自我的经验和信心，才能实现幼儿的持续提升。基于这种理念，教师们精心的按照最近发展区设计安排了培养幼儿自我超越的游戏，让其在游戏中找到超越自我的乐趣和成就感，从而形成"我能行"的信念。比如，在混龄赛跑（3—5 岁一组）活动中，在不同距离上设置起跑线，指导每个幼儿根据自己的能力选择起跑线，在足够努力的情况下，每个幼儿都有获得第一名的可能。通山保育园的幼儿在 4 岁时开始练习"跳山羊"，幼儿跳的高度没有统一要求，而是随时根据幼儿的能力调节"山羊"的高度，从而创造适合每个孩子参与活动的环境。孩子通过不断的练习，逐渐跳过一级级增高的"山羊"，孩子们在这个活动过程中自然生发并不断增长"我能行"的信念。

2）让幼儿通过竞争实现共同成长。

通山保育园认为，竞争具有群体性功能，不仅在幼儿个体健康、自然成长中具有重要作用，还能促进幼儿群体的共同成长。单纯的竞争对幼儿有可能在团队意识和他人意识等方面带来一些问题，为了规避竞争可能带来的问题，教师引导幼儿把关注点放在自己在过程中付出的努力和获得的成长上，而非结果的输赢上。如摔跤活动中，幼儿们在地板上激烈地扭打竞争，不断锻炼力量、耐力、动作的协调性、灵活性和身体平衡能力，也培养了坚韧、专注、不怕困难和勇于挑战等品质，但是教师往往只会告知幼儿摔跤是一种有益于身体健康的体育活动，只要努力，就能把自己的身体锻炼得棒棒的，而不会去强调摔跤的战斗功能。

3）教师扮演竞争者角色。

教师会有意识地设计一些具有师生竞争性的活动，参与幼儿的竞争游戏，扮演幼儿发展的挑战者。比如，在认字游戏中，教师和孩子一起读完字节后，就会拿着46张写着平假名的卡片，一张一张地让孩子认读。读对了卡片归幼儿，读错了卡片归教师，最后比一比谁手里拿的卡片多。孩子通过与教师的竞争加快了学习过程，也增长了自信心。

（三）日本农村学前教育发展的经验与启示

1. 立法保障农村幼儿园发展

日本幼儿园之所以得到迅猛发展，得益于教育立法的完备、科学。虽然没有专门针对农村幼儿园的法律规范，但在现行幼儿园法律体系内，农村幼儿园的性质、教育行政、教师管理、劳务管理、资助运行方式等各个方面都得到了完整的规范，有效地保障了农村幼儿园教育发展的持续性，为其经营管理提供了强有力的依据和保证。在强有力的法律规范下，农村幼儿园法人的设立、组织变更、解散、清算、学校的财务与税务、教师管理、教育保育、援助与监督等难点问题都有法可依、有章可循。规范化的运营减轻了农村幼儿园办园负担，有利于幼儿园将精力集中于保育教育活动的改善和研究中，从而使幼儿园的教育保育质量得到保证和提升。当前我国尚未出台正式的学前教育法律，宜尽早制定颁布，促进学前教育法治化发展。

2. 0—6岁学龄前儿童全纳入

日本通过幼儿园和保育所将0—6岁农村儿童全部纳入学前教育之中。近年来，日本也出现了保育教育资源与幼儿入园需求不匹配导致的结构性入园难问题。为了解决入园难问题，日本一方面创新推出认定幼儿园并推广普及，不仅缓解了幼儿教育资源和需求之间的矛盾，也实现了保教一体化发展，促进了学龄前儿童发展的无缝衔接；另一方面发挥幼儿园的辐射能力，利用幼儿园师资对尚未入园儿童的家庭进行援助辅导。

在6岁以下儿童教育全纳的体系中，日本政府明确了两大主线，即对幼儿的教养和对家庭的援助。将6岁以下儿童全纳入学前教育不仅是对幼儿健康成长提供的保障，也是给无法照看孩子的家长提供的一种福利。因此，将6岁以下学龄前儿童全部纳入学前教育体系不仅是对幼儿保障的必要，也是提升整个社会保障能力的必由之路。我国幼儿园教育主要面向3—6岁学龄前儿童，远不能适应社会发展对教育的要求，应当尽快实现0—6岁学龄前儿童全纳教育。

3. 加强学前教育财税支持

完备的财税支持体系，减轻了日本农村家庭育儿负担，确保了经费充足，保障了学前教育持续健康发展。借鉴日本经验，我国也应当实时调整财税政策支持学前教育发展，制定税收支持措施，通过增加幼儿园的各项具体税收优惠，确保财税制度在解决学前教育"入园难、入园贵"问题上发挥重要作用。通过专门税收安排确保学前教育经费来源，将儿童纳入社会保障对象，明确对儿童及学前教育进行财政支持，形成稳定的经费来源渠道。

与认定幼儿园类似，我国应分级分类对幼儿园予以财政支持，对公办园继续实行基础性财政投入，保证办园基本需求；将普惠幼儿园纳入财政保障范畴，在生均拨款等方面逐渐向公办园看齐；对于非普惠民办幼儿园，可通过税收减免等措施激发社会力量举办幼儿园的积极性；对于学前教育的薄弱地区、薄弱园、低贫家庭设立专项财政资金支持。积极推进学前教育免费制度，多元办园，多方承担办园经费，分级减轻幼儿家长的负担，逐步实现幼儿园教育全免费。

4. 注重教师发展及保障

教师是农村幼儿园的生命线。日本把教师作为幼儿园质量保障的核心要素之一，非常注重教师的素质和胜任能力，并对学前教育教师的准入和培训建立了相对完整的规章制度和培养体系。

借鉴日本经验，我国一方面应当尽快颁布学前教育法，并在《中华人民共和国教师法》等相关法律中完善对学前教育教师的规定，为学前师资培养提供制度保障，促进学前教育师资队伍建设；另一方面应当改革学前师资队伍培养制度，提升学前师资队伍的学历层次，改革培养模式，建立多层次进修体系，优化培训网络，完善激励考核，提供资金保障，切实提升学前师资队伍水平。

5. 注重"环境教育"

日本幼儿园的"环境教育"是一种"玩"的教育，家庭和幼儿园都是集中在"玩"和运动上。把孩子的教育和周围的环境融为一体，在各种玩的活动中，认识人与自然的关系、人与社会的关系，培养孩子的竞争精神和合作能力，提高孩子的探索兴趣，为今后的学习做好准备。"环境教育"的成功，对我国幼儿园教育活动也有重要的启示。幼小衔接不是幼儿园小学化，而是通过科学的活动设计让孩子在幼儿园阶段掌握应有的能力、具备应有的精神，为今后的学习打好基础。

四、保障起点公平：印度"儿童综合发展服务项目"的经验与启示

受英国殖民影响，印度的学前教育基本制度沿袭了英国的教育体制。学前教育分为幼稚园低班和幼稚园高班，其中低班招收3—4岁儿童，高班招收5—6岁儿童。学前教育供给的双轨制明显，一是在富裕的城市地区，以市场配置资源方式举办优质学前教育机构，供家长自行选择；二是在贫困的农村地区，以国际支援的学前教育机构为主，鼓励家长送子女入学。2003年，印度政府颁发《国家儿童政策》，其前言部分关于"儿童的成长和发展是国家的责任"的定位，直接驱动了印度学前教育整体改革与质量提升。进入21世纪，印度政府提出大力发展学前教育、提高学前教育质量的发展目标。

作为一个农业大国，印度农村占据着相当大面积的国土，因此印度的农村学前教育是印度教育事业的重头戏。为了推动农村学前教育可持续健康发展，印度强调以公平公正的价值导向来制定相应学前教育政策，其中直接或间接含有农村学前教育的补偿性内容与规定。印度政府于1974年启动了名为儿童综合发展服务项目（Integrated Child Development Services，ICDS）的大型学前教育项目，旨在通过向印度农村、贫民窟地区及部落民族的儿童提供营养和学前教育服务，达到促进教育起点的公平愿景。基于此，该项目的主持主体是国家，而举办主体则是中央和各级地方政府，提供各项服务的机构就被称为儿童综合发展中心，并由此构建起儿童综合发展服务项目，共同为农村学前教育提供切实需要的网络化服务。服务对象主要包括0—6岁儿童、11—18岁少女，以及孕妇和哺乳期妇女等其他45岁以下的妇女。目前，全印度已建立起逾107.8万个儿童综合发展中心，并开展了7 000多个儿童综合发展服务项目，每年为逾7 000万名印度儿童提供学前教育相关服务。随着政府设置的营养规范和人口规范的发展，儿童综合发展中心及其服务项目、服务人群也在扩大。

（一）儿童综合发展服务项目的宗旨

印度政府在宪法中承诺竭尽全力为所有儿童提供学前教育。首先，为了确保生活在农村、部落民族和贫民窟地区的儿童正常的成长和发展，促进教育公平，优先保障贫困地区、经济落后地区的儿童学前教育，由政府主导推行儿童

综合发展服务项目,主要由公办学前教育机构具体实施。这种运作模式在一定意义上为我国农村学前教育发展提供了参考和借鉴。其次,印度政府选择综合服务的方式为学前儿童提供相关全方位服务。一些来自弱势群体和边远地区的儿童因生活条件的限制而营养不良,为了给他们创造良好的人生开端,儿童综合发展服务项目计划通过拟订并实施健康发展的综合方案对6岁以下儿童进行服务。印度政府希望通过提高6岁以下儿童的营养与健康状况来降低营养不良率与辍学率,竭尽全力为促进儿童的心理与生理和谐发展打下良好的基础。

(二)儿童综合发展服务项目的实施背景

1. 基本情况

由于人口基数与社会经济发展的不平衡,印度政府在强化学前教育国家责任的同时仍然面临艰巨的任务。其一,经过相应经济、科技、教育的不断投入和社会结构的不断变革,印度贫困人口的比例在1999—2000年度已经降至26%,但基于世界第二人口大国的基数现况,仍有47%的0—3岁儿童达不到标准体重。[1]其二,2010年,印度3—6岁儿童人口数量达到了7 555.9万,这无论是从学前教育的硬件设施建设,还是从学前教育教师等软件建设角度,都给政府带来了不小的挑战。其三,虽然印度的粮食生产已经在国家水平上实现了自给自足,但从单个家庭的角度解析,不少印度家庭的食物供应仍得不到充分保障,极大地影响了儿童的健康与身体发育。其四,在社会医疗体系的供给保障方面,截至2017年,印度5岁以下男童死亡率为39‰,女童为40‰[2],远高于我国同年的指标(5岁以下儿童死亡率9.1‰)[3]。为回应以上现实,进一步夯实学前教育的政府责任,印度政府在学前教育阶段着力推行了如下政策。

(1)5—6岁学前教育纳入学制体系

印度学前教育有收费体系和免费体系,5—6岁纳入学制体系之中,作为基础教育的奠基阶段,对0—6岁处境不利儿童群体开展免费项目,对6—14岁儿

---

[1] 霍力岩等. 美、英、日、印四国学前教育体制的比较研究(下). 北京:北京师范大学出版社,2013:468-503.
[2] 联合国报告:2017年印度婴幼儿死亡率有所下降. (2018-09-18) [2020-12-30]. https://baijiahao.baidu.com/s?id=1611929678798432039&wfr=spider&for=pc.
[3] 2017年我国卫生健康事业发展统计公报. (2018-06-13) [2020-12-30]. https://www.sohu.com/a/235581518_439958.

童提供免费的义务教育,完全由政府买单。

首先,尽力把 5—6 岁学前教育纳入学制体系,使其成为基础教育的重要组成部分。通过对印度相关法律法规的考察,发现印度教育基本法相对缺位。其中,关于印度学制构成只在 1986 年颁布和 1992 年修订的《国家教育政策》中提到,这是印度学前教育定位的重要依据。在《国家教育政策》的国家教育体系中,印度学校教育制度定义为"10+2+3"的结构模型,所规定的"10"就包括了 8 年初等教育和 2 年中等教育,其中初等教育阶段又包括 5 年小学和 3 年高级小学。另外从提法上来看,其正规学制系统显然没有明确把学前教育(3—6 岁)包含在内。换而言之,尽管《国家教育政策》中指出学前教育是初等教育及印度人力资源发展的重要源泉,但实然状态下印度正规学制体系并未包含学前教育,学前教育更谈不上成为基础教育的有机组成部分。不过从印度教育部网站上公布的印度学制系统图来看,印度政府已然将 5—6 岁的学前班教育纳入相对的学制体系中,并将其作为各级教育组织的"第一颗扣子"。因此,印度政府将 5—6 岁的学前教育正式纳入国家教育体系范畴中的意图和措施已然较为明显。[①]

其次,明确学前教育的非义务教育属性。印度宪法规定政府为所有 6—14 岁儿童提供免费的义务教育,但并没有包含学前教育。最初,印度宪法并未规定义务教育儿童的最低年龄标准,这使得学前儿童教育服务也被包含在宪法所承诺的免费义务教育范围内。2002 年 12 月,印度宪法明确把 0—14 岁划分为两个年龄段,并规定享有义务教育权利的为 6—14 岁儿童。并且,印度宪法第 45 条明确规定:国家应尽全力为所有 6 岁以下的儿童提供早期儿童保育和教育。与此同时,印度宪法第 45 条还规定:早期儿童保育与教育是国家为儿童提供的基本服务,但不是每个儿童的法定权利。此外,从印度学制系统图也可知悉,印度义务教育仅涵盖 6—11 岁的初级小学阶段和 11—14 岁的高级小学阶段,涉及年限共计 8 年,显然并不包括 5—6 岁的学前班教育。这样也从最高级法律角度说明印度儿童并非强制参与学前教育,因此也就意味着印度的学前教育不具备义务教育的性质。

最后,政府通过推行弱势群体项目的方式,着力主导推进弱势群体免费教

---

① 霍力岩等. 美、英、日、印四国学前教育体制的比较研究(下). 北京:北京师范大学出版社,2013:468-503.

育的机制。这一机制的具体内容主要包括：向0—6岁的弱势儿童及其家庭提供一系列综合性服务，包括教育、健康、营养等方面。比如，印度中央政府大力推进面向弱势群体的免费综合发展型学前保教项目——儿童综合发展服务项目，该项目涉及的儿童及其家庭可以免费获得印度政府提供的包括营养与健康、学前教育与保育、生理、心理及社会和谐发展等相关综合性服务。本质而论，该计划旨在提高6岁以下儿童的营养与身体健康状况，以此降低死亡率、发病率、营养不良率与辍学率。但在政策制定与实施上需要各部门的通力合作，以达到促进儿童全面发展的目标，并辅之以营养与健康教育，以提高母亲满足儿童正常营养与健康需要的能力。因此，得益于该项目的免费性，接受该项目服务的儿童人数不断增多，2007—2009年每年参加该计划的6岁以下儿童都超过了5 800万，每年参与学前教育的3—6岁儿童人数也超过了3 000万。[①]

（2）印度的学前教育由国家、私人和非政府组织共同提供

在办学体制方面，印度的学前教育由国家、私人和非政府组织共同提供，相应地也形成了三种类型的学前教育办学机制。其中由国家直接举办的公立学前教育机构是主体，占据绝大多数，为印度儿童提供学前教育服务。政府通过直接举办大型的学前教育项目促进学前教育的基本普及和全面发展，主要通过儿童综合发展服务项目来保障处境不利儿童群体的早期教育与保育。近年来，印度政府在办园过程中发挥的作用日益显著。为了更好推进学前教育发展，印度将0—8岁儿童的保育分为0—6岁和6—8岁两个阶段。其中，0—6岁可享受儿童早期保育与教育服务，小学阶段就包括6—8岁。进一步，对0—3岁的儿童实施的是儿童发展项目，对3—6岁的儿童则实施学前教育。在此需要特别说明的是，在印度有几个州的小学入学年龄为5岁，但绝大多数州还是6岁。最初完全由私立机构和志愿机构负责印度的学前教育办学，而后才变成国家资助并提供部分学前教育服务，而正是这一举动使得无数处境不利的儿童获得了接受学前教育的机会。印度现在的学前教育办学体制如同很多其他发展中国家一样，其幼儿教育是由国家、私人和非政府组织提供，概而言之就是根据志愿原则所形成的合作机构共同来提供。[②]

[①] 霍力岩等. 美、英、日、印四国学前教育体制的比较研究（下）. 北京：北京师范大学出版社，2013：468-503.
[②] 霍力岩等. 美、英、日、印四国学前教育体制的比较研究（下）. 北京：北京师范大学出版社，2013：468-503.

在管理体制方面,印度属于典型的联邦制国家,但近年来其学前教育的管理逐渐向中央集权化发展。中央政府不仅要制定相关法律法规保护儿童合法权益,还要与地方政府协作,与下级政府形成合力。据此而言,在学前教育事业发展中印度政府的作用日益强化,肩负着重大责任。而妇女儿童发展部是印度学前教育的主管部门,无论在机构设置还是职责划分方面都有明确的规定。早期保教由几个管理部门共同负责,包括教育部、社会事务部和卫生部。正是由于早期保教涉及健康、保育、教育和营养等方面,牵涉教育部、社会事务部和卫生部等部门之间的分工合作,由此就出现了能否有效协调跨部门政策制定与执行方面的挑战。

2. 基本政策与法律

随着经济发展和社会进步,妇女劳动力也在不断增加,印度大家庭的结构体系也在逐渐消解,印度社会面临着越来越大的学前教育需求。为此,印度制定了系列法律法规,如《国家教育政策》(National Policy on Education,1986/2020)、《国家行动计划》(National Plan of Action,1992)、《国家营养政策》(National Nutrition Policy,1993)、《国家人口政策》(National Population Policy,2000)、《国家妇女支持政策》(National Policy for the Empowerment of Women,2001)、《国家健康政策》(National Health Policy,2002)、《国家儿童宪章》(National Charter for Children,2003)、《国家儿童行动计划》(National Plan of Action for Children,2005)、《儿童早期教育课程框架(草案)》(Early Childhood Education Curriculum Framework,2012)等,这些政策法规对政府提供学前儿童教育和相应的保育服务做出了职责性规定[1]。一方面,各种妇女团体、劳动工会、宗教团体、政党持续地给印度政府施加压力,为妇女和儿童争取更大程度的公平,以此来加强本国学前教育。另一方面,学术研究也对印度的学前教育起到了不可估量的作用,国际范围内的学前教育运动不断兴起,对印度学前教育研究与政策制定产生了不同程度的影响。从国家的角度来看,作为一个新兴工业国家的印度在面对日益增长的学前教育需求,需要更强有力的政府承担起更多学前教育职责,并呼吁相关社会机构开展更多的学前教育项目。为不断

---

[1] 潘月娟,孙丽娜. 印度发展学前教育的措施、问题及其对我国的启示. 比较教育研究,2015(03):101-106.

增强对儿童发展的认识,印度政府投入了很多精力促进本国学前教育事业的发展,并且在儿童保护、福利和发展的宪法条款、立法措施、政策框架中均有提到学前教育发展的条款。

3. 儿童综合发展服务项目的主要内容及特点

(1) 主要集中分布于贫困地区

印度政府往往将儿童综合发展服务项目按照行政单位来进行具体划分,即农村地区主要以社区发展区域为划定单位,而部落民族地区通常是以部落区为划定单位,城市地区主要以小行政区和贫民窟为划定单位。①如前所述,印度的学前教育按照发展历程来看,呈现为由最初的完全是私立机构和志愿机构来负责,随后逐渐向以国家出资并提供部分学前教育服务转变,也正是这一变化使得印度千千万万处境不利的儿童获得了接受学前教育的机会和可能。就目前来看,亦如其他发展中国家一样,印度的学前教育主要由国家、私人和非政府组织共同提供,其中印度政府是儿童综合发展服务项目的举办主体,因此儿童综合发展服务项目组织机构的建设与审批主要由印度政府来完成,具体举办和运作需要遵循印度最高法院的人口规范要求②。此外,儿童综合发展服务项目针对的是印度弱势儿童且包括一定年龄段的妇女,因此在相应机构的选址上也侧重处境不利的贫困地区。

(2) 主要帮助弱势群体和其他相应弱势人群

印度在儿童综合发展中心接受帮助的对象不仅仅是弱势儿童,还包括其他的弱势人群。根据印度 2001 年的人口普查数据,6 岁以下的儿童人口多达 1 579 万,占该国总人口的 15.42%,这些儿童面临的主要问题是营养不良、体重过轻、死亡率较高等,严重阻碍其生存、健康和发展;15—45 岁的妇女占该国总人口的 21%,这个年龄段的妇女面临的主要问题是营养不良,再就是难以获得保健服务造成的死亡率较高,尤其是孕妇及哺乳期妇女。不难发现,在印度超过半数的女性基本上都有营养不良,其中孕妇和哺乳期妇女的比例更高,大多数出生体重过轻、死产和难产的病例,深究根源还是孕妇营养不良,在少女期间就

---

① 霍力岩等. 美、英、日、印四国学前教育体制的比较研究(下). 北京:北京师范大学出版社,2013:468-503.
② 郑名,华立. 印度 ICDS 项目及其对我国学前教育发展的启示. 民族教育研究,2012,23(01):83-87.

营养不良的妇女遇到此类问题的概率更大。少女面临的主要问题除了营养不良之外，还有健康和卫生意识不足等。前述这些问题必然严重影响印度的人力资源发展与学前教育事业，因此印度将儿童综合发展服务项目作为全国最大的针对处境不利人群开展的学前教育项目，就责无旁贷地将 0—6 岁儿童、11—18 岁少女、孕妇和哺乳期的母亲都纳入项目关怀和帮助的主要对象。①

（3）从中央到地方各级政府各司其职

儿童综合发展服务项目由印度妇女儿童发展部负责，但也与其他多个部门共同合作，各部门职责明确。由各地区提供技术支持，在街区实施，这种由上到下各级协调的管理体制可在一定程度上节省时间，也便于实施。

首先，印度妇女儿童发展部负责设计、指导、支持各邦及各部门之间的联系，为领导农村儿童教育提供过程协调与合作服务。妇女儿童发展部在其年度计划、年度报告和五年计划中单独提出综合儿童发展服务项目，并将其作为儿童发展领域最重要的部分。从儿童综合发展服务项目的设计、批准到儿童综合发展中心的创建，从监督、管理地方项目到收集受益人信息，从中央财政拨款的分配、发放到地方和中心各项开支使用规范的制定，从地方项目官员的选拔到中心工作人员的培训，妇女儿童发展部作为处理妇女和儿童事务的核心政府部门，不仅在儿童综合发展服务、经营、监督、管理和协调方面发挥着重要作用，还通过设计和实施"综合培训战略"为各级行政人员开展培训，提升行政人员能力素养。

其次，以中央、邦、地方三级政府协调管理项目来进一步提高农村学前教育管理的效率和服务的质量。中央政府占主要作用，主要职责是出台政策并控制整个项目的发展，具体包括：为各部门及相关机构的沟通联系提供支持，制定步骤、规范和指导原则，确保项目正常管理等。邦和联邦属地一级政府的主要职责为保障儿童综合发展服务项目的投入、供给品，负责设备管理，建立联系和监测项目运行。地方政府则确保定期提供供给品和设备，并提供技术指导，解决在实施过程中遇到的各种技术问题。街区和项目中心是实施计划的最基层，他们需要采购相关物品并及时配送到需要的人手里，并且在现场协调日常运营，为人员提供培训和指导，动员社区支持和参与多项服务活动。中间媒介的作用相当于润滑剂，也担负支持、监管和指导职能，确保健康服务顺利实施，在执

---

① 霍力岩等. 美、英、日、印四国学前教育体制的比较研究（下）. 北京：北京师范大学出版社，2013：490.

第四章 国外农村学前教育发展比较研究

行这些任务时也要与地方一级的工作人员保持密切的联系。儿童综合发展服务项目在第十一个五年计划期间对当时的实施框架进行了全国范围内的重新建构,即在国家、邦和地方三个层面建立起更加灵活的结构,以更有效地促进计划快速执行,加速实现计划的目标。

最后,各部门在健康、安全、卫生、建筑、司法等多个领域联动合作,共同为农村学前教育提供服务。妇女儿童发展部独自的力量不足以保证计划顺利实施,需要其他部门的通力合作。农村发展部在发展经费方面为儿童综合发展中心建设进行合理规划,在政府没有提供相关设备的情况下,为确保儿童综合发展中心有相应经费提供必要的设施。村务委员部负责社区基层的工作,选择和培养儿童综合发展中心的工作者、助手,并在营养补充受益人的督导下提供活动需要的场地,负责学生的营养、健康教育以及组织相关亲子活动。[①]

(4)为3—6岁儿童提供多种教育服务

学前教育是儿童综合发展服务项目中不可或缺的重要内容,印度高度重视为3—6岁儿童提供愉悦、自然以及激励性环境。印度的学前教育旨在帮助儿童做好入学准备,培养儿童爱学习的积极态度,以及为儿童的终身学习和健康发展提供良好基础。这也有助于其普及基础教育,因为学前教育服务项目为儿童提供了甚为必要的入学准备,从而促进了更多的学龄儿童特别是女童按时入学。在运作方式上,儿童综合发展中心主要通过游戏让儿童在愉悦、欢快的氛围中快乐学习。儿童综合发展服务项目的设计者认为,3—6岁儿童正处在入学的准备阶段,此时应将重点放在儿童认知过程和肌肉运动发展上,应当引导儿童学习与发展数字概念,了解薄和厚、近和远、少和多的区别等;通过讲故事、简单对话、组词等促进儿童对基本概念的形成,同时促使其语言发展;此外还对儿童的情绪和社会发展认知给予小心谨慎的适度干预。具体来讲,儿童综合发展中心的工作人员需要做好系列活动的计划,提供角色扮演、玩具游戏、个人卫生清洁、认识物品和物品分享等多种活动,根据儿童年龄和发展水平差异提供不同的教学与学习帮助,从而为儿童创造愉悦、欢快的学习环境和氛围。[②]

2009年之前,印度政府每年提供给每个儿童综合发展中心的学前教育专项

[①] 霍力岩等. 美、英、日、印四国学前教育体制的比较研究(下). 北京:北京师范大学出版社,2013:468-503.
[②] 郑名,华立. 印度ICDS项目及其对我国学前教育发展的启示. 民族教育研究,2012,23(01):83-87.

经费是 500 卢比。随着社会发展，印度政府越来越重视学前教育，如今已经将该部分经费调整为每年 1 000 卢比，并要求全国各邦政府确保每个儿童综合发展中心都有学前教育服务。政府提供的学前教育经费主要用来购买玩教具，包括用来讲故事的教学卡片、图画书、塑料模型图片、卡纸、填充玩具、玩具球、木制积木、小鼓、数字和字母的配对卡片等，以及针线和缝纫板、带有轮子的玩具、过家家用的厨房用品、角色扮演用的玩偶等。但官方调查显示，儿童综合发展中心提供的有关学前教育内容在整体上相对匮乏，大部分学前教育活动为唱歌、计数、讲故事、自由交谈、室内外活动等。为了保证农村儿童学前教育的健康发展，儿童综合发展中心还提供其他咨询和宣传服务，主要涉及妇女赋权、环境卫生、安全饮水、成人扫盲、非正规教育等。[①]

（三）经验与启示

综上，我们发现印度将5—6岁的学前班教育纳入学制体系中，作为基础教育的有机组成部分和奠基阶段，且在教育公平、政府职责和财政投入方面都有可资借鉴之处。

1. 明确政府在贫困地区儿童学前教育方面的职责担当

从印度政府大力推动学前教育项目的主旨与实践来看，其重点非常明显。一方面，重在普及强调综合发展的学前教育，努力保障全体儿童接受学前教育。依据印度宪法规定，国家应竭尽所能为所有6岁以下的儿童提供早期儿童保育和教育。这与印度长期以来薄弱的经济基础、庞大的人口与儿童规模，特别是国民教育水平普遍较低及学前教育相对落后的实际国情密切相关。另一方面，重在优先照顾和扶持弱势幼儿群体及其家庭。印度政府在儿童发展方面的职责与工作重点就包括"解决由于性别、等级、种姓、民族、宗教和法律地位等歧视而产生的问题，从而保证平等"，"给那些处境最不利的，最贫困的以及获得最少服务的儿童以最优先的政策扶持以及行动干预"。[②]这既是由于近年来印度社会民主意识和对种姓制度的反对逐渐增强，要求社会公正与教育公平的呼声

[①] 黄媛媛，蔡军. 印度儿童发展综合服务计划的目的、实施及其对我国的启发. 学前教育研究，2013（03）：33-38.

[②] 霍力岩等. 美、英、日、印四国学前教育体制的比较研究（下）. 北京：北京师范大学出版社，2013：468-503.

越来越强烈,也是由于印度政府意识到起点的教育公平是消除贫困、改变弱势儿童群体及其家庭命运的最为有效的途径之一,这对我国农村学前教育发展的责任分担有借鉴意义。

2. 公立学前教育机构是实施学前教育和服务农村贫困地区儿童的主要组织载体

如前所述,印度实施学前教育的主要机构是公立形态,针对地处偏远农村地区和被边缘化地区的处境不利儿童,政府所发挥的作用主要体现出明显的保教相结合的重要特点。在此基础上形成的儿童综合发展服务项目,在降低儿童死亡率、改善儿童健康等方面取得了积极效果。与之相似,托儿所计划提供了营养补充、急诊和意外事故救助等服务,同时还提供玩教具使儿童能够接受学前教育,这给我国实施学前教育提供了借鉴。

具体而言,我国要加强公立学前教育机构的保教一体化特性。事实上,儿童综合发展服务项目正是印度政府对儿童做出的承诺并推进保教一体项目的重要标志。政府的承诺具体包括两个方面:一是提供学前教育;二是打破营养不良—发病—学习能力低下—高死亡率带来的恶性循环。这给我国农村学前教育的借鉴价值在于,政府推进农村学前教育时应儿童保育和教育双管齐下,同时注重将儿童的营养和免疫等纳入统一的范畴,出台相关法律、法规、政策和规范来确保农村儿童营养健康等方面的基本标准,并由中央政府和地方政府共同出资来提供农村儿童营养补充与补给等。不过需要指出的是,尽管印度的儿童综合发展服务项目和托儿所计划这两个典型的计划都有保教结合的趋势,但不得不承认在公立学前教育机构中保育的成分比整体教育要大得多,这也与印度的国情及计划针对的人群有关,我们在发展农村学前教育时同样需要注重相关情况。

此外,我国公立学前教育机构还应特别关注农村妇女和女童。事实上,公立学前教育机构对妇女和儿童的关注是印度学前教育值得一提的特色,也是值得当前我们发展农村学前教育需要思考的重要问题。印度的托儿所计划也是为了工作的母亲而开展的学前教育计划和规划,旨在帮助因为工作无法照顾子女的母亲来找托付孩子的服务场所。普及范围最广泛的两个公立的学前计划明显体现出印度教育政策对妇女和女童的关注,这是印度学前教育的特色之一。[①]

3. 加大对弱势儿童的财政投入是农村学前教育发展的基本保障

印度学前教育的公平性还在于将目标群体指向弱势群体,这为我们农村学前教育可持续健康发展提供了参考与思量的目标。事实上,印度的人口中有七成是农村人口,即使是在城市中也不乏贫民区和生活在贫困线以下的人口,由政府出资开办的学前教育计划正是以改善这些家庭中儿童的生活现状、帮助他们更好地发展为目的。印度的儿童综合发展服务项目向受益人提供免费的营养补充、非正规学前教育、免疫接种、健康检查、转院就诊等营养与健康教育等服务。另外,托儿所计划为工作的母亲或其他值得帮助的贫困母亲的0—6岁孩子提供全面的日托服务。据此可见,这些计划所针对的群体都是生活窘迫、无力支付子女学前教育费用甚至无法筹措基本生活费用的家庭,具备很强的公平性特质,对我国农村学前教育事业发展提供了可资借鉴的模式。因此,在我国时下的国情与教情大背景下,构建农村儿童综合发展教育的服务机构,并由此体现出起点公平理念,对于农村儿童学前教育健康发展将起到十分重要的推动作用[②],也可为我国学前教育提供财政转移方面的科学理念支撑。

[①] 潘月娟,孙丽娜. 印度发展学前教育的措施、问题及其对我国的启示. 比较教育研究,2015,37(03):101-106.

[②] 庞丽娟,沙莉,刘小蕊. 印度学前教育公平的法律与政策研究. 教育发展研究,2008(Z3):100-103.

后 记

本书为中国教育科学研究院 2019 年度基本科研业务费专项基金课题项目"中国农村教育发展报告 2019"（课题批准号：GYH2019026）的研究成果。

课题主持人为杨润勇，课题组成员包括刘晓楠、赵小红、马毅飞、张玲、王建洲、鲁幽、郭潇莹、郄芳、王许人、周文娟等。杨润勇负责课题研究的设计策划、论证研讨及报告撰写与修改。刘晓楠为课题研究的执行人，负责组织协调、调研实施、修改统稿、撰写编辑等具体工作。各章节具体分工为：导言、后记由杨润勇、刘晓楠执笔；第一章由赵小红执笔；第二章由刘晓楠执笔；第三章由马毅飞、张玲、刘晓楠、王建洲、鲁幽执笔；第四章对美国、加拿大、日本、印度学前教育的分析分别由郭潇莹、郄芳、王许人、周文娟执笔。中国教育科学研究院高宝立研究员、教育部教育装备研究与发展中心刘强研究员、中国教育科学研究院马雷军副研究员对本书提出了中肯的修改意见。

本书得到教育部相关司局、中国教育科学研究院相关领导、专家的关注、支持和帮助，在此一并表示衷心感谢。

课题组

2021 年 3 月